Maja Ueberle

Was nach dem Erziehen kommt

Maja Ueberle

Was nach dem Erziehen kommt

Die Chancen einer erwachsenen Beziehung zwischen Eltern und Kindern

Kreuz

Meinen Eltern in dankbarer Erinnerung

Bibliografische Information der Deutschen Bibliothek
Die Deutsche Bibliothek verzeichnet diese Publikation in der Deutschen Nationalbibliografie; detaillierte bibliografische Daten sind im Internet über http://dnb.ddb.de abrufbar.

Postfach 80 06 69, 70506 Stuttgart

www.kreuzverlag.de

Umschlaggestaltung: [rincón]² medien GmbH
Umschlagbild: © Raoul Minsart / Masterfile
Satz: de·te·pe, Aalen
Druck: CPI – Clausen & Bosse, Leck

ISBN 978-3-7831-3032-4

Inhalt

Einleitung

Meine Tochter, die Therapeutin

Ich sitze am Schreibtisch vor dem geöffneten Laptop und habe keine Lust zu arbeiten.

Pling, sagt der Computer. Aha, 150 Kilometer weiter hat noch jemand einen Durchhänger: Auf dem Bildschirm erscheint eine Nachricht meiner Tochter.

»Was machst du so?«

»Mir fällt gerade überhaupt nichts ein. Ich puzzle.«

»Was???«

Mein Laptop steht auf einem riesigen Puzzle mit einer altmodischen Abbildung der Hagia Sofia in Istanbul. Moschee und Park sind vollendet, nun fehlt noch der Himmel. Der Haken daran ist, dass er aus circa 300 hellblauen Puzzleteilchen besteht. Seit Tagen schiebe ich sie hin und her, wenn mir beim Schreiben die Ideen ausgehen. Es ist eine neue und nicht besonders befriedigende Leidenschaft.

Ich lasse meine Tochter an meinen Zweifeln teilhaben.

»Hast du schon mal versucht, 300 Puzzleteile Himmel zu legen?«

»Nö, ist das 'ne therapeutische Aktion?«

»Blau soll doch so beruhigend für die Seele sein. Ich kann einfach nicht aufhören, obwohl es mich den letzten Nerv kosten wird.«

»Tippe auf Zwangsneurose.«

»Oh, darauf wär ich gar nicht gekommen. Und die Therapie?«

»Einfach immer weiter puzzlen ;-)«

»Genau. Finde ich super. Und irgendwann schmeiße ich dann das schwere Holzbrett an die Wand und gut ist.«

»KATHARSIS.«

»Aber eine Frage bleibt: Wer sammelt die Puzzleteilchen wieder auf und repariert die Delle an der Wand?«

»Die Frage lautet ganz anders: Warum glaubst du, man sollte die Puzzleteilchen aufheben und die Delle reparieren?«

»Das kannst du mir ja am Wochenende genauer erklären.«
»Ich weiß noch nicht genau, ob ich komme.«
»Ooooch.«
»Aha, jetzt fahren wir also auf der Schuldschiene.«
»Nee, nee, ich versteh ja, du hast viel zu tun, und als Mutti stecke ich natürlich jederzeit zurück. Wenn's dir nur gut geht (seufz).«
»Und jetzt auch noch die Mitleidstour …«
»Frech auch noch, das hat Konsequenzen!«
»Meine Füße sind mittlerweile Gott sei Dank unter meinem eigenen Tisch, hö hö.«

Wie unschwer zu erkennen, ist meine Tochter auf dem Wege, einen therapeutischen Beruf zu ergreifen. Selbst schuld, wenn ich mich auch noch als Übungsfeld anbiete.

Als ich mir am Abend den Dialog noch einmal durch den Kopf gehen lasse, wird mir doch ein bisschen mulmig vor so viel analytischem Scharfblick. Nicht, dass ich mich allen Ernstes für zwanghaft halte, aber ein kleiner Rest Zweifel bleibt. Sollte ich in mich gehen und erforschen, was mir die 300 hellblauen Teilchen zu sagen haben?

Verdeckt das ironische Spiel mit Diagnosen und Mütterlichkeitsklischees einen ernsthafteren Konflikt, den ich nur nicht erkenne? Wollte sie mir schon länger zu verstehen geben, dass ich mein Verhalten als Mutter und Mensch dringend unter die Lupe nehmen müsste?

Normalerweise lasse ich mich nicht so leicht verunsichern, aber was eine erwachsene Tochter über ihre Mutter sagt, hat ein gewisses Gewicht – für die Mutter.

Und ich stelle mir vor, wir hätten ein angespanntes Verhältnis und ich würde jedes ihrer Worte auf die Goldwaage legen. Ich stelle mir vor, es wäre kein harmloses Geplänkel, das ich lustig finde und gut aushalten kann, weil es für beide Seiten ein Spiel ist, weil ich sie vor mir sehe, wie sie grinsend vor der Tastatur sitzt, weil ich nicht wirklich von Zwängen geplagt bin und nicht regelmäßig Dinge gegen die Wand werfe.

Denn wäre es so, gäbe es jetzt – im besten Falle – viel klarzustellen und zu bereden, ich hätte eine schlaflose Nacht vor mir und würde mir das Schlimmste ausmalen: Sie hält mich für gestört, ich spreche sie darauf an, wir streiten uns, es kommt zu einem Zerwürfnis oder gar zu einer Entfremdung auf Dauer.

Erwachsene Kinder nehmen ihre Eltern auch ohne psychologische Schulung auf eine Weise ins Visier, mit der sie jedes Detail erfassen. Wenn sie uns aus neuer Distanz betrachten, merken wir schnell, dass auch umgekehrt gilt, was wir für uns in Anspruch nehmen: Sie kennen uns verflixt gut. »Von allen Beziehungen zwischen Menschen lassen sich die zwischen einem Elternteil und einem Kind am wenigsten mithilfe kleiner Tricks oder dem gesunden Menschenverstand bewerkstelligen«, schreibt Christine Collage in einem ihrer Bücher, das die Sicht der erwachsenen Kinder beschreibt.[1] Daran ist viel Wahres, denn unsere Kinder durchschauen die kleinen Kniffe sehr wohl, mit denen wir sie einzuwickeln glauben.

Und sie scheuen sich nicht, den Finger in die Wunde zu legen. Wir sind es mittlerweile gewohnt, Kritik im beruflichen Umfeld einzustecken, uns von Vorgesetzten und Kollegen anzuhören, was ihnen nicht gefällt, und lassen uns vom Partner sagen, dass wir nerven. Im Hinblick auf unsere Kinder müssen wir umdenken.

Sicher, in der Pubertät mussten wir uns auch so einiges anhören, aber das konnte man unter dem Stichwort »Rebellion zum Zweck der Identitätsfindung« abhaken. In ihrer Kindheit und Jugend waren im Wesentlichen wir es, die sie kritisiert haben und sich das Recht genommen haben, sie auf ihre (in unseren Augen) weniger erfreulichen Eigenschaften und ihre Unzulänglichkeiten aufmerksam zu machen. Doch das Blatt wendet sich mit zunehmendem Alter, und das erfordert von uns eine neue Art von Kritikfähigkeit. Über Jahre hinweg standen wir auf einem Sockel, der nicht viel mit eigenen Verdiensten zu tun hatte. Wir waren Mutter und Vater, sie waren auf uns angewiesen, das hat genügt. Nun soll die Hierarchie, die jahrelang von beiden Seiten für selbstverständlich gehalten wurde, etwas anderem weichen – aber was?

Wir leben in einer Gesellschaft, in der Eltern ihren Anspruch auf Autorität immer aufs Neue begründen und ausdiskutieren müssen. Wir können uns nicht darauf verlassen, ein Leben lang von unseren Kinder geehrt zu werden, nur weil wir sie gezeugt oder geboren haben. Unsere Gesellschaft stellt das Individuum in den Mittelpunkt, nicht die Rolle, und so müssen wir uns als Individuen für unser Handeln verantworten, vor uns selbst und vor denen, die wir erzogen haben. Gleichzeitig identifizieren sich Eltern wie Kinder aber stark mit ihrer jeweiligen Rolle, und tun sich schwer, sich gegenseitig die Autonomie zu gewähren, die erst eine rundum gelungene Beziehung ermöglicht.

Was kommt nach dem Erziehen? Sehr kurz gefasst könnte man sagen: die Beziehung. Allerdings gibt es ja schon eine Beziehung, an die sich beide Seiten gewöhnt haben, und da Gewohnheiten den meisten Menschen lieb und teuer sind, sperren sie sich, wie man weiß, gegen Veränderungen, die sie nicht selbst willentlich herbeigeführt haben. Dass menschliche Beziehungen Wandlungen unterworfen sind, akzeptieren wir notgedrungen in Bezug auf Freundschaften, auf berufliche Kontakte, entfernte Verwandte, und sogar in der Liebe, auch wenn es uns eigentlich nicht gefällt. Aber wenigstens die Kinder sollen so bleiben, wie sie in ihren besten Zeiten waren – uns herzlich zugetan, anhänglich, spontan, offen, voller Lebensfreude, die auf uns überspringt. So haben wir sie erlebt, als sie noch klein waren, und konnten es damals vielleicht gar nicht recht genießen, weil wir so viel anderes um die Ohren hatten.

Auch Eltern, die zu Recht der Ansicht sind, dass sie ein entspanntes, im Wesentlichen ungetrübtes Verhältnis zu ihren erwachsenen Kindern haben, hören hin und wieder Sätze, die sie betroffen machen und ihnen lange im Gedächtnis haften bleiben. Als Nora, geschiedene Mutter zweier erwachsener Kinder, von den Heiratsplänen ihres Sohnes hörte, reagierte sie, temperamentvoll wie immer, mit überschwänglicher Freude und fiel ihm um den Hals. Ihr Sohn wartete, bis sich der Jubel gelegt hatte, und meinte dann kühl: »Hör mal, Mutter, eigentlich heirate ich und nicht du.« Da habe sie sich gefühlt, erzählte Nora, als sei unvermittelt vor ihrer Nase ein Schlagbaum heruntergefallen.

Wie kommt es zu solchen Reaktionen? Wieso kann der Sohn seiner Mutter ihre enthusiastische Freude nicht lassen, warum ist die Mutter durch die Bemerkung des Sohnes so betroffen? Anscheinend hören beide in den Äußerungen des anderen etwas, das sie in ihrem Selbstverständnis trifft. Sie fühlen sich in ihrem eigentlichen Anliegen nicht verstanden. »Ich bin ein eigenständiger Mensch und treffe meine eigenen Entscheidungen«, hätte der Sohn vielleicht hinzugefügt, wenn das Gespräch weitergegangen wäre. Und die Mutter hätte wahrscheinlich gesagt: »Aber das will ich dir ja nicht nehmen, ich freue mich für dich, weil ich will, dass du glücklich bist, und ich deine Freundin sehr mag.« Leider kommt es zu solchen Erläuterungen gar nicht erst, weil beide sich in ihre Betroffenheit zurückziehen. Zurück bleiben ein ungutes Gefühl und ein großes Fragezeichen.

In der Beziehung zu ihren Kindern sind die meisten Eltern verwundbar wie nirgendwo sonst. Kinder sind und bleiben uns nah, Unstimmigkeiten mit ihnen oder gar ein Kontaktabbruch treffen uns wie kaum etwas anderes. Im schlimmsten Fall kommen wir uns vor wie auf einem Minenfeld und trauen uns kaum noch, einen Fuß vor den anderen zu setzen. Eine amerikanische Studie des Jahres 2006 ergab, dass viele Eltern es nicht wagen, ihren erwachsenen Kindern gegenüber bestimmte Themen anzusprechen. In erster Linie ging es um das Familienleben des Kindes, um Ehe und Kindererziehung. Auch Scheidungen wurden ausgeklammert, ebenso das Thema Betreuung und Pflege alter Eltern. Zurückhaltend und vorsichtig verhalten sich auch viele Eltern hierzulande.

Die Unsicherheit, wie man »richtig« handelt, scheint mit dem Alter der Kinder zuzunehmen. Liegt es daran, dass Eltern selbst nicht wissen, was von ihnen jetzt erwartet wird? Gibt es weniger Möglichkeiten, sich über Probleme auszutauschen, als damals am Sandkasten, wo jede Windelmarke und jeder Lernschritt ausgiebig erörtert wurde?

Die Ablösung unsere Kinder und ihre ungewohnte Eigenständigkeit ist leicht zu bewältigen, wenn ihr Lebensweg im Wesentlichen so verläuft, wie wir es uns vorgestellt haben. Wir können ihr Tun und Treiben mit freundlicher Anteilnahme verfolgen, solange es nicht zu sehr von dem abweicht, was wir uns erhofft haben. Wir können unseren Freunden von bestandenen Prüfungen berichten, vom ersten »richtigen« Job erzählen, stolz die Enkelbilder herumzeigen und nebenbei einfließen lassen, dass die Schwiegertochter uns gefragt hat, ob wir nicht im nächsten Urlaub mit von der Partie sein wollen.

Was aber, wenn etwas ganz anders verläuft? Wenn es von keiner Bilderbuchfamilie und keiner Karriere zu erzählen gibt, wenn der

Sohn mit 40 arbeitslos wird, wenn sich die Tochter in Beziehungen stürzt, die ihr offensichtlich nicht guttun, oder wenn uns die Kinder gar nicht mehr an ihrem Leben teilhaben lassen?

Eltern wollen so gerne stolz auf ihre Kinder sein. Nach Jahren der Sorge um das Wohlergehen des Nachwuchses wollen sie beruhigt aufatmen und das Gefühl haben: Es ist etwas aus ihnen geworden, also müssen wir etwas richtig gemacht haben. Die Mühe hat sich gelohnt, nun können wir die Früchte ernten.

Eltern, denen die Lebensweise ihrer Töchter und Söhne Kummer macht, haben es schwer, sich aus der Verantwortung zu verabschieden. Sie kreisen in einem Karussell aus Hilflosigkeit, Selbstvorwürfen, Wut und Verzweiflung. Und immer scheint es so, als ginge in anderen Familien alles glatt. Andere Eltern haben Erfolgsgeschichten vorzuweisen, man selbst mag das Thema Kinder schon gar nicht mehr anschneiden.

Selbst wenn es sich »nur« um eine angespannte Atmosphäre, Kommunikationsprobleme, unausgesprochene Erwartungen oder verdeckte Machtkämpfe handelt, ist eine wichtige Beziehung im Leben nicht so, wie sie sein könnte, und ein Stück Lebensfreude bleibt auf der Strecke. Denn sämtliche Befragungen und Untersuchungen der letzten Zeit kommen zu Ergebnissen, die sich auf zwei Aussagen verkürzen lassen:

Die heutigen Eltern sind in aller Regel ehrlich um das Wohlergehen ihrer Kinder besorgt und wollen sie unterstützen, wo sie nur können.

Auch erwachsene Kinder möchten auf die Anerkennung und Liebe ihrer Eltern auf keinen Fall verzichten und hätten nichts lieber als eine entspannte Beziehung auf Augenhöhe, die ihnen Freiheit und Halt zugleich gibt.

Wie kann das gelingen? Welche Möglichkeiten haben beide Seiten, einander das Gefühl von Zugehörigkeit zu geben, das sie brauchen, ohne sich einzuengen? Wie können sie aus Fehlern lernen, sich besser verstehen, das wahr machen, was sich beide offensichtlich von Herzen wünschen?

Diesen Fragen bin ich zahlreichen Gesprächen mit Müttern und Vätern erwachsener Kinder und jungen Erwachsenen nachgegangen, denen ich an dieser Stelle für ihre Zeit, ihre Offenheit und ihre Bereitschaft, sich auch schwierigen Themen zu widmen, sehr herzlich danken möchte. Männer und Frauen zwischen 40 und 70 erzählen Geschichten vom Familienleben, wie wir sie tagtäglich um uns herum erleben. Ihre Familien sind Beispiele für die bunte Vielfalt an Modellen, die heute in den deutschen Bundesländern existiert. Gemeinsam ist ihnen, dass die Kinder im Wesentlichen von Mutter und/oder Vater großgezogen wurden und es keine gravierenden Brüche oder traumatischen Erlebnisse gab, die das Verhältnis schwerwiegend belastet hatten. »Das ganz normale Chaos« also, wie manche es nennen. Die üblichen Erziehungsfragen, Partnerprobleme, Pubertätskonflikte, finanziellen Engpässe, Verwandtschaftsquerelen, beruflichen Aufs und Abs. Themen zu erörtern, die über diese Probleme hinausgehen, würde den Rahmen dieses Buches sprengen.

Ich habe mit Eltern gesprochen, deren Kinder ausgezogen sind oder aus verschiedenen Gründen wieder mit ihnen zusammenleben, sei es gewollt, sei es aus einer Notlage heraus. Sie beschreiben ihr Verhältnis zu ihnen von »hervorragend« über »eigentlich ganz gut«, »normal« und »es geht so« bis zu »katastrophal«. Die meisten hatten bisher kaum über die schwierigen Seiten der Beziehung gesprochen, die im Laufe unserer Gespräche Thema wurden, und waren selbst überrascht darüber. Ein paar meinten, dass sie sich nicht an schwerwiegende Konflikte mit ihren Kindern erinnern können und wohl »einfach Glück gehabt« hätten. Andere erzählten, dass ihre erwachsenen Sprösslinge nach anstrengenden Jahren und aufreibenden Ablöseproblemen nun auf eigenen Füßen stehen und wieder gerne zu ihnen kommen und ihre Nähe suchen. Mütter berichteten von anstrengenden Auseinandersetzungen mit ihren Töchtern, Väter vom Schweigen ihrer Söhne. Die emotionale Belastung durch Trennungen und Scheidungen nahm einen großen Raum ein. Sowohl Frauen wie Männer betonten, wie wichtig ihnen ihre Kinder und Enkel sind, wie sehr sie unter einer Entfremdung leiden und darum ringen zu verstehen, wie es dazu kommen konnte. Manche haben für sich Erklärungen gefunden oder vorläufig resigniert, andere kämpfen täglich weiter und suchen nach Lösungen.

Ausgangspunkt meiner Fragen war die heutige Lebenssituation der Eltern und Kinder. Wie ist die Lebenssituation der Eltern und der Kinder? Welche Gefühle haben auf beiden Seiten den Auszug der Kinder begleitet? Wie gestalten sich die Zusammentreffen? Wie ist das Verhältnis zur Partnerin oder zum Partner des Kindes? Wie zufrieden sind beide Seiten mit der Beziehung? Was würden sie gerne ändern? Welche Themen sind potenziell gefährlich oder werden umschifft?

Wichtig war mir, dass die jungen und nicht mehr ganz jungen Erwachsenen selbst zu Wort kamen, damit ihre Gedanken, Gefühle und Erwartungen für uns als Eltern nachvollziehbar werden. Denn was ihre großen Kinder wirklich von ihnen halten, ist für nicht wenige Eltern ein Buch mit sieben Siegeln. Sie wissen sehr wohl, dass sie nicht die ganze Wahrheit erfahren und von manchmal auch bewusst »geschont« werden, und tasten sich durch eine Grauzone von Vermutungen und Spekulationen. Auch 50-Jährige tun sich noch schwer, ihren Eltern wahrheitsgetreu zu sagen, was sie sich im Grunde ihres Herzens wünschen und woran die Beziehung wirklich krankt. Zu starr sind schon die Muster, in denen die Begegnungen ablaufen; immer wieder erlebt man, wie sich beide Seiten in den gewohnten Abläufen einrichten und die Chance auf Veränderungen verpassen, die bis zum letzten Atemzug besteht. Wirklich zufrieden ist niemand damit, eine unerfüllte Sehnsucht bleibt und überschattet auch die anderen Lebensbereiche.

Die Familie als Lebensform steigt in der Wertschätzung wieder, und die eigene Herkunftsfamilie gilt immer noch als der Fluchtpunkt, der bleibt, wenn alles andere versagt. Von den Bindungen, die in der Kindheit entstehen, erwartet man auch später noch, dass sie tragfähig bleiben und man sich in allen Lebenslagen auf sie verlassen kann. Eltern bleiben Eltern, und Kinder bleiben die Kinder ihrer Eltern; das ist eine Binsenweisheit, aber es ist nur die halbe Wahrheit. Biologische oder soziale Mütter und Väter hören natürlich nicht plötzlich auf, Eltern zu sein, wenn die Kinder wegziehen und die aktive Erziehungsphase beendet ist. Der entrüstete Satz »Ich bin immer noch deine Mutter« ist objektiv gesehen zwar auch dann noch richtig, wenn eine 80-Jährige ihn einem 60-Jährigen vorhält, aber als Begründung für eine Maßregelung oder eine ungebetene Einmischung denkbar ungeeignet. Töchter und Söhne, denen das Erwachsenwerden heute nicht leicht gemacht wird und die ohnehin empfindlich auf Bevormundung reagieren, fühlen sich eingeengt und auf ihren Kindstatus reduziert, wenn sie – wie liebevoll auch immer – weiter wie Kinder behandelt werden. Es ist unendlich viel leichter, in einem lebendigen Kontakt mit ihnen zu bleiben, wenn wir ihre Entwicklung zu einem eigenständigen Menschen als einen natürlichen Prozess sehen können, den wir mit Freude beobachten und begleiten und nicht passiv erleiden.

Besser verstehen können wir die Dynamik dieser Beziehung, wenn wir gewissermaßen einen Fuß in der eigenen Erfahrung und einen Fuß in der Erfahrung unserer Kinder haben. Die ältere und die jüngere Generation können sich gegenseitig enorm bereichern, aber dazu müssen sie voneinander wissen, was wirklich gebraucht wird.

Die folgenden Kapitel begleiten den Lebensweg unserer erwachsenen Kinder und parallel dazu unseren eigenen. Die Lebensphasen der Kinder haben nicht nur in den ersten Jahren unmittelbare Auswirkungen auf uns, auch später zwingen die Wege, die sie einschlagen, uns zu immer neuen Entscheidungen. Sie verlassen das Elternhaus, wir finden uns in einem leer gewordenen Nest wieder und können bleiben, es umgestalten oder ein neues Zuhause suchen. Sie beginnen Ausbildungen (die sie nicht immer abschließen), und wir müssen überlegen, wie lange wir sie unterstützen können und wollen und ab wann wir sie in die finanzielle Selbstständigkeit entlassen. Sie suchen sich eine Partnerin oder einen Partner, wir sind mit diesem Menschen und gleichzeitig einem komplexen Geflecht aus Sympathie oder Antipathie, Befürchtungen und Hoffnungen konfrontiert. Sie bekommen Kinder – oder nicht – und wir müssen uns damit anfreunden, Großeltern zu sein, oder erleben, wie sich unsere Hoffnung auf Enkel zerschlägt. Sie trennen sich, und wir erleben unsere Hilflosigkeit und die Notwendigkeit, Kompromisse zu schließen und flexibel zu bleiben. Sie kehren vorübergehend oder für längere Zeit ins Elternhaus zurück, und wir werden in eine Lebensphase zurückgeworfen, die wir eigentlich für abgeschlossen hielten. Sie richten sich in ihrem Leben ein und sind vollauf beschäftigt, wir werden älter und fragen uns, welchen Stellenwert wir für sie noch haben und ob sie sich wohl Gedanken über ihre und unsere Zukunft machen.

Das klingt, als dürften wir nur noch reagieren. Nein, eben das sollten wir uns nicht antun. Niemand hindert Mütter und Väter daran, ihre eigenen Pläne zu schmieden und sich im Voraus mit den möglichen neuen Entwicklungen zu beschäftigen. Die Leitfragen dieses Buches heißen denn auch: Was kommt auf Eltern zu, wenn sie nicht mehr erziehen müssen? Wie können sie die Beziehung zu ihren erwachsenen Kindern aktiv mit gestalten?

Es gibt keinen Tag X, an dem das Erziehen aufhört, und keinen Ratgeber, der Eltern sagt, wann sie damit aufzuhören haben. In manchen Familien sind die Übergänge fließend, in anderen eher abrupt. Das ist meist keine bewusste Entscheidung, sondern eine Entwicklung, von der nicht selten die Betroffenen selbst überrollt werden. Dass so etwas wie eine Abnabelung erwachsener Kinder erforderlich ist, wissen Eltern aus ihrer eigenen Erfahrung, aber die wenigsten bereiten sich darauf vor. Aus diesem Grund ist der Ablöseprozess der Kinder meist das erste große Erwachen, das nach dem Erziehen kommt. Er ist es wert, genauer betrachtet zu werden.

So wie die Erziehungsstile sich unterscheiden, ist auch die Zeit danach bei jedem Menschen, in jeder Familie unterschiedlich. Eine allgemein gültige Norm, wie Eltern mit ihren erwachsenen Kindern umzugehen haben, existiert nicht. Es gibt Hilfestellungen für die Gestaltung einer guten Beziehung, und diese sollen hier zur Sprache kommen. Doch schon die Frage »Was ist eine gute Beziehung?« lässt sich nicht eindeutig beantworten. Für Familie A ist eine gute Beziehung, wenn die Eltern ihren erwachsenen Sohn und die Kinder alle zwei Wochen zum Sonntagsessen sehen und dazwischen hin und wieder telefonieren. In Familie B gehört es zum guten Ton, dass Mutter und Tochter sich zweimal wöchentlich zum Shoppen und Kaffeetrinken treffen und alle zusammen mit Opa und Oma einmal im Jahr drei Wochen Urlaub am Meer verbringen. Familie C wiederum steht in lebhaftem E-Mail-Kontakt, lebt aber so weit verstreut, dass der neu verheiratete Vater seine Töchter aus erster Ehe allenfalls einmal im Jahr sieht, weil die eine auf einem Kreuzfahrtschiff jobbt und die andere mit der Mutter nach Neuseeland ausgewandert ist. Darüber zu urteilen, welches Modell »normal« oder »gesund« ist, führt nicht weiter. Viele Studien haben gezeigt, dass für das seelische Wohlbefinden eines Menschen nicht sosehr die Umstände seines Lebens verantwortlich sind, sondern die Zufriedenheit mit diesen Umständen. Wer in einer von außen noch so ideal wirkenden Bilderbuchkleinfamilie lebt und sich insgeheim nach mehr Dynamik und Lebendigkeit sehnt, ist nicht automatisch zufriedener als jemand, der in einem ausufernden

Patchwork-Beziehungsgeflecht lebt und seinen stabilen Platz darin gefunden hat.

Konflikte zwischen Eltern und erwachsenen Kindern sind unausweichlich, aber sie sind nicht das Ende der Welt. Auch Nähe und Distanz sind nicht für sich genommen gut oder schlecht, sondern zu verschiedenen Zeiten mehr oder weniger angebracht; Nähe kann erdrückend sein oder Geborgenheit vermitteln, Distanz kann schmerzlich sein oder notwendigen Freiraum gewähren. Schwierig wird es dann, wenn ein Beziehungs- und Familienideal hochgehalten wird, das stete Harmonie und gleichbleibende Nähe verheißt. Die Beziehung zwischen Eltern und Kindern kann nicht ohne Stürme verlaufen und nicht ausgewogen sein. Zu unterschiedlich ist die Perspektive auf das Leben und aufeinander, wie schon Mark Twain erkannte: »Mit 14 hielt ich meinen Vater für so dumm, dass ich ihn kaum ertragen konnte. Als ich 21 wurde, war ich doch erstaunt, wie viel der alte Mann in sieben Jahren dazugelernt hatte.«[2]

Die Herausforderung besteht darin, immer wieder eine neue Balance zu finden. Jeder Lebensabschnitt ist eine neue Möglichkeit zur ehrlichen Bestandsaufnahme, zum Zuhören, zur Veränderung und, falls erforderlich, zur Versöhnung.

Ich starre auf die 300 hellblauen Puzzleteilchen. Eine ehrliche Bestandsaufnahme? Na gut, wenn ich ehrlich bin, ist dieses Puzzle nur eine gigantische Ablenkungsmaßnahme. Es hat mich auf andere Gedanken gebracht, mich träumen lassen, von Reisen, Abenteuern, Wärme, Sonne ... Jetzt ist es an der Zeit, wieder an die Arbeit zu gehen und mich mit dem Wissen zu versöhnen, dass ich diesen südlichen Himmel nie vollenden werde. Mir fehlen die Geduld und die Muße, und sicher fehlt am Ende das letzte Puzzleteil. Ab in die Verpackung damit, sollen sich meine Enkel mal damit herumschlagen – falls mir welche vergönnt sein sollten. Meine erwachsenen Kinder haben vorläufig anderes zu tun, als ihre Zeit mit himmelblauen Kinkerlitzchen zu verbringen.

Kapitel 1

Wenn Kinder erwachsen werden, verlieren Eltern die Orientierung

Ist das jetzt wieder eine Phase?

»Welche Beziehung habt ihr zu euren erwachsenen Kindern?« »Wie oft kommen euch eure Kinder besuchen?« So und ähnlich lauten die Fragen, die sich Mütter gegenseitig in Internet-Foren stellen und mit erstaunlicher Offenheit beantworten. Eine schrieb: *»Ich geben es ungern zu, aber mein Sohn und ich ›fremdeln‹, seit er mit seiner Freundin zusammenwohnt. Ich weiß nicht mehr, wie ich mich ihm gegenüber verhalten soll. Es kommt mir vor, als würde ich auf Eierschalen balancieren. An einem Tag rufe ich an und wir quatschen eine halbe Stunde, ein paar Tage später bügelt er mich ab, als wäre ich eine lästige Großtante. Kann ich hoffen, dass das wieder vorbeigeht? Was ist eure Erfahrung?«*

In der Kindererziehung sind Eltern gewohnt, von Phasen zu sprechen – von Trotzphasen oder von sensiblen Phasen, in denen bestimmte Fähigkeiten leichter erlernt werden. Wir erwarten sie und machen uns darauf gefasst, dass sie eine gewisse Zeit andauern, vielleicht einen Höhepunkt haben und irgendwann zu Ende sind. Es ist beruhigend zu wissen, dass ein bestimmtes Verhalten einer »Phase« zuzuschreiben ist, und wir reagieren gelassener, wenn wir erfahren, dass sie – wie das körperliche Wachstum – für die psychische Entwicklung des Kindes notwendig sind.

Wir haben mit diesem Wissen im Rücken dem rauen Wind standgehalten, der während der Pubertät aus Richtung Kinderzimmer wehte. Das war ganz und gar nicht einfach, aber wir hatten es nach all den ominösen Ankündigungen (»Sind deine schon in der Pubertät? Nein – na, dann mach dich auf was gefasst!«) erwartet. Die schwierigen Jahre, in denen sich so manche vorher unauffällige Tochter in eine schwarz gewandete Furie und so mancher hilfsbereite Sohn in einen Türen knallenden Rüpel verwandelt, sind eine Phase. Das hat man uns so gesagt und uns viele kluge Bücher in die Hand gedrückt, die uns beibringen sollten, einen Kaktus zu umarmen oder uns damit abzufinden, dass nicht die Kinder schwierig werden, sondern wir.

Wir wissen, dass sie auf der Suche nach sich selbst sind, und beginnen, sich emotional von den Eltern loszulösen. Das Zusammensein mit Freunden wird immer wichtiger, die Meinungen der Eltern werden infrage gestellt. Je nach Temperament und Energie stellen wir uns dieser Herausforderung und halten tapfer dagegen, oder wir ziehen uns auf die Bastion der wichtigsten Grenzregelungen zurück und ansonsten den Kopf ein und hoffen, dass sich die Prophezeiung unserer Freunde mit älteren Kindern erfüllt und bald ein freundliches, rücksichtsvolles Wesen aus der stacheligen Larve schlüpft, das die Welt um sich her, uns inklusive, mit neu erwachtem Interesse wahrnimmt.

Dann sind die schwierigen Zeiten vorbei, in den meisten Fällen findet tatsächlich die erhoffte Entspannung und Wiederannäherung statt. Und wir rechnen fest damit, dass dieser Zustand nun auch anhält, denn die Kinder sind ja erwachsen und also mit einer gefestigten Persönlichkeit ausgestattet. Ein einziger selbstkritischer Blick auf die eigene innere Stabilität müsste uns eigentlich eines Bessren belehren. Wir sind auch erwachsen – und sogar schon viel länger als sie –, aber bewahrt uns das vor zwiespäligen Gefühlen oder unreifen Handlungen?

Fragt man, was gegenwärtig »Erwachsensein« bedeutet, variiert die Antwort, je nachdem, ob man einen Juristen, eine Psychologen oder einen Soziologen fragt. Im familiären Alltag sind die Bereiche nicht so scharf zu trennen. So beginnt das Erwachsenenalter, was die Geschäftsfähigkeit angeht, mit 18, auch wenn die Kinder dann noch bei den Eltern wohnen, zur Schule gehen und finanziell von ihnen abhängig sind. Unter 21-Jährige sind aber noch nicht in jedem Fall »erwachsen«; die individuelle Entwicklung spielt zum Beispiel im Strafrecht eine große Rolle. Von Erwachsenen wird auf jeden Fall erwartet, dass sie fähig und imstande sind, die für ihr Leben notwendigen Entscheidungen zu treffen.

Jüngere Kinder erwarten das Erwachsensein meist mit Ungeduld und ersehnen die Unabhängigkeit, die sie mit dem Wort »erwachsen« verbinden. Eltern dagegen wissen, welche Tücken und Enttäuschungen das Erwachsensein mit sich bringt. Viele möchten ihren heranwachsenden Kindern die Begegnung mit der harten Realität möglichst lange ersparen oder sie zumindest abmildern. Sie sind es gewohnt, als Puffer zwischen den Anforderungen der Außenwelt und ihren Kindern zu wirken, und können dieses Verhalten nicht über Nacht ablegen. Doch dies ist nicht unbedingt förderlich für die junge Generation. Es kann die Adoleszenz um Jahre verlängern, und somit die Phase, in der ein Mensch überlegt, was er mit sich und seinem Leben anfangen will, über Gebühr aufblähen.

Laut Freud ist man erwachsen, wenn man lieben, arbeiten und genießen vereinen kann. Mit dem Genuss haben die wenigsten ihr Problem, falls die Eltern bereit sind, weiter dafür in die Tasche zu greifen. Liebe ist mit hohen Erwartungen befrachtet, und entsprechend lange kann die Suche dauern. Und eine Arbeit zu finden, die nicht nur ernährt, sondern auch noch Zufriedenheit vermittelt, sich finanziell lohnt, mit einer Familie vereinbar ist und nicht alle zwei Jahre einen Umzug erfordert, ist nicht nur für junge Frauen schwierig.

Von Erwachsenen wird erwartet, dass sie für sich sorgen können. Das ist mit 18 oder auch 21 aber keineswegs automatisch der Fall. Deshalb hat die Soziologie mittlerweile eine neue Entwicklungsperiode auf dem Weg vom Kind zum Erwachsenen definiert – die »Emerging Adulthood«, das frühe Erwachsenenalter. Das Alter, in dem Menschen heiraten, eine Familie gründen und einer festen Arbeit nachgehen, hat sich bei uns deutlich nach hinten verschoben. Nach 2008 veröffentlichten Zahlen liegt das Heiratsalter in Deutschland für Frauen derzeit bei 29,6 Jahren, für Männer sogar bei 32,6 Jahren. Die Zahl der Eheschließungen ist rückläufig (von 454 000 im Jahr 1991 auf 374 000 im Jahr 2006), die Zahl der Scheidungen steigt (von 136 000 im Jahr 1991 auf 202 000 im Jahr 2006). Wer gleich nach der Ausbildung eine feste Arbeitsstelle findet, kann sich glücklich schätzen.

All das wissen unsere Kinder beim Start ins eigene Leben. Sie sind mit diesen Zahlen aufgewachsen, hinter denen häufig ganz konkrete Erfahrungen in ihrer eigenen familiären Umgebung stehen. Viele haben erlebt, dass Väter oder Mütter arbeitslos wurden, dass sich Eltern getrennt haben, dass sie selbst bei der Suche nach einem Ausbildungsplatz immer wieder Absagen einstecken mussten. Die neue Stufe ist alles andere als leicht zu bewältigen, denn die neuen Erwachsenen können keineswegs sicher sein, dass die Geborgenheit im Elternhaus bald durch eine neue Zugehörigkeit abgelöst wird. Sie sind zwar geistig in einer komplexen Welt zu Hause und beherrschen die Kommunikationsmedien besser als ihre Eltern, doch jetzt kommen Anforderungen auf sie zu, auf die die meisten von ihnen nicht gefasst waren. Wo melde ich meinen neuen Wohnsitz an? Worauf muss ich achten, wenn ich einen Mietvertrag unterschreibe? Welche Gebühren sind üblich, wenn ich ein Konto eröffne?

Ein junger Mann, der nach einem Jahr Zivildienst – den er noch zu Hause wohnend in seinem Heimatort abgeleistet hatte – nach München gezogen war, beschreibt das Dilemma anschaulich:

> *Ich konnte für ein paar Wochen bei einem Freund wohnen, während ich ein WG-Zimmer gesucht habe. Aber er war genervt. Ich bin also von einem schwarzen Brett zum anderen gerannt und habe mir die Finger wund telefoniert. Gleichzeitig musste ich mich um meine Seminare kümmern und ein Konto eröffnen. Es war richtig heftig. Frei habe ich mich überhaupt nicht gefühlt, sondern fast noch eingezwängter als zu Hause. Und dann hat auch noch alle zwei Tage meine Mutter angerufen und wollte hören, wie es so läuft, ob ich was brauche, ob sie kommen soll und solche Sachen. Es ist mir furchtbar auf die Nerven gegangen, dabei hat sie es sicher gut gemeint. Zum Schluss habe ich sie angemeckert, dass ich gut alleine zurecht komme und sie endlich Ruhe geben soll.*

Noch existiert im neuen Umfeld kein stabiles Netz von Beziehungen; Schulfreundschaften lockern sich oder gehen auseinander, Versagensängste tauchen auf. Vielleicht zum ersten Mal fühlen sich die großen Kinder zeitweise wirklich einsam. Die Welt, die nur darauf zu warten schien, erobert zu werden, ist auf einmal unüberschaubar und kalt geworden. Deshalb ist einerseits der Rückhalt durch die Eltern prinzipiell erwünscht, andererseits wäre zu viel Unterstützung durch Mama und Papa wie ein Eingeständnis, dass man es alleine doch noch nicht schafft – ein unerträglicher Gedanke.

Wie erleben Mütter und Väter diese »Erwachsenen auf Probe«, von denen keiner weiß, wie lange sie in der Probezeit verharren werden? Eine Lebensplanung, wie sie für die meisten von uns noch eine Selbstverständlichkeit war, ist heute selten geworden. Eine geradlinige Abfolge von Schule, Lehre oder Studium, Beruf, Heirat, Familie ist nicht mehr das Modell, an dem sich die Jungen orientieren wollen oder auch können. Es beginnt bei der Schule: Durch die vielen Möglichkeiten, Schulbildung nachzuholen und Prüfungen als Erwachsener abzulegen, drückt so mancher 30-Jährige wieder die Schulbank. Lehrstellen sind rar, Ähnliches gilt für Studienplätze in manchen Fachbereichen. Schulabgänger müssen Wartezeiten einplanen, in denen sie Geld verdienen, auf Reisen gehen oder unbezahlte Praktika machen. Ob sie nach ihrer Ausbildung eine Stelle finden, die ihrer Qualifikation entspricht, steht in den Sternen. Das wiederum wirkt sich auf ihre Bereitschaft aus, feste Beziehungen einzugehen und Kinder zu bekommen. Alles ist im Fluss, und wohin der fließt, weiß niemand so recht.

Der Journalist Martin Reichert prägte für die Generation der Dauerjugendlichen, die immer irgendwie auf dem Sprung sind – in die nächste Beziehung, die nächste Stadt, den nächsten Job –, den Begriff »Generation Umhängetasche«. Der Soziologieprofessor Hartmut Rosa sieht in der fehlenden Bereitschaft der 30- bis 40-Jährigen, sich festzulegen, kein moralisches Versagen einer Generation, kein grundsätzliches Zurückscheuen vor Verantwortung, sondern eine Reaktion auf die hohe Dynamik der sozialen Welt. »Es ist Ausdruck eines veränderten Zeitgefühls, das sagt: ›Es ist gefährlich, sich langfristig zu binden, weil du nicht weißt, wie die Umstände sich ändern, wie die Anforderungen, die an dich und andere gestellt werden, sich verändern.‹«

Seiner Ansicht nach folgen die jungen Leute einem geänderten Sozialverhalten, das die gesamte Gesellschaft betrifft. Man will auf keinen Fall seine Optionen einschränken, und dies tut man beispielsweise durch ein Kind oder eine feste Arbeitsstelle. Eine feste Positionierung, sei es politisch oder privat, würde bedeuten, dass man nicht mehr in jeder Situation flexibel reagieren kann.

Hat sich die »Generation Umhängetasche« noch Auszeiten geleistet und auf die Verunsicherung mit dem Vermeiden von Positionierungen reagiert, ist bei den gerade erwachsen Gewordenen fast eine Umkehrung zu beobachten. Sie sehen nur eine einzige Chance, unter den gegebenen Verhältnissen alles zu erreichen, was sie erreichen wollen: schneller zu sein als die anderen. Sie stehen unter einem enormen Druck, Schule und Ausbildung so rasch wie möglich zu absolvieren, inklusive Auslandserfahrung und Persönlichkeitsbildung. Sie müssen so tun, als wüssten sie, was sie vom Leben wollen, obwohl sie noch gar nicht die Zeit hatten, es herauszufinden. Reichert sieht die neuen Entwicklungen mit Besorgnis und Mitgefühl: »Die werden die Zeit, die ich hatte, gar nicht mehr haben für diese Suchbewegung, für Irrtümer, um sich auch mal zu verlaufen.« Ob man sie in 20 Jahren wohl die »Generation Burnout« nennen wird?[3]

Eines kann man mit Sicherheit sagen: Die Beziehung zwischen Eltern und ihren erwachsenen Kindern wird durch den wirtschaftlichen Druck nicht einfacher. Vor allem die Jahre zwischen dem Auszug aus dem Elternhaus und dem Ankommen im neuen Lebensabschnitt sind voller Unsicherheiten für beide Seiten. Das Verhältnis zwischen Eltern und Kindern wurde einmal als Wippe beschrieben, die im Lauf der gemeinsamen Lebenszeit kippt: Am Anfang sitzen die Eltern oben, ganz am Ende die Kinder. Wenn man bei diesem eingängigen Bild bleibt, kann man sich vorstellen, wie wackelig die Zeit dazwischen ist – wer je auf einer Wippe gesessen hat, weiß, dass man auf ihr nie recht zur Ruhe kommt. Es ist ein ständiges Ausbalancieren, und alles, was auf einer Seite geschieht, betrifft unmittelbar die andere mit. Je länger dieser Zustand andauert, desto größer wird das Bedürfnis nach einem festen Boden unter den Füßen. Wir können davon ausgehen, dass beide Seiten dieses Bedürfnis nach Stabilität haben. Allerdings äußert es sich unterschiedlich, und darin liegt eine Schwierigkeit für das Verhältnis von erwachsenen Kindern und ihren Eltern.

Wie erleben es die erwachsenen Kinder? In den Gesprächen, die ich geführt habe, war bei allen erwachsenen Kindern ein großer Wunsch nach einer lebenslangen Anerkennung durch die Eltern spürbar – auch wenn die Beziehung in der Vergangenheit oder Gegenwart als angespannt beschrieben wurde. Ärger und Widerstand sind nicht Abwesenheit von Liebe, das ist eine Tatsache, die sich Eltern immer wieder ins Gedächtnis rufen können. »Verwandtschaftliche Verbundenheit und ohnmächtige Wut liegen in dieser verhängnisvollen Konstellation näher beieinander als irgendwo sonst«, schreibt der Kolumnist Till Raether in einem Artikel, in dem er die Sicht des erwachsenen Kindes einnimmt. Zorn und Aggression auf die Eltern werden als seelische Belastung empfunden, und ein Beziehungsabbruch ist immer der letzte, verzweifelte Ausweg, der meist aus einem Gefühl tiefer Kränkung rührt. (Das muss jedoch keineswegs heißen, dass die betreffenden Eltern ihre Kinder wissentlich gekränkt oder ihnen Schaden zugefügt haben.) Eigentlich möchten sie ihre Mütter und Väter als Stütze im Rücken fühlen und endlich unter dem wohlwollenden, liebevollen Blick der Eltern ihr eigenes, selbstständiges Leben führen. Selbst wissenschaftliche Studien belegen, dass die gefühlsmäßige Bindung der Kinder ebenso wie der rationale Wunsch der Kinder nach Abgrenzung viel stärker sind als bisher angenommen.[4]

Und was möchten die Eltern? Sie wünschen sich erwachsene Töchter und Söhne, die ihnen durch ihr Leben zu verstehen geben, dass sie ihre Sache als Eltern gut gemacht haben. Sie möchten die Nähe zu ihren Kindern nicht verlieren und erleben, wie Enkel heranwachsen, und ihnen nahe sein. So einfach sich das anhört, so kompliziert kann die Umsetzung dieser Wünsche im Einzelfall sein. Denn diese Beziehung ist nicht kündbar, und das setzt beide Seiten enorm unter Druck. Selbst wenn ein Sohn nach Australien auswandert, bleibt er biologisch der Sohn seiner Eltern und in eine lange Reihe von Vorfahren eingebunden, die er fortsetzt, sobald er selbst Kinder hat. Er kann diese Tatsache ignorieren und selbst jeden Kontakt verweigern – aber er muss darauf gefasst sein, dass seine Kinder nach dem Woher ihrer Vorfahren fragen und sich, wenn sie älter sind, auf die Suche nach ihrer Herkunft machen. Und die Leerstelle in seinem eigenen Leben, wo einmal eine Familie war, wird ihn prägen, ob er will oder nicht.

Das Gefühl, in eine Beziehung gezwungen zu sein, die man sich nicht ausgesucht hat, kann sehr beengend werden. Deshalb ist das Aushandeln von Nähe und Distanz ein so zentraler Punkt bei allen Auseinandersetzungen zwischen Eltern und Kindern. Viele Eltern äußerten sehr überzeugend, dass sie sich nicht an ihre Kinder klammern und sich nicht in ihr Leben einmischen *wollen*. Wenn sie es dennoch tun, begründen sie es oft mit »Ich kann eben auch nicht aus meiner Haut« oder »Es fällt nicht leicht, über den eigenen Schatten zu springen«. Sie spüren sehr wohl, dass ihre Schwierigkeiten beim Loslassen etwas mit ihnen selbst zu tun haben. Deshalb lohnt es sich, genauer hinzusehen, was es mit dem Ablösungsprozess auf sich hat.

Das Nest leert sich

Der Ablösungsprozess von Elternseite beim Auszug der Kinder ist ausführlich dokumentiert und hat auch einen Namen: das »Empty-Nest-Syndrom«. Das leere Nest, die räumliche Trennung von den Kindern, hat, so lautete das Ergebnis amerikanischer Studien aus den 1960er Jahren, auf die Eltern und insbesondere auf die Mütter psychische Auswirkungen, die bis zu schweren Depressionen reichen können.

Dass die Ablösung vom Elternhaus für alle Beteiligten ein einschneidendes Erlebnis ist, das mit akutem Trennungsschmerz verbunden sein *kann*, ist unumstritten. Doch dieser Einschnitt *muss* nicht belastend sein, was in mehreren Gesprächen zum Ausdruck kam, in denen Mütter enthusiastisch von all den Freiräumen berichteten, die sich ihnen eröffneten. Ob Trauer oder Freude über einen Neuanfang überwiegen, stellt sich auch für die betroffenen Frauen gewöhnlich nicht sofort heraus.

Oft dauert es eine Weile, bis in letzter Konsequenz klar wird, dass eine Lebensphase zu Ende gegangen ist und es nie wieder »wie früher« sein wird. Ob dann der frei gewordene Raum in erster Linie als Verlust von Vertrautem oder als Gewinn für die Zurückbleibenden erlebt wird, hängt von vielen Faktoren ab, ganz entscheidend von der Lebenssituation der Eltern. Eine alleinerziehende Mutter, die sich jahrelang zwischen Kindererziehung und Vollzeitjob aufgerieben hat, empfindet sicher eine gewisse Erleichterung, wenn ihre Tochter auf dem Weg in die finanzielle Unabhängigkeit ist, aber sie wird auch deutlich merken, wie still die Wohnung ist, in die sie abends zurückkommt. Ein Ehepaar dagegen steht vor einer ganz anderen Herausforderung – der Rückbesinnung auf die Zweisamkeit. »Endlich haben wir wieder Zeit füreinander«, freute sich ein 60-jähriger Ingenieur nach dem Auszug des jüngsten Sohnes. »Man kann auch mal fünf grade sein lassen und am Wochenende in den Tag hinein leben. Das war zwar auch in den letzten Jahren möglich, aber irgendwie ist es nie dazu gekommen. Man hatte immer die Kinder mit im Kopf, sogar wenn sie nicht im Haus waren.« Es kann aber auch anders kommen, und dann wird das leere Nest ausgesprochen ungemütlich. Lange verdrängte Eheprobleme brechen auf, Frauen merken, dass sie sich von ihrem Partner weg entwickelt haben. Männer wissen nicht mehr, was sie mit ihren Frauen reden sollen, wenn Erziehung kein Thema mehr ist. Die eine beschließt, endlich einmal das zu tun, was sie sich so lange versagt hat – ausgiebig reisen, ein neues Hobby suchen oder gar noch eine Ausbildung beginnen –, der andere gerät in eine Midlife-Krise und stellt sein gesamtes bisheriges Leben infrage.

Mütter, die sich viele Jahre mit der Erziehung ihrer Kinder beschäftigt haben, die sich freiwillig oder unter Druck entschieden haben, zu Hause bei den Kindern zu bleiben und nicht oder zeitlich eingeschränkt zu arbeiten, waren – und sind – von diesem Einschnitt besonders stark betroffen. Sie müssen wohl oder übel zur Kenntnis nehmen, dass ihre aktive Mutterrolle beendet ist und sie nicht mehr so gebraucht werden wie früher. Das schmerzt, selbst wenn die Beziehung zu den Kindern weiterhin eng ist. Einige halten wehmütig Rückschau auf die »gute alte Zeit« , in der die Kinder noch bei ihnen in der Küche saßen und Hausaufgaben machten, in denen sie im Winter zusammen rodeln gingen und dann in der warmen Stube Kakao tranken und selbst gebackene Brötchen aßen.

Eine 44-jährige Mutter, die ein Jahr vor dem Auszug ihrer Tochter noch ein Studium begonnen hatte, um nicht untätig im leeren Nest zu sitzen, empfand plötzlich eine Leere in sich, die sie nie für möglich gehalten hatte:

Ich hatte mir für das Wintersemester absichtlich viele Seminare vorgenommen, damit ich beschäftigt bin, aber als Kirsten dann ausgezogen war, war ich an manchen Tagen wie gelähmt und konnte keinen klaren Gedanken fassen. Eigentlich hatte ich es mir so schön ausgedacht – wir würden viel telefonieren und uns über unsere Kurse an der Uni erzählen, weil sie ja auch anfing zu studieren, nur ein anderes Fach. Und dann saß ich fast jeden Tag in ihrem Zimmer und konnte mich gar nicht wehren gegen die Erinnerungen an früher. Wie ich mit ihr zum Schwimmen und Picknicken an den See geradelt bin, bevor sie in den Kindergarten kam, und wie sie später lustige Gesichter auf die Tafel in ihrem Zimmer gemalt hat, und wie ihr erster Hamster gestorben ist und wir ihn im Garten begraben haben. Oft sind mir sogar die Tränen gekommen. Ich habe getrauert, als wäre sie gestorben, dabei ist sie nur 50 Kilometer weiter gezogen.

Dass sich Erinnerungen an die schönen Erlebnisse der Kinderzeit regen, wenn der jüngste Sohn oder die einzige Tochter auszieht, ist nicht verwunderlich. Es liegt in der menschlichen Natur, festhalten zu wollen, was vertraut ist, und Angst vor dem Unbekannten zu haben. Am Ende einer Lebensphase schauen wir zurück und sammeln ein, was wert ist, behalten zu werden – das können Erinnerungen sein, Spielzeug, alte Schulhefte, Fotos, kindliche Aussprüche. Vielen Eltern hilft es, ihr Kind auf diese Weise noch ein Weilchen bei sich zu behalten. Sie beschwören die Kindheit herauf, schauen sich die bunten Krakeleien aus der Grundschule an und überlegen, welches Stofftier unbedingt für zukünftige Generationen aufbewahrt werden muss. Viele Mütter müssen tatsächlich eine Weile trauern und ihrem Schmerz nachgeben. »Ich finde, dass Frauen, die es schwierig und schmerzhaft finden, ihre Kinder gehen zu lassen, Unterstützung und nicht Vorwürfe verdienen«, schreibt die englische Autorin Shelley Bovey. Es ist für beide eine Phase der Ungewissheit: »Die Zeit hängt in der Schwebe – sie sind noch nicht fort, aber auch nicht mehr ganz hier –, und Mutter und Kind fragen sich beide, wie sie damit fertig werden – die Mutter mit der Trennung und ihrem neuen Leben, und das Kind mit dem, was in seiner Erwachsenenzukunft vor ihm liegt.[5]«

Was können Sie tun, wenn bei Ihnen der Kummer auch nach einer »Trauerphase« überwiegt und es Ihnen schwerfällt, in der Ablösung der Kinder einen positiven Schritt zu sehen? Eltern, die lange auf ihre Kinder fixiert waren, müssen sich den weiteren Blick auf ihre eigenen Möglichkeiten regelrecht erarbeiten. Sie sehen im ersten Moment nicht, wie viel ihnen offensteht: »Die einzige Begrenzung unserer Möglichkeiten liegt in unseren Wünschen, unserer Vorstellungskraft und den Entschuldigungen, die wir dafür anführen, beides nicht zu nutzen«, schreiben Laurie Ashner und Mitch Meyerson.[6] Und sie regen ihre Leserinnen an, sich auf die eigenen Bedürfnisse zu besinnen: Sie könnten zum Beispiel aufschreiben, was sie sich für die Zeit vorgenommen hatten, in denen die Kinder erwachsen sind – möglichst schon, bevor es so weit ist. Vermutlich kommt einiges zusammen, auch wenn es am Anfang wenig sinnvoll scheint, sich ohne rechte Lust für einen Tanzkurs anzumelden, wo man doch eigentlich zu Hause sitzen und seufzen möchte. Solche Aktivitäten entwickeln erfahrungsgemäß eine eigene Dynamik und lenken zumindest wirkungsvoll ab. Die Voraussetzung für all diese Initiativen ist das Eingeständnis, dass sich etwas geändert *hat*.

Und da niemand einen so gut versteht wie Menschen, die dieselben Turbulenzen am eigenen Leib erfahren haben, schadet es auch nichts, auf andere Mütter zuzugehen, die ebenfalls auf der Suche nach ihrer neuen Identität sind. Ehemänner oder Partner haben oft Schwierigkeiten, die Intensität der mütterlichen Gefühle zu verstehen, oder sind mit ihren eigenen Ambivalenzen beschäftigt. Freundschaft und Nähe zu Frauen ist in dieser Zeit umso wichtiger, und wer einmal die Isolation durchbrochen hat, stößt auf Erstaunliches:

Als mein jüngster Sohn weggezogen ist, war ich eine Zeit lang sehr deprimiert. Aber ich habe es mir nicht anmerken lassen oder es wenigstens versucht, weil die Frauen, die ich kannte, alle scheinbar so gut damit zurechtgekommen sind, dass ihre großen Kinder weg waren. Aber dann war ich einmal bei einer Nachbarin zum Kaffee eingeladen, und mitten im Gespräch über unsere Söhne musste ich auf einmal weinen. Es war mir unangenehm, aber ich habe mir einen Ruck gegeben und erklärt, dass es wegen meinem Sohn ist. Man glaubt es kaum: Pötzlich haben alle durcheinander geredet, wie schade sie es finden, dass ihre Kinder nicht mehr zu Hause sind, und wie sehr sie sie vermissen.

Dass der Abschied von der Mutterrolle so schwerfällt, ist heute für viele Frauen nicht leicht einzugestehen. Gerade weil sie so viele andere Rollen im Leben spielen können und das auch gerne tun, fühlen sie sich unter Druck, ihr Muttersein als eine Rolle von vielen zu betrachten, die sie nicht zu ernst nehmen dürfen, um nicht altmodisch und unemanzipiert zu erscheinen. Wenn sie auch ihren eigenen Wert nicht (mehr) über ihre Kinder definieren, so haben sich die Spuren von 20 Jahren Mutterschaft doch in sie eingeschrieben. Dem Berufstätigen, der 20 Jahre in einer Firma arbeitet und dann in Rente geht, gesteht die Gesellschaft zu, dass er mit einem herben Verlust zu kämpfen hat und gerne noch Kontakt zu alten Kollegen hält. Man weiß, dass er nicht sofort in der Lage sein wird, die vielen guten Vorsätze umzusetzten, die er im Hinblick auf den Ruhestand gefasst hat. Mütter dagegen sollen sich gewissermaßen einmal kurz schütteln, ihre Kinder ziehen lassen und voll Enthusiasmus zu neuen Ufern aufbrechen – oder sich nach dem traditionellen Frauenbild damit bescheiden, dass die Phase ihrer aktiven Einflussnahme nun vorbei ist.

Abschiede brauchen Zeit, und der Abschied von einer Person, mit der man lange Jahre zusammengelebt hat, darf seine Zeit brauchen. Warum nicht abwarten, was sich innen regt? Es ist nicht gesagt, dass die Sehnsucht nach Freiräumen, die eine Mutter mit 35 umtreibt, mit Mitte 50 immer noch das ersehnte Ziel ist. Neue Bilder mögen auftauchen, wenn man sich nicht unter Druck setzt, möglichst schnell aktiv zu werden, um den Leerraum zu füllen.

Eine Mutter von zwei erwachsenen Söhnen beschreibt die Trennung als einen Prozess, der sich über Jahre hinzog und in dem sie bewusst erlebt hat, wie sich ihre Bindung an die Kinder nach und nach lockerte, je mehr sie von ihr fort drängten und die Welt außerhalb der Familie einen größeren Stellenwert bekam:

> *Es ist mir sehr schwergefallen, als Johannes damals zum Studieren nach Münster ging. Da war er vorher ja nie weg gewesen, außer mal im Schullandheim oder auf Klassenfahrt. Aber es war noch nie so eine längere Trennung gewesen. Aber er war immer zu erreichen, er konnte öfter nach Hause kommen, und das hat er ja auch gemacht, wenn keine Klausuren anstanden. Als er ging, war es ein Abnabelungsprozess, aber im Grunde genommen war es für mich ja schon immer so: Ich habe ihn abgegeben in den Kindergarten, da war er vormittags aus meiner Verantwortung raus. Dann kam die Schule, dann das Gymnasium, das ging bis zum Nachmittag, dann hatte er andere Interessen, dann waren Freunde da, dann die erste Freundin. Es war so peu à peu ein Abnabeln. Als er fort fuhr von hier, Richtung Münster, da hab ich mich sehr zusammengerissen, ich habe ihm alles Gute gewünscht und dieses und jenes, aber als er weg war, hab ich erst mal für mich alleine hier gesessen und geheult. Das war für mich schwierig.*

Das Streben nach Unabhängigkeit beginnt nicht erst, wenn das Kinderzimmer leer geräumt und das erste eigene Zimmer bezogen wird. Mit dem ersten »Alleiiiine!!!« sprengen die Kleinen die allumfassenden elterlichen Fürsorge, und letztlich ist es ja auch genau das, worauf ihre Erziehung abzielt – sie sollen eines Tages alleine zurechtkommen.

Viele Eltern mit mehreren Kindern sind zunächst erleichtert, wenn das erste Kind auszieht. Sie spüren die Entlastung, während zugleich durch das Bleiben der jüngeren Kinder noch keine radikale Umstellung notwendig ist. Jede Mutter weiß, dass sich die Anforderungen an das Familienmanagement mit jedem weiteren Kind potenzieren – mehr laute Musik, mehr hungrige Freunde, mehr Termine im Kalender, mehr Krümel in den Betten, mehr Wäsche im Korb, mehr Telefonate, mehr von allem und jedem, nur nicht Ruhe. Jedes Kind, das den Sprung in die Eigenständigkeit macht, entlastet seine Eltern spürbar. Und das nehmen diese sehr dankbar zur Kenntnis. Nach 20 Jahren Trubel möchten sie die Früchte ihrer Arbeit ernten und einen Gang zurückschalten. Zudem haben sie auch neben der Familie oft vielfältige Aufgaben und Verpflichtungen und freuen sich, wenn sie eigenen Interessen wieder mehr nachgehen können.

Ein Ehepaar, das zwei Söhne und drei Töchter großgezogen hatte, war sich einig, dass sie den Übergang zum Paarleben genossen:

> *»Also wir fanden den Auszug angenehm. Es wurde immer ruhiger. Fünf Kinder waren schon viel. Man merkte dann schon, wenn eins weg war. Wir haben kein Problem gehabt mit dem Ausziehen der Kinder. Vielleicht auch, weil der Kontakt immer eng geblieben ist. Wenn wir nichts mehr von ihnen hören würden, dann wäre es vielleicht auch anders. Aber sie sind jedes zweite, dritte Wochenende heimgekommen. Was auch angenehm war: Die Buben hatten alle Freundinnen und sind dann mit denen zusammengezogen. Das war dann nicht so, dass sie heimgekommen sind und die Wäsche gebracht haben. Die sind ausgezogen und waren weg.«*

Dieser letzte Satz klingt ungewöhnlich markig, wurde aber im Lauf des Gesprächs relativiert, denn es stellte sich heraus, dass alle Kinder immer noch regelmäßig nach Hause kommen und die ganze Familie fast jedes Jahre gemeinsam ein paar Tage Wandern geht.

Sie sind zwar aus dem Haus, aber nicht aus dem Leben der Eltern verschwunden, und die Beziehung ist durch die Entfernung nicht schwieriger, sondern eher einfacher geworden.

Nicht selten ist aber das leere Nest für die Zurückbleibenden kein anheimelnder Ort mehr. Das leere Zimmer erinnert sie zu sehr an die Zeiten, an denen noch der Fußboden von Legosteinen übersät war und laute Stimmen durch die Wohnung tönten. Viele Mütter berichten verwundert, wie sehr ihnen die Vitalität der jungen Leute fehlt, von der sie sich vorher so oft bedrängt und überfordert fühlten. Shelley Bovey[7] nennt es das »Doc Marten-Syndrom«: das nächtliche Gepolter von schweren Stiefeln auf der Treppe, das ständige Kommen und Gehen von Freunden und Freundinnen, das Auf- und Zuklappen der Kühlschranktür, die anstrengenden Diskussionen, die Berge von leeren Flaschen und Milchkartons. In der Rückschau kann man nicht mehr verstehen, dass das alles so ein Ärgernis war. Jetzt hätte man gerne mehr Leben um sich herum, sogar dröhnender Technosound wäre besser als die Stille, in der man alle Geräusche und Bewegungen selbst schaffen muss.

Wer im leeren Nest zurückbleibt, kann sich schlecht vorstellen, dass derjenige, der so entschlossen fort strebt, sich sehr wohl bewusst machen kann, wie es ihm geht. Viele Eltern wären überrascht, wie gut sich die Nestflüchter in ihr Befinden einfühlen können. Obwohl sie es als ihr gutes Recht betrachten, eigene Ziele zu verfolgen, ohne allzu viel Rücksicht auf die Eltern zu nehmen, ist ihnen bewusst, dass die »Verlassenen« sich erst an die neue Situation gewöhnen müssen.

Auf die Klage einer Tochter, dass ihre Eltern mit ihrem Auszug gar nicht zurechtkommen (die Mutter »verkriecht sich«, der Vater stürzt sich in Arbeit) antworteten in einem Internet-Forum gleich mehrere Gleichaltrige sehr einfühlsam.

Man muss sich das mal vorstellen: da leben 2 Menschen 18 oder mehr Jahre für ihre Kinder, machen Essen, planen Urlaub, fahren sie durch die Gegend, leben mit ihnen und dann auf einmal sind sie weg, kommen noch einmal im Monat vorbei ... Ich würde in derselben Situation glaub ich auch depressiv werden und mich total einsam fühlen. Caren, 23

Ich glaube, es kommt ziemlich häufig vor, dass sich Eltern erst einmal wieder aufeinander einstellen müssen, wenn auf einmal die wohlbehüteten Kinder aus dem Haus sind, um die sich ihr

Leben in den letzten 20 oder mehr Jahren drehte … Manchmal klappt es, manchmal sind die Unterschiede zu groß geworden.
Siv, 24

Mit dem Auszug der Kinder beginnt für die Eltern eine schwierige, fragile Umstellungsphase genau wie am Anfang, wenn die Kinder kommen, nur gibt es am Anfang eine Aufgabe: für die Kinder sorgen, Geld verdienen, ein schönes Zuhause schaffen, eine gute Schulbildung ermöglichen, alle Liebe und Aufmerksamkeit den Kindern schenken. Leah, 33

Überleg doch mal: Zu dem Auszug der Kinder kommt dann noch das Älterwerden, das Gefühl, nicht mehr gebraucht zu werden, und das in unserer Leistungs- und Jugendwahngesellschaft. Wundert's dich wirklich, dass sie das nicht gut verkraften? Stani, 22

»Eltern und Kinder sind in dieser Entwicklungsphase vor eine neuartige Situation gestellt, die Anpassungsleistung auf beiden Seiten erfordert«, schreibt die Entwicklungspsychologin Christiane Papastefanou[8] die sich seit Jahren mit dem Verhältnis von Eltern und ihren erwachsenen Kindern beschäftigt. Beide stehen vor einem neuen Lebensabschnitt und können sich nur bedingt helfen, da sie an ganz unterschiedlichen Weggabelungen stehen. Bei allem Verständnis füreinander ist es wichtig, dass sie sich in dieser Ablösungphase auf das Eigene besinnen und Orientierungshilfe bei denen suchen, die sich in der gleichen Lage befinden.

Wer soll wen loslassen?

Man spricht viel vom »Loslassen« – von Beziehungen, von Kindern, von alten Mustern. Eltern werden aufgefordert, ihre Kinder loszulassen, weil sie ihnen nicht »gehören«. Ein oft zitiertes Gedicht von Khalil Gibran weist uns darauf hin, dass Kinder »im Haus von Morgen«[9] leben und ihre Eltern nicht den Fehler machen sollten, sie in ihrem Streben in die Zukunft aufzuhalten. Doch grau ist alle Theorie.

Dass Kinder sich von der Familie, in der sie aufgewachsen sind, nach und nach lösen sollten, bestreitet heute kaum jemand, und selbst Eltern, die dadurch in innere Nöte geraten, sind ganz einverstanden damit, wenn man sie fragt. Sie wollen ihre Kinder nicht in Abhängigkeit halten. Aber sie merken, wie schwer es bei allem guten Willen ist, ihre Vorsätze in die Tat umzusetzen.

Wie nimmt man Abstand von der eigenen Betroffenheit, die der Ablösungsprozess der Kinder auslöst? Warum melden sich so hartnäckig die Widerstände gegen zu viel Eigenständigkeit? Ein Grund ist, dass das Erwachsenwerden keineswegs nur mit Vorfreude verbunden ist. Auch die jungen Erwachsenen signalisieren, dass sie der neuen Freiheit mit zwiespältigen Gefühlen gegenüberstehen. Das lange mit so vielen Hoffnungen befrachtete Erwachsensein ist keine reine Freude. »Erwachsen zu werden ist gleichzeitig ein Muss, verbunden mit der Verheißung von Unabhängigkeit und Freiheit, und eine Strafe für den Wunsch nach Eigenständigkeit«, erklärt die Psychoanalytikerin Thea Bauriedl den Zwiespalt. Eltern wünschen sich einerseits, dass ihre Kinder möglichst schnell selbssttändig werden und ihnen dadurch die Last der Verantwortung abnehmen. Aber das ist nur die eine Seite der Medaille. »Andererseits finden sich in den Beziehungskonflikten der Ablösungsphase besonders deutlich auch Ängste – sowohl bei Eltern als auch bei Jugendlichen –, Ängste vor dem Zwang zur Selbstständigkeit. Hier bedeutet Selbssttändigkeit nicht selten Einsamkeit für beide Teile.«[10] Beide, Eltern wie junge Erwachsene, spüren diese Ambivalenz, auch wenn sie sie nicht recht fassen können. Sie äußert sich in Spannungen und Missverständnissen. Nach außen scheint es, so schreibt Thea Bauriedl, als würde dieser Zwiespalt »mit verteilten Rollen« gespielt, als würden nur die Eltern klammern und die jungen Leute möglichst rasch weg wollen. Der Schein trügt. Beide Seiten kämpfen mit widersprüchlichen Gefühlen und Wünschen, doch verhalten sie sich oft so, wie ihre Umgebung es – wie sie meinen – von ihnen erwartet. Sie nehmen ihre Rollen ein und entfernen sich dadurch voneinander, obwohl sie mit ganz ähnlichen Ambivalenzen kämpfen. Wenn man mit erwachsenen Kindern spricht, gewinnt man bald den Eindruck, dass sie ihre ganz eigenen Vorstellungen vom Losgelassenwerden haben. Sie wollen nicht bevormundet werden, das bringen sie klar zum Ausdruck, und wollen ungestört ihren Zukunftsvorstellungen folgen können, aber sie wollen keineswegs aus allen Zusammenhängen entlassen werden.

Fragen wir uns an dieser Stelle doch einmal selbst, was wir uns von den eigenen Eltern gewünscht haben. Vielleicht mehr Freiheit, auf jeden Fall mehr Selbstbestimmtheit, aber sicherlich keine Abwendung. Wir wünschten uns – auch heute noch – von ihnen liebevolle Zuwendung und echtes Interesse an unserem Denken und Tun.

Erwachsene Kinder, das stand in den Gesprächen immer wieder im Vordergrund, wollen von ihren Eltern nicht »ausgeblendet« werden. Gerade in der Übergangszeit, in der sie viele ungewohnte Entscheidungen treffen müssen und vor praktischen Problemen stehen, suchen viele die Rückanbindung an das Elternhaus, wenigstens durch Telefonate oder E-Mail-Kontakt, wenn Besuche wegen der Entfernung zu umständlich oder kostspielig sind. Sie brauchen gerade jetzt alle möglichen Tipps und konkrete Hilfen und wissen es zu schätzen, wenn sie die einfach so bekommen, ohne ungewollte Belehrungen oder versteckte Spitzen.

Mein Vater kommt immer sofort rüber, wenn ich mal einen Schrank aufzubauen habe oder sonst was Praktisches ansteht. Ich glaube, das gefällt ihm, dass ich ihn noch brauche. Und ich würde ganz schön alt aussehen ohne ihn. Ich saß mal heulend zwischen meinen Regalen, weil ich es unbedingt allein schaffen wollte, aber dann dachte ich, ich bin ja blöd, und habe ihn angerufen. Seitdem werkeln wir regelmäßig zusammen, es ist richtig nett. Als ich noch zu Hause gewohnt hab, sind wir nie zu so was gekommen. Mona, 20, Berufsschülerin

Meine Eltern sind oft in der Stadt, in der ich studiere, aber sie rufen nie an, ob wir uns mal auf einen Kaffee treffen oder so. Ich frage mich, ob das bei anderen auch so ist, dass sie anrufen müssen, weil sie die Kinder sind. Oder was der Grund ist.
Karen, 31 Jahre, Studentin

Bei mir ist es so, dass meistens ich anrufe. Meine Eltern rufen reichlich selten an, was ich auch schon bemängelt hab, aber es ist anscheinend so, keine Ahnung. Das finde ich auch schade, ich hätte es in den letzten Jahren gerne auch mal anders herum gehabt. Ich hab in letzter Zeit oft gedacht, dass es schade ist, dass ich so weit weg wohne, und dass ich eigentlich gerne einfach mal die Möglichkeit hätte, für einen Kaffee nach Hause zu kommen und nicht immer nur, wie jetzt, für eine Woche, damit es sich überhaupt lohnt. Wenn man dann eine Woche hier ist, dann bin ich auch wieder froh, dass ich weiter weg wohne. Vielleicht wäre es gar nicht schlecht, wenn man näher dran wohnt, dann könnte man mal einen Tag oder Nachmittag zu Besuch kommen und wär nicht gezwungen, längere Zeit da zu sein. Das ist schon auch anstrengend. Judith, 26 Jahre, Studentin

Erwachsen werden heißt nun mal, sich vom Urteil der Eltern unabhängig machen. Trotzdem konnte ich lange nicht verstehen, warum sie sich so wenig für das interessiert haben, was ich mache. Es hat sich angefühlt, als ob sie mich von einem Tag auf den anderen abschreiben, nur weil ich ausgezogen bin.

Suse, 38 Jahre, Schreinerin

Meine Mutter hat sich kaum getraut, bei uns anzurufen, weil sie immer Angst hatte, uns zu stören. Ich habe oft versucht, ihr diese Angst zu nehmen – und natürlich auch von mir aus angerufen. Irgendwann habe ich dann mal ausprobiert, wie lange sie sich »nicht traut« – es waren fast vier Wochen. Zum Glück hat die Geburt unserer Tochter dazu geführt, dass sie weniger Schwellenangst beim Telefonieren hat, weil sie oft bei der Betreuung hilft. Martina, 34 Jahre, Hausfrau

Meine Mutter hat damals immer gesagt, die Jana ist doch so selbstständig, sie braucht meine Hilfe nicht. Sie wäre gar nicht auf die Idee gekommen, dass ich mich vernachlässigt fühlte.

Jana, 29 Jahre, Friseurin

Zugegeben, es gibt auch Kinder, die am liebsten ans andere Ende der Welt flüchten würden, um – wie sie es sehen – den Ansprüchen ihrer Familie zu entgehen. Es ist für Eltern nicht leicht einzuschätzen, wie viel Nähe sich ihre erwachsenen Kinder wünschen. Sie gehen häufig davon aus, dass sie in Ruhe gelassen werden wollen, und tun des Guten zu viel. Wenn wir also annehmen, dass nur Eltern sich von ihren Kindern Kontakt wünschen, sehen wir lediglich die eine Hälfte des Bildes.

Ein schönes Beispiel für die widersprüchlichen Regungen und die unausgesprochenen Erwartungen aneinander ist das folgende Gespräch zwischen einer Mutter und ihrem berufstätigen Sohn, das zunächst von meiner Frage ausging, was in einer Eltern-Kind-Beziehung elementar wichtig ist:

Heidrun*: Wichtig finde ich, dass man für den anderen da ist. Das ist ganz wichtig. Das Gefühl: Wenn irgendwas ist, da kann ich anrufen, da weiß ich ganz genau, dass ich nicht abgewiesen werde. Auf beiden Seiten. Sich nicht rauszureden – ich kann nicht, jetzt nicht, oder so, das kann nicht funktionieren.*

Juanes*: Jaja (zögernd, mit skeptischem Lachen).*

Heidrun*: Wieso? (verunsichert) Du meinst, weil ich heute wieder nicht gekocht habe, oder was?*

Juanes*: Nee. So hab ich's nicht gemeint. Telefonisch bist du ja immer für mich da.*

Heidrun*: Sonst auch.*

Juanes*: Ja, ich erinnere mich, in meinem Studium, dass sie (zur Interviewerin gewandt) keinen Strich wusste, was ich eigentlich gemacht habe, wann ich was gemacht hab. Sprich, meine wichtigen Klausuren oder die Abschlussprüfung hat sie überhaupt gar nicht wahrgenommen.*

Frage*: Warum nicht?*

Juanes*: Tja, keine Ahnung.*

Frage*: Glauben Sie, sie war mit anderen Dingen beschäftigt?*

Juanes*: Keine Ahnung. Sie hat die Informationen gefiltert, nicht wahrgenommen. Und dann kam irgendwann der krampfhafte Versuch, das im Terminkalender einzutragen. Und dann der kleine Triumph, als sie anrief und sagte, du hast doch morgen Klausur… Ja, in DREI Tagen, habe ich geantwortet.*

(Pause)

Klar, für den anderen da zu sein, aber … Wie oft warst du in Darmstadt?

Heidrun*: Ich habe schon oft gesagt, da musst du mich eben einladen. Ich tauche nicht überraschend auf.*

Juanes*: Auf der einen Seite ist sie schon mobil, aber eine Zugfahrt ist dann doch …*

Heidrun*: Sie wäre mir nie zu viel gewesen für dich.*

Juanes*: Wie lange habe ich in Darmstadt gewohnt, und wie oft bist du gekommen?*

Heidrun: *Du hast aber auch nicht einmal gesagt: Komm doch mal.*

Juanes *(zur Interviewerin): Sie ist nicht der Typ, der sagt: Ich setz mich mal eben eine Stunde in den Zug und dann gehen wir einen Kaffee trinken. Oder gehen nachmittags shoppen.*

Heidrun*: Siehst du, da sind doch Verluste.*

Juanes: *Nicht Verluste …*

Heidrun: *Du hast auch etwas vermisst.*

Juanes: *Ja, ich weiß auch nicht … es ist ja auch die Frage, ob ich es gewollt hätte.*

Heidrun *(lachend): Aber das Angebot hätte kommen sollen, damit man nein sagen kann.*

Juanes: *Nicht, damit man nein sagen kann, aber mein Gefühl war halt, dass die 150 Kilometer, die mit dem Zug genau eine Stunden dauern – das hätte einer Planung von drei, vier Wochen bedurft. Ein Nachmittag. 14 Uhr hier, 15 Uhr da. Bis 17 Uhr unterwegs, um 18 Uhr wieder zu Hause.*

Heidrun: *Schade, dass du es mir nie gesagt hast. Komm doch heute nachmittag. Auch jetzt, jetzt sagst du auch nichts. Zum Beispiel neulich hast du gesagt … irgendwas mit Hohenheim.*

Juanes: *Was wollen wir denn in Hohenheim machen?*

Heidrun: *Ich meinte, ich kann dich doch mal besuchen. Da hast du gesagt, ach, na ja ….*

Juanes: *Unter der Woche bin ich die ganze Zeit unterwegs …*

Heidrun: *Das ist schon eine beidseitige Geschichte. Vielleicht habe ich auch genau gemerkt, dass du im Grunde genommen …*

Juanes: *Das ist jetzt das Alibi, die Interpretation … (lachend) Statt einfach zu sagen: Ja, irgendwie habe ich das nicht so wahrgenommen, dass es mich zwar zwei Stunden Weg gekostet hätte, aber zwei Stunden, die wir hätten ein Eis essen gehen können.*

Heidrun: *Schade, sehr schade. Können wir alles nachholen.*

Juanes: *Es muss erst was geschehen, bevor du dich in den Zug setzt oder ins Auto … Du fasst das als Kritik auf, so war das gar nicht gemeint.*

Zu sagen du hättest ja nur was sagen müssen, dann wäre ich auf jeden Fall total gerne gekommen – du stellst es jetzt so dar, als …

Heidrun: *Hätte ich auch, weil es mich gefreut hätte, wenn du gesagt hättest, komm doch … Genau wenn Bärbel* [die jüngere Schwester] *sagt, mach mit mir Urlaub, mach ich es auch. Das sind diese Erwartungen aneinander, und darüber haben wir auch schon mal diskutiert. Man kann in den Kopf des anderen nicht hineinkucken. Es ist wichtig, das zu sagen, was man möchte.*

Juanes: *Ganz genau, ganz genau. Das ist genau der Punkt. Die Argumentation, warum sie nicht wusste, wann meine Klausuren waren, war: Das macht er ja sowieso, das kann er ja sowieso. Das läuft ja eh, was dann keine Entschuldigung war, sondern eine Begründung, warum man bewusst so gehandelt hat, obwohl man nicht bewusst so gehandelt hat, sondern einfach bewusst vergessen hat.*

Es kommt bei mir so an, als sei es ein Alibi – oh, es war nicht bewusst so gemacht. »Ach, wie schade, schade, ich bin nicht gekommen, aber das können wir ja noch.«

Heidrun: *Ich bin nicht perfekt, ich weiß.*

Juanes: *Um den Kreis wieder zu schließen. Weil du gesagt hast: Man sollte immer für den anderen da sein – das ist kein da sein, das in einer Selbstaufgabe endet.*

Heidrun: *Warum sollte es denn?*

Juanes: *Sollte nicht. Ich denke, das für den anderen da sein sollte ein ganz stinknormales Maß an Bereitschaft zur Kommunikation sein. Nicht: Ich nagle mich für dich ans Kreuz, ich opfere mich für dich auf.*

Es bedeutet nicht, dass dieser innere Schweinehund, der sie daran hindert, sich einfach mal eine Stunde in den Zug zu setzen, überwunden sein muss, sondern es reicht schon, am Telefon erreichbar zu sein.

Heidrun: *Ja, ich meine, beim Umzug war ich da. Wer hat die Möbel geschleppt? Das war für mich selbstverständlich. Ich will nur sagen: Wenn ich weiß, ich werde gebraucht, bin ich um 2 Uhr in der Nacht zur Stelle. Und wenn Carmen* [die ältere Schwester] *mich um zwei nachts anruft und sagt, kannst du kommen, Swantje geht's nicht gut, bin ich im Nachthemd da drüben.*

Juanes: *Das ist schon richtig, aber ich weiß nicht, wie oft es das in unsere Beziehung gegeben hat, dass du irgendwann mal hast zur Stelle sein müssen.*

Heidrun: *Nein, noch nicht.*

Juanes: *Eben. Noch nicht.*

Heidrun: *Einmal habe ich die Jacke vom Baseball geholt. Die neue Jacke …*

Juanes: *Die war dann aber nicht da.*

Heidrun: *Nein, die hatten sie in einen Container gestopft. Wir haben sie an dem Abend nicht gekriegt. Aber immerhin, du hast dir Sorgen gemacht … Deshalb bin ich mit dir nachts aufgestanden …*

Juanes: *Du hast dir Sorgen gemacht, weil sie so teuer war…*

Heidrun: *Die war ja auch nagelneu! (lachend) Man macht Fehler, das ist so.*

Die früh verwitwete Heidrun und ihr Sohn Juanes sind zwei Menschen, die es von früh an gewohnt sind, viel miteinander zu sprechen, und ein vertrautes Verhältnis haben, in dem auch Kritik geäußert werden kann. Sie betonen beide, wie wichtig das miteinander Reden ist und wie ihnen die langen Gespräche über »Gott und die Welt« in den Jahren des Zusammenlebens im Alltag geholfen haben. Und doch erfährt Heidrun erst Jahre später, dass ihr Sohn sich insgeheim gewünscht hätte, sie möge ihn spontan besuchen. Anders als seine Schwestern hat er die Anwesenheit der Mutter nie eingefordert, und diese ist davon ausgegangen, dass er ohne sie gut zurechtkommt. Beide Sichtweisen kann man problemlos nachvollziehen; wahrscheinlich sind sie repräsentativ für viele Familien. Das gemeinsame Fazit ist in diesem Fall keine Vorwurfshaltung, sondern ein Bedauern, vor allem von Heidruns Seite, die sich bewusst mit ihren Kontaktangeboten zurückgehalten hatte, um sich Juanes nicht aufzudrängen.

Die Angst, die erwachsenen Kinder mit zu viel Liebe in die Flucht zu treiben, ist bei heutigen Eltern weit verbreitet. Wir sind eine Generation, deren eigene Eltern noch wenig geschult darin waren, sich zurückzunehmen und den Kindern eine freie Entfaltung zu ermöglichen. Wir haben uns vorgenommen, es bei den eigenen Kindern einmal anders zu machen. Das Wort »Abgrenzung« ist aus unserem Wortschatz nicht wegzudenken. Vorsichtig achten wir darauf, keinen Schritt zu weit zu gehen. Manchmal wirkt es so, als wollten wir einer möglichen Abgrenzung seitens der Kinder zuvorkommen, indem wir mehr freien Raum lassen als nötig.

»Ich stehe nie bei meiner Tochter vor der Tür, obwohl das nur um die Ecke ist, eine Straße weiter. Ich tauche nicht unangemeldet auf, das tue ich nicht«, betont Franziska, die ihre Tochter allein aufgezogen hat. Im nächsten Satz erklärt sie, dass sie ihre Tochter gerne häufiger sehen würde. Aber die starke Bindung erfordert eben sehr sensible Grenzziehungen. »Es ist ein feiner Grad in der Beziehung zwischen uns, wenn wir Grenzen überschreiten, dann können wir sehr massiv in Konflikt kommen, und das möchten wir beide nicht.«

Dass Mütter nicht unangemeldet bei ihrer Tochter in der Wohnung stehen, ist heute eher selbstverständlich, aber dürfen sie nicht vielleicht einem Impuls folgen und klingeln, so wie sie es bei guten Freunden tun würden? Die Zahl der Mütter, die ungefragt den Kühlschrank abtauen, die Küche putzen und die Wäsche einräumen, wenn sie eigentlich nur im Urlaub Blumen gießen sollen, nimmt ab, wenn man den Aussagen der jungen Erwachsenen glauben darf. Was aber dürfen sie, was erhoffen sich ihre Kinder noch von ihnen? Wo liegen die individuellen Grenzen?

Doris, 41 Jahre alt und Mutter einer 12-jährigen Tochter, die mit ihrem Partner im selben Ort wie ihre Eltern lebt, formuliert es für sich so:

Ich finde, man sollte in allem versuchen, den goldenen Mittelweg zu gehen. Ich weiß, dass das nicht immer geht. Vielleicht nicht zu viel zu diktieren, man kann sich ja einmischen, aber mit konstruktiver Kritik – so, wie das eigentlich bei uns ist. Nicht zu viel und nicht zu wenig. Wenn sich meine Eltern gar nicht um mich kümmern würden und es wäre ihnen alles wurscht, was ich mache, wäre mir das nicht recht, und wenn sie jeden Tag anrufen würden – wo bist du, was hast du gemacht – würde ich die Krise kriegen.
Man sollte versuchen, so zu dosieren, dass es für den, der gibt, eine gute Dosis ist, und auch für den, der bekommt. Überdosierung, egal von was, ist nie gut. Und miteinander reden, reden, reden. Gleich wenn etwas ansteht, nicht Wochen später. Nicht warten, bis die Stimmung verdorben ist. Anrufen und fragen: Was war denn da los, wie hast du das gemeint? Es fällt mir manchmal auch schwer, klar. Vor allem wenn ich denke, warum soll ich immer diejenige sein, die nachfragt.

Was in dem Gespräch von Heidrun und Juanes und in vielen anderen anklingt, sollten wir uns immer wieder in Erinnerung rufen: Man kann in den Kopf des anderen nicht hineingucken. Bei Menschen, die man sehr gut kennt, gerät man häufig in Versuchung, Spekulationen über ihre innere Verfassung für Tatsachen zu halten.

»Klaus, wir müssen reden!«

In letzter Zeit habe ich mehrfach einen Witz gehört. Er mag politisch unkorrekt sein, aber der Wiedererkennungseffekt war bei allen, die ihn erzählen, offenbar groß, denn sie amüsierten sich köstlich. Ich verkürze ihn hier, weil es mir nur auf die Pointe ankommt: Drei Jungen spielen auf einem Spielplatz irgendwo in Deutschland. Es gibt Streit, die drei Väter müssen eingreifen. Der türkische Vater stürzt herbei, schreit seinen Sohn an: »Hassan, was machst du da, isch bring disch um!« Dann fasst er den Sohn liebevoll um die Schulter und geht mit ihm nach Hause. Der russische Vater gibt seinem Sohn eine Ohrfeige, wuschelt ihm die Haare und geht mit ihm nach Hause. Der deutsche Vater bleibt am Rand des Spielplatzes stehen, winkt seinen Sohn mit dem Finger zu sich, wartet, bis dieser vor ihm steht und sagt streng: »Klaus, wir müssen reden!«

Reden ist in unserer Gesellschaft das gebotene Mittel der Verständigung. Wir erkennen uns in dem Witz wieder, weil das »darüber Reden« und »etwas ausdiskutieren« für Eltern unserer Generation *das* Gebot der familiären Demokratie war – und vermutlich noch ist. Komisch erscheint es uns dann, wenn das Reden an die Stelle von Emotionen gesetzt wird und von diesen abgespalten scheint. Bei Klaus' Vater sieht man gewissermaßen den erhobenen moralischen Zeigefinger und das missbilligend verzogene Gesicht. Er versucht seinen Ärger zu verstecken und auf die rationale Ebene zu ziehen, aber er kommt in seinem Ton unmissverständlich zum Ausdruck. Der Sohn spürt die unterdrückte Anspannung, er wird sich vermutlich lange an sie erinnern. Und wer weiß, eines Tages steht er vielleicht am Spielplatz und hört sich zu seinem Sohn sagen: »Tabor, wir müssen reden!«

Kommunizieren auf Augenhöhe dagegen ist eine äußerst schwierige Übung. Zwischen Eltern und erwachsenen Kindern muss die Fähigkeit dazu mit der Zeit wachsen.

Sabine, eine 45-jährige Mutter von zwei Töchtern, die einen sehr liberalen Erziehungsstil pflegt, berichtete von einer Szene, in der ihre 18-jährige Tochter sie so heftig provoziert hatte, dass sie wie »neben sich stand«, wie sie es nannte:

Neulich war ich bei einem Krach mit meiner älteren Tochter völlig entsetzt, als ich mich sagen hörte: »Solange du noch bei mir wohnst, machst du gefälligst, was ich dir sage!« Ich kam mir vor wie meine eigene Karikatur. Es hätte nur noch gefehlt, dass ich sage: »Solange du deine Füße unter meinen Tisch streckst …« Als wäre ich meine eigene Mutter!

Was Sabine da kopfschüttelnd erzählte, nennt die Diplompsychologin und Buchautorin Helga Gürtler »Altes Stück auf Neuer Bühne«[11]. Wer kennt diese Momente nicht, in denen eine Stimme aus uns zu sprechen scheint, die uns wohl vertraut vorkommt und die wir nicht unter Kontrolle haben. Wir hören uns Worte sagen, die wir nie aussprechen wollten, und sind fassungslos. Wer hat uns den Text geschrieben und warum sprechen wir ihn so folgsam nach, obwohl wir glaubten, längst nach unserem eigenen Textbuch zu leben? Schlüpfen wir in eine Rolle, die eigentlich unseren Vorfahren zukam? Flüstert uns jemand, der »neben uns« steht, unseren Text ins Ohr und wir sprechen wie gehorsame Puppen nach? Spielen wir alte Konflikte nach? Sind wir ungewollt das Sprachrohr einer Generation, die nach strengen Verhaltensregeln lebte und unter der Fuchtel von Autoritäten stand? Der Schrecken ist sicher den meisten Müttern und Vätern schon einmal in die Glieder gefahren und kann der Anlass zu einer fruchtbaren Auseinandersetzung mit den eigenen Prägung sein.

Unsere Eltern haben, beeinflusst durch ihre eigene Erziehung, zu Druckmitteln gegriffen, die auch, ob wir es wollen oder nicht, in unser Repertoire eingegangen sind. Wir können aber eines tun: uns bewusst machen, dass dies so ist, und sie erkennen, bevor sie den Weg nach draußen gefunden haben. Dazu gehören manipulative Strategien wie:

Bestechung: *»Ich könnte es unter Umständen möglich machen, dir einen Teil der Miete zu bezahlen, wenn du …«*

Schuldgefühle aktivieren: *»Der Arzt hat gesagt, dass es nur der Stress ist, unter dem ich leide, seit du …«*

Drohungen: *»Solange ich dir dein Studium finanziere, wirst du …«*

Beschämung: *»Ich hätte dich ja für rücksichtsvoller gehalten …«*

Machtspiele: *»Du siehst von mir keine Cent mehr, bis du …«*

Autorität herauskehren: *»Ich habe damit mehr Erfahrung, glaube mir, du solltest…«*

Unvorteilhafte Vergleiche: *»Ich weiß nicht, warum du keinen*

Job behältst. Der Sohn von Müllers nebenan hat nicht mal Abitur und verdient schon ein Vermögen …«

Düstere Vorhersagen: »*Wenn du so weitermachst, wirst du …«*

Opfer spielen: »*Nach allem, was wir für dich getan haben, tust du uns das an …«*

Der Auszug bietet eine gute Gelegenheit, ein Gespräch über die Kindheit anzubieten, wie Sohn oder Tochter sie erlebt haben. Als Einstieg habe ich selbst eine Sprüchesammlung benutzt, die im Internet unter dem Titel »Die komplette Enzyklopädie der mütterlichen Erziehung« zu finden ist. Dort sind »Mamas Klassiker« versammelt, eine Auflistung von über 1000 Sprüchen, die junge Erwachsene zusammengetragen haben. Man liest dort Dauerbrenner wie:

- ☐ »Wir meinen es doch nur gut mit dir.«
- ☐ »Komm nicht so spät nach Hause.«
- ☐ »Ich habe mal wieder kein Auge zugetan.«
- ☐ »Vergiss nicht, Tante Dora zum Geburtstag zu gratulieren.«
- ☐ »Was soll nur mal aus dir werden?«
- ☐ »Zieh dir doch mal was Nettes an.«

Und so weiter und so fort. Fragen Sie sich in einer ruhigen Stunde mit oder ohne Hilfe dieser Sammlung, welche Sätze Sie von Ihren Eltern noch im Ohr haben. Welche davon sind mit starken Gefühlen verbunden? Manche Menschen möchten sich bei dem Satz »Wenn du nur glücklich bist« bis ins Alter am liebsten die Ohren zuhalten, anderen schaudert es bei dem Ausspruch »Das habe ich dir doch gleich gesagt!«

Als zweiten Schritt können Sie sich fragen, welche dieser Sätze sie wortgetreu oder in Abwandlungen selbst schon von sich gegeben haben. Vergleichen Sie die beiden Listen. Gibt es Übereinstimmungen? Wie haben Sie auf diese Sätze Ihrer Eltern reagiert? Wie reagierten Ihre Kinder darauf, wenn sie von Ihnen kamen?

Die Anregung, mit ihren Eltern über deren Erziehungsmaßnahmen zu sprechen, greifen junge Erwachsene gerne auf, denn die Gefühle, die sie mit solchen Hörerlebnissen verbinden, sind noch frisch und gut abrufbar. Sie nach ihren Erinnerungen zu fragen ist immer ein guter Einstieg in ein Gespräch, nur muss sicher sein, dass ihre Version der Vergangenheit auch ernst genommen wird.

Sie ist *eine* Sichtweise, so wie die der Mutter *eine* Sichtweise ist und deshalb weder mehr noch weniger zutreffend. Das Ziel wäre vorläufig, überhaupt einen Bereich zu finden, zu dem beide etwas zu sagen haben. Wenn es Ihnen gelingt, den Erinnerungen Ihrer Kinder zuzuhören, ohne sie aus der eigenen Perspektive »korrigieren« zu müssen, sind Sie einen großen Schritt weiter.

Der Auszug des letzten Kindes führt gelegentlich dazu, dass die Familienwohnung aufgegeben wird, weil sie zu groß geworden ist. Für das erwachsene Kind bedeutet dies den endgültigen Abschied von dem letzten Schauplatz der Kindheit, dem Ort, der auf gewisse Weise die Atmosphäre von Kindheit und Jugend verströmt, wie es kein zweiter Ort je wieder tun wird.

Wenn sich Eltern zu diesem Schritt entschließen, reagieren auch erwachsene Kinder nicht selten verständnislos bis ungehalten. Sie fühlen sich geradezu beraubt und wehren sich mit Händen und Füßen. Der eine oder andere fällt zurück in kindliche Wut und kehrt den Eltern vorübergehend den Rücken zu. Das kann man vermeiden, wenn man die Kinder rechtzeitig von den eigenen Plänen in Kenntnis setzt und sie an dem Prozess der Entscheidung teilhaben lässt. Und nicht nur das. Verständnis für ihre als Zorn verbrämte Trauer kann Wunder wirken.

Adrienne, die mit ihrem Sohn in einer 3-Zimmer-Wohnung lebte, bis er zum Studium wegzog, entschloss sich zwei Jahre später, eine kleinere und billigere Wohnung zu suchen. Sie fragte ihren Sohn, wie es ihm damit gehen würde, und war erleichtert, als von ihm keine Widerstände kamen. Mit ihrer Frage war aber das Thema auf dem Tisch und beide schwelgten noch ein wenig in Erinnerungen an die gemeinsame Zeit, an die Freunde, die mit am Tisch gesessen waren, die großen und kleinen Feste, die Krisen, die sie gemeistert hatten. Und zuletzt erlebte Adrienne etwas, das sie nie erwartet hatte: Ihr Sohn bedankte sich bei ihr mit den Worten: »Du hast dich so gut um mich gekümmert und hast ja vorher auch nicht gewusst, wie es geht.«

Adriennes Fazit: »Man kann als Mutter dem Sohn nicht raten, welchen Karriereschritt er als nächstes machen soll. Irgendwann sind die eigenen Möglichkeiten erschöpft. Aber man weiß noch, was er liebt, und wenn er zu Besuch kommt, kann ich ihm Cola und Bier in den Kühlschrank stellen.« Mit dieser realistischen

Einschätzung ihrer Möglichkeiten tut sie zweierlei. Sie lässt den Sohn symbolisch eine Art mütterlicher Fürsorge zukommen, die er aus seiner Kindheit kennt und schätzt, und stärkt dadurch ihre Bindung. Und sie erkennt an, dass er ein erwachsener Mann geworden ist, dessen berufliche und private Entscheidungen sie mit Interesse verfolgt, aber nicht mehr lenkt.

Erwachsene Kinder kommen an Weggabelungen, an denen sie sich entscheiden müssen, wohin es geht. Welche Ausbildung ist für mich die richtige? Mit wem ziehe ich zusammen? Will ich wirklich ein Kind? Das sind Anlässe zur Rückschau, in denen plötzlich ein echtes Wissenwollen entsteht. Ein Wunsch nach Orientierung taucht auf und richtet sich als erstes an die Eltern, wenn sie verfügbar und ansprechbar sind: Was haben sie in dieser Situation gemacht? Waren sie auch von Zweifeln geplagt? Und nicht selten entsteht daraus ein neues Verständnis. Sie hatten es auch nicht leicht, sie mussten schwierige Entscheidungen treffen und Risiken eingehen, obwohl sie nicht wussten, was daraus werden würde. Ein bewusster und liebevoller Abschied von einer Zeit, von einem Ort und den damit verbundenen Menschen setzt viele Energien frei. Nicht immer ist ein gemeinsamer Abschied möglich oder notwendig. Viel hängt von der Gesprächskultur zwischen Eltern und Kindern ab.

Für das persönliche Gespräch mit erwachsenen Kindern, in dem nicht nur unverbindlich geplaudert wird, sind ein paar Regeln hilfreich. Sie sind grundsätzlich in der Kommunikation zwischen Menschen sinnvoll, doch bestimmte Spielregeln sind in der Konstellation Mutter/Vater – Kind besonders notwendig.

Am Anfang steht die Frage, ob ich als Mutter oder Vater wirklich die innere Bereitschaft zu einem ehrlichen Gespräch habe und auch bereit bin, mir unangenehme Dinge anzuhören. Ist jetzt ein guter Zeitpunkt? Kann ich mich auf das Gespräch einlassen oder habe ich tausend andere Gedanken im Kopf? Will ich im Grunde, dass mein Kind sich für mich interessiert und sich meine Geschichten anhört? Bin ich unter Druck und suche seine Unterstützung? Was ist meine Motivation dafür, dass ich das Gespräch suche?

Zuhören und den anderen ausreden lassen

Dies ist eine dieser Spielregeln, die so einfach scheint und es keineswegs ist. Man kann sie in Gesprächen üben, die weniger tief gehen, damit man in emotionalen Situationen daran gewöhnt ist, dem anderen nicht ins Wort zu fallen, selbst wenn er einen in Rage versetzt. Mit erwachsenen Kindern kann man diese Spielregel auch vor dem Gespräch vereinbaren, damit gar nicht erst eine gereizte Stimmung entsteht.

Dem anderen die volle Aufmerksamkeit schenken

Das sollte selbstverständlich sein. Doch achten wir einmal darauf, wie häufig neben Unterhaltungen der Fernseher läuft, Anrufe entgegengenommen werden oder der Blick zur Uhr signalisiert, dass man dem Gesprächspartner nur eine begrenzte Zeit bewilligt, wodurch er den Eindruck bekommt, er genüge nicht, er sei nicht interessant genug.

Dem anderen sagen, wie man eine Äußerung verstanden hat

Das beugt Missverständnissen vor. Wir neigen dazu, zu schnell zu verstehen oder zu glauben, dass wir etwas verstanden haben. Auf den Satz einer jungen Frau »Mit der Anna und der Vi konntest du ja nie was anfangen« könnte die Rückfrage heißen: »Habe ich dich richtig verstanden – du findest, dass ich mich nicht genug für deine Freundinnen interessiert habe?« Das bringt das Gespräch weiter als eine Verteidigung wie zum Beispiel »Aber mit der Anna habe ich mich doch oft unterhalten«, auch wenn sie noch so gerechtfertigt ist. Vorwurf und Rechtfertigung sind eingefahrene Gleise und führen in eine Kreisbewegung oder gar Eskalation. Rückfragen dagegen bringen oft größere Zusammenhänge zum Vorschein.

Respektieren, wenn der Sohn oder die Tochter über bestimmte Punkte nicht sprechen möchte

Wie bei jedem anderen Erwachsenen müssen wir akzeptieren, dass er oder sie selbst entscheidet, wie viel er welchem Menschen sagt und wo er auch innerhalb eines Gesprächs eine Grenze setzt. Dass wir diese Grenzlinie achten, sollten wir auch kundtun und gleichzeitig betonen, dass wir an diesem Punkt weiterhin interessiert und jederzeit offen für eine Fortführung der Unterhaltung sind. Dadurch erkennen unsere Kinder, dass sie wie Erwachsene behandelt werden – die beste Voraussetzung dafür, das notwendige Vertrauen zu entwickeln, das weitere Gespräche wahrscheinlich macht.

Eigene Unsicherheiten und Fehler in der Erziehung eingestehen

Eltern, die glauben, dass sie in der Erziehung unfehlbar waren, sind mir nicht begegnet. Mehrere allerdings glauben, sie dürften Fehler nicht eingestehen, weil sie dadurch der Kritik ihrer Kinder Tür und Tor öffnen und deren Vorwürfen dann völlig ungeschützt ausgeliefert sind. Fehler eingestehen heißt aber nicht, sich jeden Schuh anziehen, auch wenn er überhaupt nicht passt. Ungerechtfertigte Vorwürfe und kränkende Schuldzuweisungen dürfen Eltern ebenso klar zurückweisen wie jeder Mensch, der sich ungerecht behandelt fühlt.

Das Eingeständnis von Fehlern sollte nicht mit einem pauschalen Schuldbekenntnis verwechselt werden. Der zerknirschte Satz »Ja, ich weiß, ich habe alles falsch gemacht« ist weder konstruktiv noch ehrlich.

Offene Gespräche setzen Vertrauen voraus. Wir erwarten von Menschen, denen wir uns öffnen, dass sie mit dem, was wir ihnen anvertrauen, sorgsam umgehen. Tun sie das nicht, bekommen sie vielleicht noch eine zweite Chance, allenfalls eine dritte. Dann machen wir »zu«, wie es anschaulich heißt. Als Eltern sind wir in dieser Hinsicht besonders gefordert. Wir glauben, unsere Kinder wüssten doch, dass sie uns vertrauen können, da sie unsere Liebe und unseren guten Willen von Geburt an kennen. Haben wir uns nicht um sie gekümmert? Waren wir nicht für sie da?

Sie wollen uns vertrauen, daran besteht kein Zweifel. Sie wollen sich zeigen können, wie sie sind – auch mit den Seiten, die wir nicht gutheißen können. Dazu brauchen sie Eltern, die sich als vertrauenswürdig erweisen. Aus Sicht der Kinder heißt das auch, sie sollen es aushalten, dass ihre Kinder anders sind als sie.

Wir möchten Eltern sein, denen sich die Kinder anvertrauen, zu denen sie kommen, wenn es ihnen nicht gut geht. Wir wollen, dass die Kinder ehrlich zu uns sind und uns sagen, wenn ihnen etwas nicht gefällt. Im Prinzip.

Verharren wir in der Fürsorglichkeit der frühen Jahre, die zu einem großen Teil aus Schutz vor Gefahren und fast ständiger Präsenz und Aufmerksamkeit besteht, ist die Gefahr groß, dass sich die Kinder durch alle möglichen Strategien entziehen. Sie wollen uns nicht kränken und schon gar nicht bewirken, dass wir uns übermäßig um sie sorgen. Dem Blick der Eltern entziehen sich nicht nur kleine Kinder, die sich hinter Kissenbergen verstecken, auch große Kinder wollen nicht das Gefühl haben, als hielte ständig jemand nach ihnen Ausschau und überwache ihr Tun und Lassen.

Wollen wir geschont werden? Wollen wir hören: »Mir geht es nicht gut, ich habe Kopfschmerzen und fahre lieber heute Abend schon wieder«, wenn die Wahrheit heißt: »Ich fühle mich hier bei euch unwohl, weil ihr dauernd streitet und die Atmosphäre bedrückend ist.« Wollen wir lieber nicht erfahren, wenn unsere Kinder beim Rucksackurlaub in Asien krank werden, weil sie meinen, wir regen uns zu sehr auf? Obwohl sie sich eigentlich wünschen würden, sie könnten ein tröstliches Gespräch mit uns führen?

Eltern überlegen sehr wohl, wie viel von ihrer eigene Bürde sie den Kindern anvertrauen können, und Kinder spüren genau, wie viel Eltern verkraften und an welchen Punkten sie für ihren Geschmack zu stark reagieren. Einer besorgten Mutter wird die Tochter eher verschweigen, dass sie auf dem Rückweg von der Party zu einem angetrunkenen Freund ins Auto gestiegen ist; einem extrem leistungsorientierten Vater zeigt sein Sohn sicher nicht jeden vermasselten Vokabeltest. Dieses Verhalten setzt sich fort, wenn die Kinder ausgezogen sind, denn es ist eine sehr wirksame Vermeidungsstrategie, die praktisch alle erwachsenen Söhne und Töchter anwenden, mit denen ich gesprochen habe. Auf Dauer praktiziert, führt sie aber zu einem irrealen Bild von dem anderen. Die Beziehung wird oberflächlich, weil immer mehr mögliche Reibungsflächen vermieden werden und nur noch auf sicherem Terrain kommuniziert wird. Damit verspielen beide Seiten die Chance, sich offen auszutauschen und voneinander mehr zu erfahren als Banalitäten.

Andrea, deren erwachsene Tochter seit Jahren in Spanien lebt, beschreibt eine Szene, in der sie beide, Mutter und Tochter, die Vermutung hatten, dass ein wunder Punkt aus der Vergangenheit berührt wurde. Erst durch das nachträgliche Gespräch kam ihnen diese Erkenntnis und ihr herzliches Verhältnis nahm keinen Schaden:

Es gab wenige Konflikte, aber wenn, haben wir darüber geredet. Jetzt die letzten Jahre sowieso, wenn da mal irgendwas war. Als sie das vorletzte Mal zu Besuch war, gab es eine Situation, ich weiß gar nicht, warum ich so reagiert habe. Sie hat etwas auf den Tisch gestellt, was dreckig war. Ich hatte gerade alles geputzt, ich habe laut gesagt: Pass auf! Und da war sie völlig perplex und hat gesagt: Warum schreist du mich an? Ich habe gesagt: Ich wollte dich nicht anschreien, ich habe einfach nur so reagiert, da hat sie angefangen zu heulen, und ich hatte natürlich ein schlechtes Gewissen. Sie sagte: Du brauchst mich jetzt nicht mehr anbrüllen, ich wohne nicht mehr daheim. Und ich sagte: Debbie, ich kann mich nicht erinnern, dass ich dich je angebrüllt habe, und wenn, dann tut mir das furchtbar leid. Das war dann erst mal ein Drama, aber irgendwann hat sie sich wieder beruhigt.

Dann habe ich gesagt: Debbie, jetzt reden wir mal darüber, ich will wissen, was war denn da und wieso hast du so überreagiert? Darauf sagte sie, ich hätte sie angebrüllt, und ich habe etwas laut gesprochen.

Da habe ich auch gedacht, dass muss von früher her irgendwas gewesen sein, was man vielleicht verdrängt hat. Ich habe ihr gesagt: Es tut mir wirklich leid, ich wollte das nicht, was war denn da?

Dann hat sie nur gemeint, ich weiß auch nicht wieso. Nach einer Weile war es dann wieder okay. Ich denke, dass da von früher vieles noch nicht aufgearbeitet ist, weil wir beide wenig zu Hause waren. Gerade als sie älter war, haben wir uns dann oft nur unter der Tür mal gesehen. Früher war sicher öfter mal etwas, was wir unausgesprochen gelassen haben, weil so wenig Zeit war. Ich denke auch manchmal, sie wusste, dass ich es schwer habe als alleinerziehende Mutter und wenig Geld. Dazu hat sie nie etwas gesagt.

Besinnen wir uns gelegentlich darauf, wie wir uns selbst als Tochter oder Sohn nach der Trennung vom Elternhaus gefühlt haben und wie sehr wir darum gekämpft haben, ein selbstbestimmtes Leben zu führen und gleichzeitig von den Eltern akzeptiert zu werden. Dann können wir besser verstehen, dass sich unsere Kinder als eigenständige Person definieren müssen, um eine unverwechselbare Identität zu finden.

Kapitel 2

Alle Familien sind normal – nur meine nicht

Vom Familienclan zur Ein-Eltern-Familie

Als ich anfing, nach InterviewpartnerInnen für dieses Buch zu suchen, hörte ich immer wieder: »Aber wir sind keine normale Familie, ist es dann trotzdem für Sie interessant?« Solche Bedenken kamen von Eltern und Kindern, von Alleinerziehenden, Patchwork-Familien und unverheirateten Paaren. Ab und zu entspann sich daraus ein interessantes Gespräch darüber, was »normal« sei und warum eine Abweichung von dieser Norm die Betroffenen so schnell in die Defensive drängt. Alleinerziehende glauben sich rechtfertigen zu müssen, weil sie ihren Kindern kein Zusammenleben mit einem zweiten Elternteil bieten können, und kämpfen mit ihrem Selbstverständnis als unvollständige Familie. Getrennte und geschiedene Eltern sehen sich als Gescheiterte, die es nicht geschafft haben, eine »intakte« Familie aufrechtzuerhalten. Berufstätige Eltern mit einem Kind erläutern ungefragt, dass sie ihren Wunsch nach mehreren Kindern aufgeben mussten, weil die Zeit oder das Geld nicht reichte. Eltern in Patchwork-Familien schwanken zwischen Stolz, dass sie eine so schwierige familiäre Situation meistern, und Schuldbewusstsein infolge der unvermeidlichen Trennungsverluste und Rivalitäten.

Denen, die sich an einer wie auch immer gearteten Familiennorm messen, kann man zu bedenken geben, dass es heute viele Familienformen gibt, die neu entstanden sind oder unter anderem Namen schon lange existieren. Stieffamilien beispielsweise waren in früheren Jahrhunderten äußerst verbreitet, weil Mütter häufig im Kindbett starben und sich der verwitwete Mann meist möglichst rasch eine neue Ehefrau suchte, die die kleinen Kinder versorgen konnte. Wenn man eine weitere Definition von Familie zugrunde legt, sind es sogar 16(!) rechtlich mögliche Familientypen. Zu dieser Zahl kommt die deutsche Soziologin Rosemarie Nave-Herz, indem sie die theoretisch möglichen Familientypen zählt, die aufgrund der unterschiedlichen Rollenzusammensetzungen (Eltern-/Mutter-/Vater-Familien) und Familienbildungsprozesse (durch Geburt, Adoption, Scheidung/Trennung, Verwitwung, Wiederheirat, Pflegschaft) entstehen.[12]

Ist die Familie neuerdings vom Verfall bedroht, wie es heute so oft behauptet und beklagt wird?

In Deutschland neigte die Öffentlichkeit bis vor kurzem dazu, die Familie in der Krise zu sehen. Das liegt vor allem an der häufig beklagten, aber schon seit 30 Jahren bestehenden niedrigen Kinderquote von 1,4 Kindern pro Frau und dem Schreckensbild, das manche deshalb von der Zukunft Deutschlands malen. Politiker, Philosophen, Ökonomen, Journalisten fordern daher mehr Kinder, mehr Familie und – teils lauter, teils leiser – mehr Frauen, die zu Hause bei ihrer Familie bleiben, anstatt erwerbstätig zu sein. Wer so denkt, hält die klassische Kleinfamilie für die einzig richtige Lebensform des Menschen innerhalb einer Gesellschaft. Aber ist das so? Brauchen Männer und Frauen, Kinder und Erwachsene Familie?

Weil Eltern-Kind-Beziehungen ein essenzieller Teil der Familienbeziehungen sind und deshalb vom gesamten System nicht zu trennen, muss man die Frage stellen, wie sich der Begriff »Familie« im Lauf der Zeit geändert hat. Was erwarten Menschen von einer Familie? Was ist für sie eine »richtige« Familie?

Neue Entwicklungen gab es in letzter Zeit in der Tat, und die Vielfalt der Familienformen ist groß und nicht leicht überschaubar. Doch wenn man genau hinsieht, waren Familien in früherer Zeit nicht weniger gebeutelt von den sozialen Umbrüchen ihrer Zeit, und es fällt schwer, eine »Blütezeit« der Familie auszumachen. Familienleben war immer schwierig. Um 1960 gab es in Westdeutschland mehr Alleinerziehende als bis zur Wiedervereinigung im Jahr 1989. Kriegerwitwen mussten ihre Kinder allein aufziehen, weil ihre Männer gefallen oder vermisst waren. Historische Ereignisse haben Familien immer in Krisen gestürzt, und die Menschen mussten diese immer bewältigen. Kinder wuchsen durchaus nicht nur behütet bei den leiblichen Eltern auf. Nachkommen aus armen Familien wurden zu Verwandten gegeben, unverheiratete Tanten und Onkel übernahmen die Elternstelle, wenn die Eltern selbst nicht noch einen hungrigen Sprössling durchfütern konnten. Die wirtschaftliche Not erzwang oft eine frühe Trennung von Eltern und Kindern, und schon immer wuchsen Kinder nur mit einem Elternteil auf. Im 18. Jahrhundert verloren 50 Prozent der Kinder ein Elternteil durch frühen Tod, im 19. Jahrhundert noch ein Drittel. Aus dem 2.Weltkrieg kamen Tausende von Vätern nicht zurück.

»Die heutige Vielfalt der Familienformen, die Zahl außerehelicher Schwangerschaften, die Zahl berufstätiger Frauen und das Vorkommen vermischter Familien unterscheidet sich von der Situation im 19. Jahrhundert nicht wesentlich«, schreibt die Historikerin Stephanie Coonz.[13] Heute werden zwar mehr Ehen geschieden, dafür enden weniger Ehen durch den Tod eines Ehepartners. Die Folge ist, dass eine ähnliche Anzahl von Kindern in Ein-Eltern-Familien aufwächst. Andererseits leben heute gut 80 Prozent der Kinder bis zu ihrer Volljährigkeit bei beiden leiblichen Eltern. Und nicht wenige noch ein Weilchen darüber hinaus.

Keine Frage, die aktuelle Scheidungsquote liegt bei 37 Prozent, die Zahl der Patchwork-Familien steigt. Dass Kinder heute aber trotzdem am Familienideal festhalten, belegen die jährlichen Shellstudien. 80 bis 90 Prozent der Kinder und Jugendlichen wollen selbst eine Familie gründen, eine Ehe führen, Kinder haben. Jemanden, mit dem man sich versteht, Heirat muss nicht sein, Kinder, ein schönes Haus, ein guter Beruf, beide arbeiten – so in etwa sehen die Zukunftswünsche von Jugendlichen aus, die für das Spiegel Special »Sehnsucht nach Familie« befragt wurden, und man kann annehmen, dass sie einigermaßen repräsentativ für ihre Altersgruppe sind.[14]

Fragt man nach, wie die Wunschfamilie für die 20- bis 40-Jährigen aussieht, bekommt man Antworten wie:

- *»Dort wird man so akzeptiert, wie man ist.«*
- *»Man bekommt von ihr Unterstützung.«*
- *»Die Eltern sind für einen da, auch wenn man sich mit ihnen streitet.«*
- *»Auch wenn man ausgezogen ist, hat man da noch eine Heimat.«*
- *»Wenn alle Stricke reißen, kann man dahin zurück.«*
- *»Man fühlt sich ihr zugehörig.«*

Heute wechseln viele Menschen im Lauf ihres Lebens die Familienform, sogar mehrfach. Interessant ist, dass trotzdem »Familie«

auch bei den jüngeren Generationen immer noch als erstrebenswert gilt. Sie hat nichts an Wertschätzung verloren, mit ihr werden immer noch hohe Erwartungen verknüpft. Niemand nimmt sich von vornherein vor, in einer Patchwork-Familie zu leben, aber dass es dazu kommen könnte, schreckt die meisten jungen Erwachsenen nicht davon ab, es erst einmal mit der Familiengründung zu versuchen. Trennungserfahrungen in der Familie führen einerseits zu Skepsis gegenüber der Ehe als Institution, andererseits zu dem Bedürfnis, einen eigenen Standpunkt zu finden und sich gerade nicht an den Eltern zu orientieren. Stellvertretend die Äußerung einer Studentin, deren Eltern sich vor nicht allzu langer Zeit getrennt haben:

> *Ich frage mich dann immer: Früher gab es nicht so viel geschiedene Ehen und heilere Familien. Man weiß zwar nicht, ob die glücklich waren, aber heutzutage ist es normal, dass es anders ist. Man hat mehrere Partner oder man lässt sich scheiden oder ich weiß nicht was. Und dann ist die Frage, was besser ist – das »Moderne« – man macht es sich leichter, wenn man Probleme hat. Die Illusion, dass es mit einem anderen Partner besser ist … Ich glaube, dass man mit jedem Partner an Punkte kommt, wo es nicht weitergeht. Und wenn man sich einen neuen sucht, kommt man vielleicht auch an so eine Stelle. Man hat vielleicht andere Probleme mit dem, aber es ist doch eine Art Kreislauf. Ich frage mich, ob es sinnvoll ist, den Kreislauf zu durchbrechen, indem man ihn beibehält.*
>
> *Durch diesen Bruch zwischen meinen Eltern hat sich bei mir auch etwas verändert. In der Moralvorstellung, in der Vorstellung von heiler Familie. Da bin ich ein bisschen desillusionierter, als ich vorher war. Das ist einerseits schade, weil man vorsichtiger wird, ich zumindest, und sehr kritisch ist, auf der anderen Seite vielleicht auch besser, weil man weiß, was auf einen zukommen kann – es muss ja nicht so sein, man kann es vielleicht auch besser machen.*

Auch diejenigen, die nicht in Familien leben, haben ihre alternative Form nicht unbedingt mit Absicht gewählt. Familienbindungen stehen laut einer Focus-Umfrage von 2005 nicht nur auf dem Papier: Drei von vier Befragten (75 Prozent) stimmten der Aussage »In unserer Familie hält man im Großen und Ganzen gut zusammen« zu. Dieses Wohlgefühl kommt aber nicht von allein, man muss etwas dafür tun, nämlich Sorgen und Freude mit Angehörigen teilen, auf die Wünsche der anderen Rücksicht nehmen und sich für den Familienzusammenhalt einsetzen.

Ein großer runder Tisch

Eine Familie ist Vater, Mutter und Geschwister, dann noch die Großeltern, Tanten und Neffen, Nichten und Onkels. Doch für mich ist eine Familie vor allem eine große Gemeinschaft, in der man miteinander redet, lacht und Lösungen findet, wenn es Probleme gibt. Eine Familie hält zusammen in jeder Lebenslage, teilt nicht nur Freude, sondern auch Leid. In einer Familie werde ich verstanden und auch unterstützt, und ich kann selbst verstehen und auch helfen (zumindest es versuchen), wenn einer nicht mehr weiter weiß, auch wenn es nur aufmunternde Worte sind.

Viele sehen, wie der 20-jährige Kevin, die Familie als eine Art Kern mit Ringen darum: Zum inneren Kern gehören Vater, Mutter und Kind(er), zum ersten Ring Großmutter, Großvater, Tanten, Onkel, Cousins und Cousinen, und zum dritten alle anderen Verwandten. Die Großeltern spielen eine herausragende Rolle, zumal sie oft für die Eltern einspringen und ein wichtiger Bezugspunkt sind. Sie haben, wenn sie wollen und verfügbar sind, einen ähnlich wichtigen emotionalen Stellenwert wie die Eltern. Aber auch andere Verwandte können nach innen rücken, wenn dort Leerstellen entstehen.

Wenn man kleinere Kinder fragt, wer zu einer typischen Familie gehört, beschreiben sie wahrscheinlich das Modell, das man als klassische Kernfamilie bezeichnet: Mutter, Vater, Kind(er). So sind die meisten der heutigen Eltern aufgewachsen, auch wenn Mutter und Vater nicht während ihrer ganzen Kindheit zusammen waren und vielleicht noch Großeltern unter demselben Dach mit gewohnt haben. Die älteren unter uns sind noch geprägt durch die romantischen Ideale des Bürgertums, die mit dem Zustand heutiger Familien nicht viel zu tun haben. Die Generation der 68er hat rebelliert und sich die »Zerschlagung der bürgerlichen Familie« aufs Banner geschrieben. Als Gegenentwurf entstanden Wohngemeinschaften, in denen man auf freiwilliger Basis zusammenlebte und die nicht selten als Ersatzfamilie fungierten. Die eigene Familie wurde als Fessel empfunden und der Kontakt entsprechend eingeschränkt oder in der radikaleren ideologischen Ausprägung ganz aufgekündigt. Danach hat sich das Spektrum immer weiter aufgefächert und ist gerade bei Projekten alternativer Wohnformen wie Mehrgenerationenhäuser und Alters-WGs angekommen.

> *Für mich war Familie immer ein großer runder Tisch, an dem alle zusammensitzen und essen. Vater und Mutter nebeneinander, mindestens drei Kinder, ein Hund, auf dem Herd brodelnde Töpfe. Gemeinsame Mahlzeiten in einer gemütlichen, warmen Küche, in der man sich auch sonst gerne aufhielt. Alle reden miteinander, es wird nicht gestritten. Die Eltern sind sich einig, wie sie die Kinder erziehen, es herrscht ein freundlicher Umgangston.*

Der Mann, der dieses idyllische Bild entwirft, ist Mitte 40 und hat selbst ein heillos zerstrittenes Elternpaar erlebt, das für ihn und seinen Bruder wenig Aufmerksamkeit übrig hatte. Auf die Frage, woher die harmonische Küchenszene wohl stammen mag, weiß er keine präzise Antwort, was ihn selbst verwundert. Aus der Verwandtschaft? Aus Büchern? Aus dem Fernsehen? Von allem etwas, kann man annehmen.

»Die heile Familie« ist auch ein Symbol für das damit verbundene Gefühl der Harmonie, der Geborgenheit und Sicherheit. Die Zugehörigkeit zu einem größeren Ganzen gibt uns einen Sinn und einen Platz im Leben. Der Gedanke, ausgestoßen zu werden, ist zutiefst beängstigend. Wunschvorstellungen von Familie sind langlebig – diejenigen, die gute Erfahrungen gemacht haben, wollen sie fortsetzen; diejenigen, die mit brüchigen Familienbeziehungen aufgewachsen sind, hoffen bei aller Skepsis, einmal den Zusammenhalt zu erleben, den sie vermisst haben, und zumindest ihren Kindern Sicherheit und Geborgenheit bieten zu können. Die hohe Scheidungsquote interpretieren Experten vor allem als Ausdruck der Sehnsucht nach einer *besseren* Ehe, einer *besseren* Familie. Wie das Zusammenleben innerhalb dieser Gemeinschaftsform aussieht, das ist seit Jahrzehnten und Jahrhunderten im Fluss.

Es ist kein neues Phänomen, dass Familien in Krisenzeiten dichter zusammenrücken, und wenn auch die äußere Bedrohung weniger fassbar ist als beispielsweise in Kriegszeiten, ist die Hoffnung auf Stabilität im eigenen Heim in der heutigen Zeit wieder besonders aktuell. Forscher sprechen heute von der »Intimisierung der Familie«. Das bedeutet: Je unsicherer das Leben ist bzw. je unüberschaubarer es uns vorkommt – sei es durch Arbeitslosigkeit, zunehmende Gewalt oder Globalisierung –, desto mehr sehnen sich die Menschen nach der Sicherheit intimer Beziehungen. In erster Linie suchen sie diese in der Familie. Da die meisten von ihnen in klassischen Vater-Mutter-Kind-Familien aufgewachsen sind, richten sich ihre Wunschvorstellungen auf dieses Modell, wenn auch in einer weniger rigiden Form als noch vor 50 Jahren.

Eine Familie betrachten wir heute nicht in erster Linie als partnerschaftliche Arbeitsgemeinschaft, sondern als Liebesgemeinschaft. Natürlich ist es wichtig, dass alle so weit versorgt sind, dass sie überleben können, was aber vor allem zählt, ist die gefühlsmäßige Geborgenheit. Das ist weder richtig noch falsch, sondern entspricht einem Bedürfnis des Menschen. Man muss sich nur klarmachen, dass dieses innere Bild eine Sehnsucht ausdrückt und nicht unbedingt eine Realität.

Dass Kinder Familie brauchen, ist allgemeiner Konsens, und wenn die Familie, aus welchen Gründen auch immer, als zu klein empfunden wird, springen nicht selten Freunde und Nachbarn ein und übernehmen ersatzweise die Rolle von Angehörigen.

Familienfeste und so was gibt es bei uns nicht, aber wir haben oft Freunde zum Essen eingeladen und in großer Runde gegessen. Sonntags gab es so eine Art Familienbrunch, da haben wir oft alle Nachbarn in der Küche gehabt, im Sommer auch im Garten. Das ging oft bis in den Nachmittag. Die Kinder haben gespielt, die Großen geklönt. Es sind wunderschöne Erinnerungen für uns beide. Als meine Tochter klein war, sind wir nur am Wochenende raus gefahren, und später war das ja so, dass sie bei der Tagesmutter war, mit deren Tochter sie befreundet war. Wir wohnten nicht in einem Haus, aber ich war mit den Eltern befreundet. Wir haben dann oft etwas mit der ganzen Gruppe unternommen, sind zum See gefahren oder mal zusammen in Urlaub. Mit der ganzen Clique, das haben wir öfters gemacht. Aber nicht so sehr wir beide alleine.

So beschreibt eine alleinerziehende Psychologin, die während der Kinderzeit ihrer Tochter voll berufstätig war, die gemeinsamen Wochenenden. Es war ihr wichtig, dass sie ihrer Tochter als Ersatz für die biologische Familie ein lebendiges, anregendes Umfeld mit vielen Menschen geschaffen hat.

Heute begegnen wir dem Familienideal, das jedem Wandel standhält, noch in den Medien: Das in hellen, freundlichen Farben eingerichtete Eigenheim, das attraktive junge Paar mit den hübschen, gesunden Kindern, die aktiven Großeltern, die ihre praktische Lebenserfahrung weitergeben. Die junge Frau und die Schwiegermutter trinken Kaffee und tauschen von Frau zu Frau Ernährungstipps aus, Opa und Enkel verstehen sich blendend, spielen Fußball, stromern durch die Natur. Hin und wieder wird der gesellschaftlichen Realität Rechnung getragen, etwa wenn Vater und Sohn zusammen kochen oder Single-Frauen ein Date mit ihrem charmanten Nachbarn haben. Auch wenn wir wissen, dass diese Werbebilder uns eine Wirklichkeit vorgaukeln, die es so nicht gibt, haben sie Macht über uns, und wir vergleichen sie mit unserem Beziehungsalltag, der dabei nicht gut wegkommt.

In jeder Familie gibt es Konflikte und Tabuisierungen, nur kann man sie von außen kaum erkennen. Wer sich dieser Erkenntnis wirklich öffnet, kann lernen, das zu sehen, was ist, und nicht mehr auszublenden, was dem Idealbild nicht entspricht.

Bei der Gestaltung eigener Lebensformen orientieren wir uns an dem, was wir kennen, denn Vorbild und Einübung lenken unser Handeln mehr, als wir glauben. Auch wenn wir mit voller Absicht »alles anders« machen wollen als unsere eigenen Eltern, ist das noch längst nicht die große Freiheit; ihr Vorbild hat uns geprägt.

Eine heute 58-jährige Musiklehrerin, die nach ihrer Scheidung vor zehn Jahren allein lebt, beschreibt ihre Erfahrung so:

Meine Eltern waren das typische bürgerliche Ehepaar – nach außen hin war alles tipptopp, und wie's drinnen aussah, ging niemand was an. Vati ging ins Büro und zählte Mutti jeden Monat das Haushaltsgeld auf den Tisch, Mutti war stolz auf ihre neuen Mixer und den Eierschneider und nähte sich ihre Kleider auf der alten Pfaff-Nähmaschine selbst, weil sie sich neue nicht leisten konnte. Ich fand das als Jugendliche grässlich und bin ausgezogen so früh ich konnte und habe lange nicht geheiratet, weil ich das so spießig fand. Dann war ich mehrere Jahre mit einem Mann zusammen, den sie nicht mochten, und wenn sie von Kindern anfingen, habe ich abgeblockt. Ich habe mir mein eigenes Leben gebastelt und fand es klasse, wenn sie sich darüber aufgeregt haben. Erst in letzter Zeit merke ich, dass ich vor lauter Opposition gegen sie nie recht überlegt habe, ob es wirklich das war, was ich mir vom Leben gewünscht hätte.

Solange das eigene Leben vom Widerstand gegen das Elternhaus und dessen Normen bestimmt wird, brodelt der Ärger auf die Eltern. Ihre Maßstäbe und Anforderungen sind immer noch bestimmend und lassen nur zwei Optionen zu – Unterwerfung oder Widerstand. Der Widerstand kann viele Formen annehmen, die von zermürbenden Auseinandersetzungen bis hin zur Verweigerung jedes Kontakts reichen.

In einem Interview über ihr Buch »Der längste Tag des Jahres«, in dem sie sich mit der Reaktion von vier Geschwistern auf den Tod des Vaters beschäftigt, sagt die 40-jährige Autorin Tanja Dückers:

»Das hat mich auch interessiert, wie im Verhältnis meiner Generation zu der älteren, eben unter dem Vorsatz, alles anders machen zu wollen, wie das ganz schön lange anhält, dass man so einen Lebensstil für sich erprobt hat, von dem man meint, er sei der eigene, womit man sich identifiziert hat und dass man dann im Moment des Todes der Eltern feststellt, dass man länger als man gedacht hat, weit über die Teenagerzeit hinaus, doch so eine Art Gegenreflex gelebt hat.«[15]

Das eigene Leben als reines Gegenmodell ist noch kein eigenes Leben. Das ist unter Umständen eine bittere Erkenntnis, die junge Erwachsene dazu veranlassen kann, buchstäblich das Weite zu suchen, um endlich das Eigene zu finden.

Anders als in den 70er Jahren, in denen die Vätergeneration als Tätergeneration galt und hart mit ihr ins Gericht gegangen wurde, überwiegt heute nicht mehr der Wunsch nach einer Abrechnung. Auch in der Literatur ist ein wachsendes Interesse an der Biografie der Eltern erkennbar. Das Ziel ist nicht eine Schuldzuweisung, sondern eine neue Sicht auf die Eltern und ein neues Verständnis. Mit Einfühlung und Anteilnahme nähern sich die schreibenden Kinder ihren vertrauten und doch fremden Müttern und Vätern. Was waren deren Beweggründe? Was haben sie von Leben gewollt?

Wir Barbapapas und Barbamamas

Die heutige Elterngeneration der etwa 50- bis 70-Jährigen ist in einem Land aufgewachsen, das mittlerweile zu den wirtschaftlich stabilsten der Welt gehört. Dazu haben sie Entscheidendes beigetragen. Einige von ihnen haben noch den 2. Weltkrieg erlebt und kennen Kälte und Hunger aus eigener Erfahrung. Nicht wenige sind ohne Vater aufgewachsen und haben sich durch Strebsamkeit und Ausdauer eine Existenz aufgebaut. Die Jüngeren konnten von diesen Anstrengungen bereits profitieren; in ihrer Jugend gab es die ersten Fernsehgeräte, die ersten Familienreisen in den Süden, Toast Hawaii und Tulpenlampe, Gummibaum und Goggomobil. Bei allem Muff und aller Spießigkeit war es für Jugendliche eine relativ stabile Zeit, in der sie getrost rebellieren konnten und das in den 1960er Jahren auch ausgiebig taten.

Die Grenzlinie zwischen den Generationen war klar – Mütter kleideten sich schick, so gut sie es sich leisten konnten, aber eben wie Mütter, Töchter kämpften um kürzere Röcke und engere Jeans. Bald rollten die ersten Käfer über die Straßen, und Mädchen träumten davon, Stewardess zu werden. In seinem amüsanten Buch »Elternabend« nennt der Journalist Adriano Sack die heutigen (älteren) Eltern die modernsten Alten, die es je gegeben hat. Da ihnen der unbeschwerte Rückgriff auf Traditionen durch die NS-Zeit abgeschnitten war, mussten sie notgedrungen nach vorne blicken – und das taten sie unerbittlich und tun es heute noch. Sack tituliert sie als *Barbapapas*, in Anspielung auf eine beliebte Zeichentrickserie, in der eine Familie netter, amöbenartiger Wesen auftritt, die sich je nach Bedarf in Gießkannen, Bagger, Brücken oder Zeppeline verwandeln können. Die Erfinder der Serie, meint Sack, müssen von einem ausgeprägten Freiheitsgefühl beseelt gewesen sein, als sie diese wandelbaren Kreaturen schufen, »freundliche Wesen aus einer Epoche, in der alles möglich schien«. Wie die Barbapapas sind auch die heutigen Eltern ungeheuer flexibel; sie haben schon so viele einschneidende Veränderungen erlebt, dass sie es locker auch noch mit dem 3. Jahrtausend aufnehmen. Nach Popkultur, Studentenrevolte, Demonstrationen, sexueller Revolution, Hausbau, Familiengründung und Vergangenheitsbewältigung stürzen sie sich nun auf das Internet und gehen in Konzerte der Rolling Stones.

Das Problem ist nur: Bei all ihrer Aufgeschlossenheit und ihrem Drang zur lebenslangen Selbstverwirklichung ist das Verhältnis zu ihren eigenen Kindern nicht weniger ambivalent als in früheren Generationen: »So wie sie eben noch nach dem Lustprinzip gelebt haben, bedrängen sie uns nun plötzlich mit Aufopferung und Sorge.« Diese »Ewigheutigen« haben Attacken von Selbstzweifeln, wenn ihre Kinder aus der Spur laufen. Dann befürchten sie mit einem Mal zur großen Verblüffung ihrer Kinder, alles falsch gemacht zu haben, egoistisch gewesen zu sein, die eigenen Nachkommen vernachlässigt zu haben.

Die Elterngeneration hat zweifellos Veränderungen von enormen Ausmaßen erlebt. Aber man muss sich klarmachen, dass sie auch nicht schon von klein auf Rebellen waren. Sie sind durch die gesellschaftlichen Entwicklungen der Nachkriegszeit in eine Entwicklung geraten, die einen Bruch mit den Wertvorstellungen ihrer Eltern begünstigt hat. Aber in ihrem Zuhause herrschte kein undiszipliniertes Durcheinander, dort galten in der Regel Fleiß, Anstand, Autoritätsgläubigkeit. Die Mädchen knicksten noch vor erwachsenen Besuchern, die Jungen machten einen Diener. Der Mann – wenn es in der Familie einen gab – verstand sich als Familienoberhaupt und wichtigster Ernährer, Eltern waren meist verheiratet und lebten mit ihren Kindern in einem gemeinsamen Haushalt zusammen. Väter und Mütter waren froh über den wirtschaftlichen Aufschwung und hatten kein Bedürfnis, ihre mühsam erworbene Sicherheit aufs Spiel zu setzen. Die Erwerbsarbeit fand zum größten Teil in dafür eigens bestimmten Räumen statt. Geregelte Arbeitszeiten dominierten, den Beruf ergriff man(n) damals meist für das gesamte Leben.

Diese autoritäre patriarchalische Familie nach alter Ordnung ist nicht mehr zeitgemäß. Während wir erwachsen wurden, vollzog sich ein Abbau der Hierarchie in der Familie; ein Aufbau von Toleranz und Verständnis zwischen den Generationen und den Geschlechtern begleitete diesen Vorgang. Toleranz bringt eine stärkere Individualisierung und Selbstentfaltung der Familienmitglieder mit sich. Eine dadurch gewonnene größere Unabhängigkeit von früher Kindheit an fand, als wir Eltern wurden, nicht mehr im Kampf gegen den Familienverband, sondern mit dessen Unterstützung statt.

Als die Rebellen Kinder bekamen, wollten auch sie alles anders machen als ihre Eltern, aber die Umsetzung war nicht einfach und die eigene Erziehung ließ sich nicht ohne Weiteres ausradieren. So waren sie in Bezug auf die Kindererziehung von Unsicherheiten geplagt: Sollten sie bürgerliche Werte weitergeben? Waren Tischsitten, Manieren, Leistungsdenken in der Schule, religiöse Überzeugungen und Respekt vor den Eltern würdig, an die nächste Generation überliefert zu werden, oder sollten sie mit all den bürgerlichen Untugenden über Bord geworfen werden? Schließlich hebelte die freiheitliche Erziehung ihre eigene Autorität als Eltern aus.

Tapfer appellierten die Barbaeltern, seitdem sich ein liberaler Erziehungsstil durchgesetzt hatte, an die Selbstverantwortung und nicht mehr an das Pflichtgefühl ihrer Kinder. Autoritäten waren suspekt und damit auch Lehrer, Vorgesetzte und Politiker. Barbamama und Barbapapa fühlten sich mit den kleinen Anarchisten, die Kindern nun einmal sind, solidarisch – aber der Erziehungsauftrag musste trotzdem erfüllt werden. Das führte zu merkwürdigen Widersprüchen. Natürlich wollten sie, dass Kinder sich frei von Repression entwickeln können und zu autonomen Erwachsenen werden. Das führte dazu, dass sie sich äußerst schwer damit taten, ihnen klar zu sagen, was sie tun sollten. Sie erklärten ihnen, dass sie ihnen zutrauen, die richtigen Entscheidungen zu treffen, und machten sich heimlich doch Sorgen. Sie hofften, dass die Kinder sie an ihren Problemen, Nöten und Ärgernissen teilhaben lassen würden; um das zu erreichen, »öffneten« sie sich den Söhnen und Töchtern und erzählten ihnen mehr von sich, als die je wissen wollten.

Theoretisch und aus eigener Erfahrung von früher wissen wir, dass erwachsene Kinder ihr Leben recht gut selbst managen können. Aber hin und wieder ein kleiner Tipp kann nicht schaden, oder? Schließlich kennen wir sie ja am besten. Meinen wir. Und dann sind wir verblüfft und fühlen uns ungerecht behandelt, wenn wir trotz alledem *Eltern* bleiben und nicht als beste Freunde betrachtet werden. Unsere Kinder geben uns deutlich zu verstehen, dass sie es gar nicht lustig finden, wenn wir ihnen von unserem Liebesleben erzählen, und auch nicht, wenn wir im Rocker-Outfit auf ihren Konzerten erscheinen. Selbst der Sohn des Gitarristen und Sängers Sting, der dem Vater musikalisch nacheifert, findet seinen Vater, »wie alle Väter« manchmal ein bisschen peinlich.

»Er rennt in engen Hosen rum und sagt vollkommen kranke Sachen, an die er nicht einmal glaubt.« Die Kinder und Jugendlichen, die inzwischen erwachsen sind, durften nach Herzenslust protestieren und sich abgrenzen. Nur wogegen? Gegen Eltern, die die Grenzen so weit setzten, dass sie nie erreicht wurden? Gegen Eltern, denen man äußerlich kaum noch ansieht, dass sie einer anderen Generation angehören?

Wie gehen die jungen Leute damit um, dass ihre Eltern sich immer jünger fühlen, als sie sind, und entsprechend kleiden und auftreten? Die Aussagen liegen zwischen »cool« und »peinlich«. Dass die Mutter sich im Trend-Kaufhaus den Trenchcoat kauft, den sich die Tochter nicht leisten kann, findet diese »ätzend«. Sie hat plötzlich eine Konkurrentin vor der Nase, die mehr Macht und mehr Erfahrung hat und nun auch noch die Jugendlichkeit gepachtet zu haben scheint. Diese Mutter zieht sich nicht diskret zurück und überlässt der Tochter das Feld, wie es noch die meisten unserer Mütter taten, sondern sucht ganz bewusst den Vergleich oder scheut ihn zumindest nicht. Wo bleibt da noch Raum für die Tochter, wie kann sie ihren eigenen Stil entwickeln und sich von der Mutter unterscheiden, zu einer eigenen Persönlichkeit finden? Nicht auszuschließen, dass sie zu extremeren Mitteln greift.

Die Toleranz, auf die wir Eltern so stolz sind, wird von den heute erwachsenen Kindern gelegentlich sogar als Indifferenz wahrgenommen. Mehrere Frauen zwischen 30 und 40 haben mir kopfschüttelnd erzählt, was ihre Eltern ihnen in ihrer Jugend alles erlaubt haben. »Mit 15 durfte ich bis in die frühen Morgenstunden in die Disco«, erzählte eine Mutter von zwei Töchtern, »und einmal waren meine Zwillingsschwester und ich vier Wochen mit dem Zelt auf Korsika, das war noch vor dem Abi! So etwas würde ich meinen Kindern nie erlauben!« So oder ähnlich lautete ein oft gehörtes Fazit. Es war nicht schwer, hinter diesen Berichten die unausgesprochenen Fragen zu hören: War es meinen Eltern egal, ob mir etwas passieren könnte? Haben sie sich überhaupt genug für mich interessiert oder war es ihnen ganz recht, dass ich meiner Wege ging und sie nicht behelligt habe?

Heute schwingt das Pendel in der jüngeren Elterngeneration wieder in die andere Richtung, hin zu einer stärkeren Trennung der Generationen und einer Betonung der Hierarchie innerhalb der Familie. Das Erziehungsverhalten von Eltern existiert nicht im luftleeren Raum, und wenn man heute die wirtschaftliche Lage betrachtet, leuchtet ein, dass Eltern ihre Kinder wieder mehr unter Druck setzen. Sie wünschen sich für sie einen guten Start ins Berufsleben und fördern Leistung, manchmal auf Kosten des eigenständigen Denkens und der Kritikfähigkeit. Dennoch sind die jungen Eltern unsicher. Immer mehr Elternkurse zum Thema Kindererziehung werden angeboten, Super-Nannys greifen ein, wo ratlose junge Eltern die Waffen strecken. Jede Generation möchte es besser machen als die vorige, und jede stößt dabei an ihre Grenzen.

Die Familie ist kein Nest, sondern eine Tankstelle

Die Familie ist von elementarer Bedeutung für unser seelisches Wohlergehen. Die Familie, in die wir hineingeboren werden und in der wir aufwachsen, prägt uns entscheidend. Doch wie genau diese Familie aussieht, ist nicht so ausschlaggebend, wie wir immer noch glauben. Die traditionelle Familie gilt weiterhin als der bestmögliche Lebensraum für Kinder – und diese Einschätzung macht alleinerziehenden Müttern schnell ein schlechtes Gewissen. Väter scheinen für Schuldgefühle weniger anfällig zu sein, zumindest äußern sie sie nicht in demselben Maße. Doch neuere entwicklungspsychologische Studien haben ergeben, dass die psychische Gesundheit viel mehr von der Qualität der familiären Beziehungen abhängt als von der Form der Familie – ob Kleinfamilie, Adoptionsfamilie, homosexuelles Elternpaar oder Rollentausch zwischen Vater und Mutter.

Wissenschaftlich ausgedrückt: »Familie ist ein Netzwerk besonderer Art, das um verlässliche persönliche Fürsorgebeziehungen zentriert ist.«[16] Ob die Partner verheiratet sind und die Arbeit nach den traditionellen Geschlechterrollen aufgeteilt haben, und ob alle Familienmitglieder in einem Haushalt zusammenleben, ist nicht das entscheidende Kriterium. Wichtig ist, ob diese Beziehungen Geborgenheit vermitteln und als befriedigend erlebt werden. Und dazu sind bestimmte Voraussetzungen nötig, denn es muss ein Minimum an planbaren und verlässlichen Rahmenbedingungen geben.

Junge Mütter und Väter haben es heute nicht leichter als wir. Wir entlassen unsere Kinder in eine andere Welt als die, in der wir aufgewachsen sind. Es hilft, wenn wir bereit sind, diese Welt unvoreingenommen kennenzulernen.

Die vielfältigen Familientypen beeinflussen selbstverständlich auch den Umgang mit der Kindererziehung. Solange die Beteiligung der Väter an der Erziehungsarbeit noch eine Randerscheinung ist, brauchen berufstätige Frauen geeignete Betreuungsmöglichkeiten, die sich mit ihrem Erziehungsstil vereinbaren lassen. Für die vielen Einzelkinder müssen »Ersatzgeschwister« gefunden werden, was bedeutet, dass Eltern einen Teil ihrer Zeit mit der Pflege von »Kindernetzwerken« verbringen. Die Ansprüche sind gestiegen, der Lebensstandard ist hoch und Eltern geraten durch die gestiegenen Lebenshaltungskosten unter Druck.

Einerseits sind die Umgangsformen zwischen Eltern und ihren Kindern partnerschaftlicher und mehr auf Verständigung durch Reden ausgerichtet als früher. Kinder und Jugendliche werden mehr an Entscheidungsprozessen beteiligt und haben mehr Freiheiten. Andererseits sind berufstätige Eltern oft extrem gestresst und auf die aktive Mithilfe ihrer Kinder im Haushalt angewiesen und *müssen* daher Anforderungen stellen. Wenn Eltern am liebsten gar nicht erziehen würden, sondern ihre Kinder »einfach nur lieben«, ohne etwas von ihnen zu verlangen, merken sie sehr schnell, dass dies zu einer allgemeinen Orientierungslosigkeit führt. Die Anforderungen an das Familienleben heute unterscheiden sich stark von den Anforderungen früherer Jahrhunderte. Die Ansprüche sind erheblich gestiegen, nicht nur nach Nähe:

Nachdem lange Zeit nur von der eigenen Karriere die Rede war, gewinnt die Familie nun als Ausgleich immer mehr Bedeutung. Als Teil einer großen Familie ist man nie allein, hat aber auch Verantwortung den anderen Mitgliedern gegenüber. Dies gibt einem das Gefühl, wichtig zu sein, auch ohne Karriere.

Kristian, 28 Jahre

Ohne meine Familie wäre das Leben sehr schwer für mich, denn sie bringt mir Freude und gibt mir das Gefühl der Sicherheit. Meine Familie hilft mir dabei, mein Leben zu meistern.

Nadja, 15 Jahre

Die Familie ist ein Ort des Wohlfühlens, zu dem man nach einem langen Arbeitstag flüchten kann. Man braucht keine Rolle zu spielen, kann so sein, wie man ist. Reiner, 24 Jahre

Wie früher verbinden junge Erwachsene heute mit Familie die Hoffnung auf Rückhalt, auf Sicherheit. Die Welt stürmt mit vielfältigen Angeboten und Forderungen auf sie ein und weckt in ihnen den Wunsch, einen sicheren Hafen zu haben, indem sie »einfach so« angenommen werden. Gleichzeitig sind sie es gewohnt, immer nach der besten Option für sich selbst zu suchen. Warum auch nicht? Sie haben erlebt, dass es erlaubt ist, sich um das eigene Wohl zu kümmern und die Gemeinschaft an die zweite Stelle zu setzen. Das kann Formen annehmen, die wir als Eltern nicht gutheißen wollen. Dann blaffen wir verärgert Sätze wie »Ich musste meine Examensarbeit noch auf der Schreibmaschine tippen und du meckerst, weil du nicht den allerneusten Laptop hast!« oder »Glaubst du vielleicht, ich konnte mir in deinem Alter schon ein Auto leisten?« Der versteckte Vorwurf, sie seien egozentrisch und verwöhnt, mag zutreffen – aber wem ist das anzulasten? Ein Vergleich zwischen den Lebensbedingungen verschiedener Generationen ist selten fruchtbar, wenn er dazu dienen soll, die Jüngeren mit der eigenen Bescheidenheit zu beeindrucken. Sie sind in eine Gesellschaft hineingeboren worden, die ihnen kaum Einschränkungen abverlangt hat. Solidarität, Engagement für Benachteiligte und Konsumkritik lernen sie auf andere Weise und vielleicht später als wir, aber sie sind deshalb weder kaltherzig noch oberflächlich.

Neben der Familie werden Freunde als der wichtigste Bezugspunkt im Leben genannt; sie spielen auch bei der Lebensplanung eine große Rolle. Von älteren Freunden, die erste Erfahrungen mit Beruf und Familie gemacht haben, erfahren unsere erwachsenen Kinder, was auf sie zukommt – und das ist keine Kleinigkeit. Die Anforderungen des Berufslebens steigen, Teilzeitarbeit ist verbreitet, befristete Arbeitsverhältnisse üblich. Das so genannte Normalarbeitsverhältnis hat in den vergangenen Jahrzehnten zugunsten atypischer Beschäftigungsformen an Bedeutung verloren. Im Jahr 2005 umfassten atypische Beschäftigungsformen rund ein Drittel aller abhängig Beschäftigten, bei Frauen lag der Anteil sogar bei 54 Prozent.

Die Anforderungen unserer modernen Gesellschaft sind vielfältig: man sollte möglichst als flexibler Mensch weltweit präsent sein (etwa jeder sechste Erwerbstätige ist inzwischen in Deutschland aus beruflichen Gründen mobil), mehrere Ausbildungen haben, sich neuen Modestilen anpassen, die Freizeit optimal nutzen, gleichzeitig stabile Beziehungen aufbauen. Diese Wünsche werden auf die zukünftige Familie übertragen. In den Familien mit Kindern wiederum muss um viel mehr verhandelt werden als früher: Sind beide Eltern berufstätig? Können sie es sich überhaupt leisten, nicht beide zu arbeiten? Finden sie Arbeit, und was passiert, wenn nicht? Wie werden die Kinder betreut? Welche Möglichkeiten gibt es am Ort, die nicht zu teuer und verlässlich genug sind? In welche Schule schickt man die Kinder? Wie fördert man sie zusätzlich? Wie soll man für die Zukunft vorsorgen, wenn man sich immer weniger auf staatliche Hilfen stützen kann?

Die Gründung einer Familie ist eine komplexe Angelegenheit, die die Paare nicht wenig unter Druck setzt. Junge Eltern müssen heute viel Zeit in ihre Arbeit investieren, um die wirtschaftliche Basis ihrer Familie zu sichern. Das ist sehr viel komplizierter als in den 1960er oder 1970er Jahren. Die Arbeitswelt verändert auch die Familie selbst und das Verhältnis der Geschlechter ohnehin.

Wer schnell beruflich erfolgreich sein will, muss eine Haltung verinnerlichen, die sagt: Beruf hat Vorrang vor der Familie. Dazu sind Frauen immer noch weniger bereit. In Deutschland wächst die Gruppe der ledigen, kinderlosen Männer. Ob sie bewusst das Familienleben meiden, weil sie sich überfordert fühlen, oder ob die Berufswelt Familienleben geradezu verhindert, ist nicht eindeutig zu beantworten. Vielleicht wissen das die jungen Männer selbst nicht so genau.

Viele Spannungen entstehen aus der Diskrepanz zwischen dem starken Wunsch, einen Ort zu haben, an dem man »auftanken« kann, und der Tatsache, dass dieser Ort – wenn die eigene Herkunftsfamilie einmal nicht mehr dafür da ist – aus eigener Anstrengung geschaffen, gestaltet und aufrechterhalten werden muss. Wer am späten Abend erschöpft zu Hause eintrifft und erwartet, dass ein heimeliges Nest bereit ist, in das er sich nur noch fallen lassen muss, wird nach einer Weile eine unangenehme Überraschung erleben. Das betrifft theoretisch Männer wie Frauen, in der Praxis allerdings überwiegend Männer. Immer weniger junge Frauen sind bereit, die versorgende Rolle früherer Frauengenerationen zu übernehmen. Sie erwarten, dass sie nicht allein für das komplexe Familienmanagement zuständig sind.

Eltern sehen sich dieses Gebirge von Anforderungen an und würden ihren Kinder gerne den Rat geben, sich auf das Wesentliche zu konzentrieren: beispielsweise auf die eigenen Kinder, ein paar wenige wirklich gute Freunde, Zeit für sich und füreinander. Aus eigener Erfahrung wissen sie, dass zu einem glücklichen Leben auch der Widerstand gegen immer neue Anforderungen gehört. Man kann nicht überall mithalten, würden wir gerne sagen, wer es versucht, reibt sich auf und setzt über all dem Aktionismus das aufs Spiel, was ihm im Grunde das Liebste ist: die Menschen, die ihm nahe sind.

Kann man also die Erwartungen, dass die Familie ein Nest ist, überhaupt noch aufrechterhalten? Ist die Familie nicht gegenwärtig eher eine Tankstelle – etwas, was mich »auffüllt«, aber nicht festhält, sondern wieder auf den Weg bringt? So wie man heutzutage an einer Tankstelle nicht nur Benzin bekommt, sondern Brötchen, Getränke, Zeitschriften, Süßigkeiten und Katzenfutter, kann die Familie uns für unseren weiteren Lebensweg ausstatten und mit allem Notwendigen versorgen.

Eltern sind nicht mehr für alle Lebensprobleme ihrer Kinder zuständig. Heute gibt es so viele andere Möglichkeiten, seine Sorgen zu besprechen und Hilfe zu bekommen, dass die Abhängigkeit der Familienmitglieder voneinander abnimmt, und das ist für Eltern ein beruhigender Gedanke. Sie können und müssen für ihre Kinder nicht bis ins hohe Alter *alles* sein – ihnen Zuflucht bieten, sie finanziell abpuffern, alle Trennungen mitleiden, alle Neuanfänge bejubeln. Eine gesunde Distanz lässt beiden Seiten Raum für das, was ihre Lebensphase erfordert.

Die moderne Gesellschaft ermöglicht Vielfalt, auch im familiären Bereich. Wie viel Nähe und wie viel Distanz innerhalb einer Familie gelebt wird, bestimmen die beteiligten Personen. Das ist nicht unbedingt einfach, aber es entspricht einer allgemeinen Entwicklung. Druck macht der Anspruch, dass die Nähe, die in den kleinen Familieneinheiten entsteht, ein ganzes (langes!) Leben überdauern soll. In heutigen Familien wird Nähe gesucht, es finden intensive Auseinandersetzungen statt. Nicht nur Geschwister halten zusammen, auch die Trennlinie zur Elterngeneration wird durchlässig. Die wenigen Kinder, die meist in einer Familie aufwachsen, sind einer viel größeren Aufmerksamkeit ausgesetzt als in früheren Zeiten.

Dazu kommt, dass Eltern ihren Kindern von sich und ihren Gefühlen erzählen und erwarten, verstanden zu werden. Das ist für Kinder nicht leicht auszuhalten, wie man aus den Gesprächen herausliest.

Mike ist mit 18 von zu Hause ausgezogen und wohnt in derselben Stadt wie seine Eltern mit einem Freund zusammen. Er fühlt sich vereinnahmt von seiner Mutter, die er, wie er sagt, in seiner Kindheit »eigentlich ganz super, aber ein bisschen übergriffig« fand:

Seit mein Vater im Ausland arbeitet, ruft mich meine Mutter jeden zweiten Tag an und erzählt, was sie so gemacht hat. Oder besser, was sie nicht gemacht hat, weil sie meistens zu Hause sitzt und in die Glotze guckt. Meistens geht es lang und breit um meine böse Schwester, mit der sie nicht gut klarkommt, weil sie ihre Kinder angeblich falsch erzieht, und dann kommt mein Vater an die Reihe, warum er überhaupt diesen Job im Ausland angenommen hat und was er sich wohl davon verspricht. Und so war er ja schon immer, nie hat er Rücksicht auf sie genommen. Immer dasselbe und immer mit dieser resignierten Stimme. Ich bin ja ein geduldiger Mensch, aber ich hab ja auch noch ein eigenes Leben.

»Du hast mich völlig falsch erzogen«

Schon immer setzt sich die junge Generation kritisch mit den Normen und Erziehungsprinzipien der älteren auseinander und tendiert zu einer Gegenbewegung. Eltern erwachsener Kinder, die empfindlich auf deren Kritik an ihrem Erziehungsstil reagieren, sollten sich klarmachen, dass es geradezu eine Notwendigkeit für Kinder ist, die eigene Jugendzeit scharf unter die Lupe zu nehmen. Sie brauchen Anhaltspunkte. Wie werden sie selbst ihre Kinder erziehen? Können sie es überhaupt verantworten, Kinder zu bekommen? Was wollen sie unbedingt anders machen, was beibehalten?

Ich muss zugeben, ich habe getrickst. Als ich in der Programmzeitschrift gesehen habe, dass im 2. Programm eine Sendung über Erziehung läuft, habe ich meine beiden Töchter zum Essen eingeladen und es so eingerichtet, dass wir uns hinterher zusammen den Beitrag angesehen haben. Er war auch wirklich gut gemacht. Es gab viele Interviews mit Kindern, also erwachsenen Kindern, die sich über alles Mögliche in ihrer Kindheit beschwert haben, und danach hatten die Eltern Gelegenheit, sich dazu zu äußern. Es war dann für mich einfach, beiläufig mal zu fragen – »Und wie war das für euch? Habt ihr euch manchmal auch so geärgert?«
Da kam alles Mögliche zum Vorschein. Meine ältere Tochter hat zum Beispiel gesagt, dass sie uns jahrelang böse war, weil wir ihr nicht erlaubt haben, ins Boxen zu gehen. Ich hatte das als so eine Marotte abgetan, aber ihr war es richtig ernst damit gewesen. Sie hat es uns richtig übel genommen, dass wir uns darüber hinweggesetzt haben. Das wusste nicht mal ihre Schwester. Die hat dann angefangen, mich zu kritisieren. »Wie du immer rumgelaufen bist. Wie eine 20-Jährige! Es hat mich total genervt, dass du ständig über dein Aussehen geredet hast. Dass ich mich viel zu dick gefühlt habe und es mir ganz mies ging deshalb, hast du gar nicht gemerkt. Immer nur ging es um dich und deine Figur«. Da habe ich schon geschluckt, aber ich fand es gut, dass sie so ehrlich waren. In der Nacht danach habe ich nicht gut geschlafen, weil ich mir so mies vorkam. Es hat gestimmt, vieles habe ich von den Mädchen nicht mitgekriegt, weil ich mit mir beschäftigt war. Inzwischen haben sie selbst noch mal davon angefangen, dass überhaupt nicht alles so schlimm war, wie es vielleicht geklungen hat. Dann kamen auch ein paar positive Erinnerungen. Ich bin jedenfalls froh, dass ich danach gefragt habe und sie mir diese Sachen nicht plötzlich um die Ohren gehauen haben. Das hätte mich noch viel mehr mitgenommen.

Fragen Sie Ihre Kinder in einer ruhigen Stunde einmal, was sie an der Art, wie sie erzogen wurden, gut fanden und was ihnen nicht gefallen hat. Besser, Sie sind gewappnet und bekommen ein einigermaßen vollständiges Bild mit Plus- und Minuspunkten, als dass während eines Streits alte Wunden aufbrechen und Ihre 30-jährige Tochter Ihnen aufgebracht unter Tränen vorhält, dass Sie ihre kleine Schwester immer bevorzugt hätten. Oder der 40-jährige Sohn pauschal erklärt, Sie seien »nie für ihn da gewesen«, wenn er Sie gebraucht hat. So etwas schmerzt, umso mehr, wenn solche Sätze in einer aufgeladenen Atmosphäre fallen und man sie unter Umständen lange mit sich herumträgt, bevor sich wieder ein ruhiges Gespräch ergibt.

Die enge Beziehung zwischen Eltern und Kind, die heute sehr verbreitet ist und die im positiven Fall aus der Familie ein tragfähiges Netz macht, hat auch ihre Schattenseiten. Die Bedürfnisse der Kinder stehen in vielen Familien im Mittelpunkt, was dazu führt, dass Jugendliche sich den Härten der Welt nicht gewachsen fühlen und den Aufenthalt im sicheren Nest über Gebühr verlängern. Damit die Ablösung überhaupt stattfinden kann, müssen sie ihre Auflehung gegen die elterliche Autorität weit über die Pubertät hinaus ausdehnen. Die Art von pauschaler Kritik, herabsetzenden Äußerungen und Entwertung, die Eltern von 13- bis 17-Jährigen erwarten, kann man heute durchaus noch aus dem Mund von 25-Jährigen vernehmen, wenn nicht noch später. Dass ein solches Verhalten für eine Konsolidierung der Identität notwendig ist und den Ablösungsprozess begleitet und erleichtert, ist für Eltern nicht immer ein Trost.

Schroffe Ablehnung und Verweigerung von Kontakt sind, so gesehen, Trennungshilfen. Manche jungen Erwachsenen müssen ihre Eltern eine Zeit lang regelrecht dämonisieren, um sich innerlich von ihnen lösen zu können. Das ist die rationale Erklärung, dennoch sind es Kränkungen, mit denen Mütter und Väter umgehen müssen.

Was also tun, wenn ein erwachsenes Kind Ihnen Vorwürfe macht? Wenn es behauptet, dass Sie eine schlechte Mutter, ein schlechter Vater waren, egoistisch, unaufmerksam, nie da, den anderen Elternteil schlecht behandelt oder die Schwester bevorzugt haben? Dass es durch Ihre Scheidung leiden musste oder vom Stiefvater zurückgesetzt wurde?

Zunächst können Sie sich klarmachen, dass Eltern heutzutage von ihren Kindern Beschwerden hören, die für frühere Generationen unerhört gewesen wären. Man verlangt von ihnen, dass sie alle Klagen und Angriffe ernst nehmen und sich Gedanken dazu machen. Das ist sicher nicht unberechtigt. Aber Kinder sind in ihrem Ärger nicht immer fair und schießen auch mal über das Ziel hinaus. Die Attacken können sehr heftig ausfallen und starke Schuldgefühle auslösen. Eltern sind nicht perfekt. Sie wären gerne kompetenter, gerechter und gelassener, hätten gerne mehr Zeit und Energie für ihre Nachkommen. Sie wissen, dass sie in vieler Hinsicht Fehler gemacht haben. Trotzdem ist nicht automatisch jeder Vorwurf berechtigt, nur weil er mit der entsprechenden Vehemenz vom eigenen Nachwuchs vorgetragen wird. Nicht jeder Schuh passt, und Eltern tun gut daran, genau nachzuspüren, ob er drückt. Was Kinder erlebt haben, ist *eine* Sicht der Dinge, sie ist ebenso ernst zu nehmen und berechtigt wie die der Eltern, aber nicht mehr.

Das soll nicht bedeuten, dass Sie die Vorhaltungen der Kinder ignorieren sollen.

Nehmen wir an, Ihr erwachsener Sohn weigert sich seit Monaten, Sie zu treffen oder mit Ihnen zu telefonieren, weil Sie ihm in einer Situation, die er als Notfall eingestuft hat, nicht die größere Summe geliehen haben, die er haben wollte. Sie treffen sich zufällig auf der Straße und er überschüttet Sie mit Vorwürfen. Wie könnten Sie sich verhalten?

- ☐ Atmen Sie erst einmal tief durch und sagen Sie nichts, bis Sie sich beruhigt haben und klar denken können. Wenn Ihnen das zu schwerfällt, sagen Sie etwas wie »Ich würde gerne in Ruhe mit dir darüber reden. Ich höre mir gerne an, was du zu sagen hast. Gehen wir einen Kaffee trinken oder telefonieren wir später. Was wäre ein guter Zeitpunkt für dich?«
- ☐ Suchen Sie das Körnchen Wahrheit. In fast jedem Vorwurf steckt ein wahrer Kern, auch wenn er klein ist. Versuchen Sie, ihn anzuerkennen, auch wenn er Ihnen übertrieben vorkommt. Das könnte ein Satz sein wie: »Ja, ich verstehe, dass es sich für dich so angefühlt hat.« Damit zeigen Sie, dass Sie bereit sind, einen anderen Standpunkt als den Ihren anzuerkennen.
- ☐ Fragen Sie Ihr Kind, was es sich von Ihnen wünscht: mehr Distanz? Mehr Geduld Ihrerseits, mehr Interesse, mehr Zurückhaltung? Sie geben zu erkennen, dass die Beziehung von beiden Seiten gestaltet wird und Sie nicht das Monopol haben. Sie behandeln Ihr Kind als eigenständige Person mit eigenen Vorstellungen, wie es sich zu Ihnen verhalten will.
- ☐ Schneiden Sie das Thema nach einer gewissen Zeit noch einmal

an: »Ich wollte mal hören, ob dir zu dem, worüber wir geredet haben, noch etwas eingefallen ist. Ich bin jederzeit bereit, noch einmal zu sprechen.« Das Ziel ist dabei, Ihrem Kind zu demonstrieren, dass Sie stark genug sind, Kritik zu vertragen, und dass Sie es in seinem neuen Erwachsenengewand respektieren und weiterhin lieben.

- □ Nehmen Sie keine Demütigungen hin. Kritik und Vorwürfe sind etwas anderes als entwürdigende Urteile. Wenn Sie feststellen, dass Sie zu aufgewühlt sind, nehmen Sie eine Auszeit und bestimmen Sie, wann Sie wieder bereit sind zu einem Gespräch.

Das ist ein Szenario, das glücklicherweise nicht alle Eltern erleben. Diejenigen, die sich ohne Not einmal im Rückblick mit der Zeit der Kindererziehung beschäftigen wollen, können dies in aller Ruhe tun, indem sie sich ein paar Fragen stellen. Das hilft, um einschätzen zu lernen, welche der Kritikpunkte, die Ihre Kinder äußern, berechtigt sein könnten. Mängel, die wir selbst erkannt haben, können wir bekanntlich besser eingestehen, als das, was von außen kommt.

- □ Was habe ich erhofft, als ich Mutter/Vater wurde?
  Ich würde eine ganz besondere Art von Liebe erleben.
  Ich wäre eine bessere Mutter als meine und würde meinen Kindern geben, was ich nicht bekommen habe.
  Endlich würde ein Mensch einmal ganz zu mir gehören.
  Ich könnte meinem Kind helfen, ein glückliches Leben zu führen.
  Mein Kind würde etwas erreichen, wovon ich immer geträumt habe.

- □ Worin sind Gefühle begründet, die ich als Schuld, Angst, Wut, Bedauern, Enttäuschung bezeichnen würde?
  Ich habe als Mutter/Vater in der Vergangenheit schwere Fehler gemacht und fürchte, dass ich sie immer noch hin und wieder mache.
  Ich bin enttäuscht darüber, was aus meinem Kind geworden ist.
  Ich habe dieselben Fehler gemacht wie meine Eltern.
  Ich glaube, dass ich nicht geeignet bin, Kinder zu erziehen, und das macht mich traurig.

Mein Kind findet, dass ich keine gute Mutter war, obwohl ich nicht dieser Meinung bin.
Mein Kind findet, dass ich keine gute Mutter bin, und ich bin mir unsicher, ob das stimmt.
Meine Scheidung hat dazu geführt, dass ich weniger Zeit mit meinem Kind verbringe.
Meine Scheidung hat dazu geführt, dass die Beziehung zu meinem Kind gelitten hat.
Mein/e Ex hat mir mein Kind entfremdet.
Mein Kind und ich sind vom Temperament her sehr verschieden und das schafft Probleme.
Mein Kind lehnt mich ab.
Der Stress in meiner Ehe macht mich gereizt und ungeduldig.
Meine persönlichen Probleme überschatten die Beziehung zu meinem Kind.
Ich war wenig zu Hause, als mein Kind klein war, und das bedauere ich sehr und fühle mich schuldig deshalb.
Ich schäme mich, weil ich sehr streng war und auch zu körperlichen Strafen gegriffen habe.

Allein die Beschäftigung mit diesen Fragen kann viele fruchtbare Gedanken auslösen.

Haben Sie Fehler und Versäumnisse erkannt, müssen Sie dabei nicht stehen bleiben. Übernehmen Sie zunächst für sich die Verantwortung für das, was Sie zu den Problemen beigetragen haben, die die Beziehung zu Ihren erwachsenen Kindern belasten. Versuchen Sie, nicht gleich Erklärungen oder Entschuldigungen dafür zu finden. Rechtfertigen Sie sich nicht und beharren Sie nicht auf Details, die so klingen, als hätte Ihr Kind kein Recht, sich zu beschweren.

Bringen Sie zum Ausdruck, dass Ihnen ehrlich leidtut, wie sich Ihr Kind gefühlt haben muss.

Vermeiden Sie es, sich zu rechtfertigen, wenn Ihr Kind wütend oder traurig wird. Sie können Ihr Verhalten und Ihre Entscheidungen zu einem späteren Zeitpunkt erklären.

Bedanken Sie sich bei Ihrem Kind, dass es sich die Zeit nimmt, Sie anzuhören.

Lassen Sie Ihr Kind wissen, dass Sie bereit sind, wieder darüber zu sprechen, wenn es das in Zukunft noch einmal tun will.

Irrationale Schuldzuweisungen, die auf einem unvollständigen Bild von uns beruhen, können ebenso viel Schuldgefühle und Zorn auslösen wie berechtigte Anklagen. Für Eltern sehr verwirrend sind Momente, in denen sie für Dinge kritisiert werden, die sie nicht getan haben, oder wenn Verhalten völlig aus dem Zusammenhang gerissen wird. Manchmal machen Kinder uns komplett verantwortlich dafür, wie ihr Leben verlaufen ist. Sie sind nicht immer in der Lage zu erkennen, wie hart wir gearbeitet haben, wie sehr wir uns angestrengt haben, trotz unserer schweren Hypothek aus der Kindheit, gute Eltern zu sein. Sie verstehen nicht, wie zermürbend unsere Ehe war oder wie sehr uns die Scheidung zugesetzt hat. Wenn unsere Kinder das Gefühl haben, mit ihrem Kummer ernst genommen zu werden, können sie sich später besser anhören, was uns bewogen hat, so zu handeln, wie wir es getan haben.

Beim Rückblick auf die Erziehung ihrer Kinder war allen Gesprächspartnern anzumerken, wie angreifbar sie sich fühlen. Zwar versichern sie, dass sie getan haben, was sie konnten, aber dass dies genug war, glauben sie nicht. Wie in kaum einem anderen Bereich ist bei der Erziehung augenfällig, dass wir, ob es uns bewusst ist oder nicht, das Erbe unserer Vorfahren in uns tragen und einen steten Kampf zwischen eigenen Prägungen und neu erworbenen Überzeugungen kämpfen. Gudrun, Mutter von zwei erwachsenen Söhnen, ist zugleich realistisch und vorsichtig optimistisch:

Mehr können wir nicht machen. Keiner weiß, was morgen ist. Im Großen und Ganzen haben wir unser Feld bestellt und wir hoffen, dass wir nicht alles falsch gemacht haben bei den Söhnen.
Dass man auch mal was falsch macht, ist sicher so, man kommt nicht perfekt als Eltern auf die Welt. Das will auch gelernt sein, dass man das eine oder andere so macht, aber was wir von unseren Eltern mitgekriegt haben an Werten, das hat man versucht weiterzugeben, und was man nicht als richtige Werte empfand, das hat man bei den eigenen Kindern gelassen. Ich denke, man hat sein Bestes gegeben.
Ob das in den Augen der Kinder immer das Beste war, weiß ich nicht.

Kapitel 3

Die Partnerwahl – wer ist gut genug für mein Kind?

Ob das mit den beiden gut geht?

Wenn der Teenagersohn die erste Freundin hat und länger als bisher im Bad vor dem Spiegel die Haare gelt, ist das – sagen viele Mütter – irgendwie süß. Bei der Tochter und dem ersten Freund tun sie sich schon schwerer, die Väter allemal. Kann ich mich darauf verlassen, dass meine Tochter weiß, was sie tut? AIDS. Alkohol. Kann sie unterscheiden zwischen Menschen, die es gut mit ihr meinen, und Menschen, die sie ausnutzen? Kritische Blicke mustern Freund oder Freundin: Entspricht sie oder er meinen Vorstellungen? Sitzen wir gerne mit der Neuen am Tisch, passt sie in unser Weltbild oder wird unsere Toleranz arg strapaziert?

Haben die Kinder dann das Elternhaus verlassen, erfährt man von neuen Beziehungen erst, wenn die nicht mehr neu sind. Natürlich gibt es Töchter, die ihre Mütter sofort anrufen, wenn sie sich verliebt haben, aber das scheint eher die Ausnahme zu sein. Sobald es in Richtung gemeinsame Wohnung oder gar Familiengründung geht, bekommt die Partnerwahl ein ganz anderes Gewicht. Und dann werden die zukünftigen Schwiegertöchter und -söhne noch viel genauer unter die Lupe genommen. Sie selbst – und die Familien, aus denen sie stammen.

Mit der Wahl eines Lebenspartners demonstrieren junge Männer und Frauen auf unübersehbare Art ihre Unabhängigkeit. Eine andere Person hat jetzt Vorrang, und wenn das erwachsene Kind die Partnerschaft ernst nimmt, bleibt das auch so. Eine neue Allianz hat sich gebildet, die uns ins zweite Glied verweist. Steht unser Kind in einer Auseinandersetzung zwischen Eltern und Partner, wird es sich – wenn es die Ablösung vom Elternhaus geschafft hat – von jetzt ab auf Seiten des Partners schlagen. Das ist eine völlig neue Situation für Eltern.

Mütter erleben noch einmal in aller Schärfe, dass sie Tochter und Sohn nicht vor fremden Einflüssen bewahren können und ihnen die Folgen ihres Tuns nicht abnehmen können. So haben die Sorgen Raum, sich auszubreiten:

Letzte Woche hat mir meine Tochter eröffnet, dass sie sich mit einem amerikanischen Soldaten verlobt hat, der demnächst nach Afghanistan gehen muss. Sie tut mir so leid, ich weiß noch genau, wie es ist, wenn man so verliebt ist und dann auseinander muss. Und natürlich hat sie Angst um ihn. Es wird Monate dauern, bis sie ihn wiedersieht, und Kontakt können sie auch nicht gut halten. Dass es ausgerechnet der sein musste! Es macht mir richtig zu schaffen.

Mein Sohn ist mit seiner Freundin zusammengezogen, obwohl sie ihn erst vor kurzem betrogen hat. Ich verstehe das nicht. Er strahlt und ist glücklich, aber ich habe ihm gesagt: Woher weißt du, dass das nicht wieder passiert? Sie hat ihn ganz und gar in der Hand, das sehe ich doch. Wenn ich daran denke, wie schlecht es ihm ging, als sie fremdgegangen ist, kriege ich eine solche Wut auf sie.

Dass meine Tochter unbedingt diesen Mann heiraten musste, diesen Macho. Ich warte nur darauf, dass es schiefgeht, obwohl sie sich bisher gut vertragen. Manchmal frage ich mich, ob ich ihr ein falsches Männerbild mitgegeben habe.

Unter den Sorgenbekundungen verbergen sich alle möglichen anderen Motive: Die Tochter, die sich in einen Mann verliebt hat, um den sie Angst haben muss, löst bei ihrer Mutter Mitleid aus. Sie fühlt mit, was die Tochter – vermutlich – fühlt. Die Frage ist allerdings: Könnte es nicht sein, dass die Tochter viel gelassener mit der Situation umgeht, als die Mutter sich das vorstellen kann?

Auch eine untreue Schwiegertochter in spe löst Mitleiden und Beschützenwollen aus. Aber er hat sich diese Partnerin ausgesucht, und er muss einen Weg für sich gefunden haben, mit ihrem Seitensprung umzugehen, sonst wäre er nicht wieder mit ihr zusammen. Ist die Krise womöglich eine Chance für die Beziehung gewesen, die sich dadurch gefestigt hat?

In die Besorgnis, der Macho könne die Tochter unglücklich machen, mischt sich ein anderer Aspekt – die Befürchtung, der Mutterpflicht nicht nachgekommen zu sein und ihre Tochter vor »solchen Männern« gewarnt zu haben. Obwohl die Tochter ganz zufrieden zu sein scheint, kann sich die Mutter nicht mit ihr freuen. Ihre eigenen Ängste und Schuldgefühle sind zu stark.

»Hauptsache, du bist glücklich.« Mit diesem leicht dahin geseufzten Satz bringen besorgte Mütter gerne zum Ausdruck, dass sie zwar Vorbehalte haben, aber ganz uneigennützig bereit sind, ihrem Kind dennoch seinen Willen zu lassen. Nur versteht jedes Kind die darin versteckte Botschaft leider genau: »Du bist mal wieder der Grund für meine Sorgen, aber ich bin es ja gewohnt, dass du nicht auf mich hörst.«

Es ist schwer, sich überhaupt nicht in die Partnerwahl der Kinder einzumischen, und noch schwerer, sich auch alle Anspielungen zu verkneifen. Man kann durch anerkennende Beachtung oder durch offene oder heimliche Missachtung des Partners viel anrichten. Auch gut gemeinte Empfehlungen können als Belästigung empfunden werden und eine bisher vertrauensvolle Beziehung unterminieren. Eltern neigen dazu, dem Partner ihrer Kinder die Schuld für unerwünschte Romanzen zu geben. Dass es sich aus freiem Willen für diesen Menschen mit allen seinen Fehlern und Eigenheiten entschieden hat, können sie kaum glauben.

Gibt es denn überhaupt den Traumpartner für unsere Kinder? Sollten wir uns nicht lieber fragen, wie viel von unseren eigenen unerfüllten Träumen in ihm steckt? Hoffen wir insgeheim, dass unser Kind eine bessere Wahl trifft, als wir selbst das taten? Fühlen wir uns womöglich um die Erfüllung unserer innigsten Wünsche betrogen, wenn unser Kind sich einfach jemanden sucht, mit dem wir nichts anfangen können, und damit betont, dass es kein Ableger von uns ist? Dieses intelligente, liebenswerte Kind, in das man so viele Hoffnungen gesetzt hat, geht einfach seiner Wege, und dann noch mit einem Menschen, der uns so gar nicht ähnelt.

Daran haben Eltern schwer zu schlucken, und es ist gut, wenn sie ihre Enttäuschung nicht in sich hineinfressen. Sie können und sollen sich Luft machen – nur nicht dem Sohn oder der Tochter gegenüber. Dies ist einer der Fälle, in der unverblümte Offenheit mehr zerstört als Gutes bewirkt. Freundinnen, Gesprächskreise, andere betroffene Eltern, Beratungsstellen – alle haben ein offenes Ohr für dieses sehr verbreitete elterliche Problem. Die Kinder sind nicht die richtigen Adressaten, wie sich in vielen Gesprächen gezeigt hat. Ihre Reaktion auf elterliche Kritik am Partner reicht von leichter Gereiztheit bis zu erbittertem Protest, der sich bis zum Kontaktabbruch steigern kann.

Erwachsenen Kindern fällt es schwer, den Unterschied zwischen einem gut gemeinten Kommentar und elterlicher Kontrolle zu erkennen. Auch Bemerkungen, die keineswegs als Kritik gemeint sind, rutschen ganz schnell in den falschen Hals. Das Problem ist, dass solche Sätze an alte Erlebnisse rühren. Früher haben wir Kontrolle ausgeübt, das lässt sich nicht leugnen, und es war auch ein notwendiger Teil der Erziehung. Die kleinste Erinnerung an die alten Zeiten, in denen wir uns durchgesetzt haben, bringt diese Kränkung wieder zum Vorschein und führt zu Reaktionen. »Ich bin doch kein Kind mehr!« ist wohl einer der häufigsten Sätze, die junge Erwachsene ihren Eltern entgegenschleudern. Je stärker sie in ihrer Kindheit und Jugend kontrolliert wurden, desto sensibler reagieren sie später.

Die jungen Erwachsenen von heute sind mobil und offen für Fremdes, sie entfernen sich auch in ihren Beziehungen von den Pfaden ihrer Eltern und Großeltern. Töchter bringen Ehemänner von Reisen mit, Söhne verlieben sich in geschiedene Frauen mit Kindern. Junge Frauen aus der Stadt heiraten Bauern, junge Männer lassen sich jahrelang Zeit mit der Ehe und präsentieren ihren Eltern immer neue Kandidatinnen.

Nun kennen gerade Mütter ihre Kinder in der Tat sehr gut und haben deshalb mit ihren Bedenken oft gar nicht so unrecht. Ihre Menschenkenntnis hat sich über Jahrzehnte verfeinert, und ob zwei Menschen zusammenpassen oder nicht, können sie oft intuitiv erfassen. Nur: Wenn sie klug sind, werden sie nicht den Fehler machen, ihre verliebten Kinder davon überzeugen zu wollen, dass sie einen Fehler machen. Nichts beeindruckt erwachsene Kinder mehr, als wenn sie sehen, dass ihre Eltern über ihren Schatten springen und eine Wahl respektieren, gegen die sie Vorbehalte haben.

In der Erziehung versuchen wir, bestimmte Werte zu vermitteln, zum Beispiel den, dass man sich gegenseitig hilft oder dass materieller Besitz nicht glücklich macht. Andere Menschen sind mit anderen Wertvorstellungen aufgewachsen und bringen sie später in ihre Liebesbeziehungen mit ein.

Unser Sohn ist 30 und lebt seit einem Jahr mit seiner Lebensgefährtin zusammen, sie haben eine sehr teure Penthouse-Woh-

nung und verdienen beide gut. Von Hochzeit sprechen sie zwar manchmal, aber wann das sein wird, steht in den Sternen. Ich hätte so gerne Enkelkinder, und nicht erst, wenn ich 80 und tattrig bin. Ob es je dazu kommt, weiß ich nicht. Die Lebensgefährtin ist ausgesprochen ehrgeizig. Ich könnte mir vorstellen, dass sie lieber Karriere machen will als Kinder großziehen. Ob das meinem Sohn so klar ist, weiß ich nicht. Er hat früher immer gesagt, er will eine große Familie, so wie unsere; bei dieser Frau kann ich mir das irgendwie nicht vorstellen. Sie im Designerkostüm mit einem Säugling auf dem Arm, das passt nicht. Mein Sohn hat sich auch verändert, er achtet jetzt viel mehr auf Äußerlichkeiten. Das gefällt mir gar nicht.

Wer zusehen muss, wie die Normen und Wertvorstellungen, die er mit viel Ausdauer und Mühe seinen Kindern beigebracht hat, von einem anderen Menschen scheinbar mühelos ausgehebelt werden, gerät an die Grenzen seiner Toleranz. Dann kann es vorkommen, dass alle guten Vorsätze über Bord geworfen werden und das Bedürfnis überwiegt, das Kind vor einem großen Fehler bewahren zu wollen.

In diesem Moment hilft ein kurzes Innehalten. Stellen Sie sich zwei Fragen.

- □ Wie fühlen Sie sich, wenn jemand versucht, Ihnen Vorschriften zu machen?
- □ Was geht in Ihnen vor, wenn jemand einen Menschen schlecht macht, den Sie lieben?

Wahrscheinlich wird Folgendes passieren: Je nach Veranlagung steigen in Ihnen Gefühle auf, die Sie traurig oder wütend stimmen. Sie ziehen sich zurück, sind verletzt, oder Sie wehren sich gegen die Ihrer Meinung nach völlig unbegründeten und unfairen Anschuldigungen.

Nicht anders geht es jungen Erwachsenen, die sich noch dazu in einen Loyalitätskonflikt gedrängt sehen. Niemand verlangt, dass Sie heucheln. Ihre Bedenken sind vermutlich nicht aus der Luft gegriffen. Ob sie gerechtfertigt waren oder nicht, wird erst die Zeit erweisen. Vorläufig geht es darum, sie – wenn überhaupt – in einer Form zu äußern, die nicht als Kontrollversuch missverstanden werden kann.

Eine Mutter, deren erwachsene Tochter mit einem Mann, den sie erst zwei Wochen kannte, zu einer Weltreise aufbrechen wollte, fand einen Weg, ihre Sorge auszudrücken, der nicht als emotionales Druckmittel interpretiert wurde:

Ich habe ihr gesagt: »Du sollst wissen, dass ich deine Entscheidung auf jeden Fall respektieren werde. Ich kann über deinen neuen Freund nichts sagen, weil ich ihn nicht gut genug kenne. Ich muss aber auch ehrlich sagen, dass ich beunruhigt bin, weil ich glaube, dass ihr euch für so ein Unternehmen noch nicht gut genug kennt. Ich bitte dich nur, einen Monat länger zu warten, bis du dich endgültig entscheidest. Ich glaube, dass du in der Lage bist zu wissen, was gut für dich ist. Gib dir Zeit, das herauszufinden.«

Die Tochter fühlte sich nicht als Kind behandelt und konnte »hören«, dass ihre Mutter weder ihren Freund schlecht machen wollte noch ihre Lebenstüchtigkeit anzweifelte. Sie entschloss sich, vor der großen Reise eine kürzere Probereise mit ihrem Freund zu machen. Danach erklärte sie, dass sie doch lieber allein auf Weltreise gehen wolle, weil ihr Freund zu bestimmend sei. Das war nicht die Lösung, die der Mutter vorgeschwebt hatte, aber sie akzeptierte sie und half der Tochter bei den Vorbereitungen.

Welche Worte wir auch verwenden, wichtig ist, dass sie nicht bedrängend wirken. Selbst wenn sie von sich aus um Rat bitten, wollen junge Erwachsene nicht wie unerfahrene Traumtänzer behandelt werden. Sie wollen nicht Anweisungen erhalten, sondern allenfalls Orientierungen.

In der gewaltfreien Kommunikation, einer von Marshall B. Rosenberg entwickelten Kommunikations- und Konfliktlösungsmethode, gilt es als förderlich, den Grund für die eigenen Gefühle nicht in den Handlungen anderer, sondern bei sich selbst zu sehen. Im Fall der reiselustigen Tochter hätte die Mutter sagen können: »Ich kann nicht mehr ruhig schlafen, weil du so unbesonnen bist, mit einem quasi Fremden in die Welt zu ziehen.« Man kann sich die widerspenstige Reaktion der Tochter lebhaft vorstellen. Ganz anders klänge es, wenn die Mutter sagt: »Ich bin unruhig, weil ich Angst habe, dass es dir auf der Reise nicht gut gehen wird.« Die Tochter spürt die Einfühlung – auch sie wünscht sich ja eine Reise ohne unnötige Belastungen – und merkt, dass ihr Raum und Zeit für die freie Wahl gelassen werden.

Vatertochter sucht Muttersohn

Als Luisa uns erzählt hat, dass ihr Freund noch zu Hause wohnt, war ich ehrlich gesagt ziemlich entsetzt. Mit Mitte 30! Ich habe versucht, es mir nicht anmerken zu lassen, aber sie hat sicher mitgekriegt, dass wir nicht gerade gejubelt haben. Ich konnte es auch von ihr nicht verstehen. Sie ist mit 18 ausgezogen, sie hätte es angeblich keinen Tag länger gehalten, und dann bringt sie einen Freund an, der sich von seiner Mama bekochen lässt. Die Wäsche wäscht sie ihm natürlich auch. Er wohnt zwar in der Einliegerwohnung, aber die Mama tut alles für ihn. Ich kann mir nicht vorstellen, dass Luisa weiß, was sie sich da einhandelt.

Renate, 55, Buchhalterin, Mutter von zwei Töchtern

Enge oder auffällige Beziehungen zu Mutter und Vater nehmen wir bei anderen viel deutlicher wahr als bei uns selbst. Wir haben eine feine Wahrnehmung, wenn in anderen Familien Verstrickungen existieren, und leiden mit unseren Kindern mit, wenn deren Partner innerlich noch mehr mit den Eltern als mit ihrer Liebsten beschäftigt sind. Unsere eigene Familie messen wir mit einem anderen Maßstab; wir sind sicher, keine Muttersöhnchen herangezogen zu haben, und finden, dass sich die Frau, die unsere Tochter einmal zur Schwiegertochter bekommt, glücklich preisen kann. Es erfüllt uns mit Stolz, wenn unsere Kinder im Vergleich zu anderen häufiger nach Hause kommen und im Ernstfall auch mal den Partner versetzen, um uns beim Rasenmähen zu helfen.

Spielt da nicht, wenn man ehrlich ist, auch ein bisschen die Eifersucht eine Rolle? Bisher konnten wir uns einbilden, dass wir in der Zuneigung des Kindes unersetzlich sind und immer bleiben werden. Das sind wir tatsächlich, aber auf eine andere Art als bisher. So erleben viele Eltern einen diffusen Schmerz, auf den sie nicht gefasst sind. Manchmal äußert er sich fast klischeehaft in den klassischen Situationen wie zum Beispiel bei der Trauung. Die Gefühle sind jedoch alles andere als ein Klischee, sie steigen aus großer Tiefe auf:

Als mein Sohn geheiratet hat, war ich ehrlich glücklich für ihn. Seine Freundin war endlich mal genau so eine, wie ich sie mir für ihn gewünscht hätte. Ich habe auch geglaubt, was alle gesagt haben: Du verlierst keinen Sohn, du bekommst eine Tochter dazu. Dass ich in der Kirche heulen würde, hätte ich nie gedacht. Aber als sie da so vorne standen, kamen mir doch die Tränen. Ich weiß auch nicht, ich konnte gar nicht mehr aufhören. Plötzlich hatte ich Angst, er geht weg und kommt nicht wieder.

Erwachsene Kinder wissen, was in uns vorgeht, und haben ihre eigenen Strategien, wie sie mit dem Thema umgehen. Manche jungen Männer spielen grundsätzlich die Bedeutung ihrer Freundinnen herunter, um nicht nach ihnen ausgefragt zu werden, und erwähnen dann irgendwann beiläufig, dass der Verlobungsring fast so teuer war wie ein Mountainbike. Danach erübrigt sich jede Diskussion.

Die Zeiten, in denen der Zukünftige im Anzug mit einem Blumenstrauß vor der Tür stand und sich mit dem Brautvater ins Arbeitszimmer zurückzog, um nach seinen Absichten und Aussichten befragt zu werden, sind vorbei. Trotzdem sind Kinder nervös, wenn sie den Partner, für den sie sich entschieden haben, zum ersten Mal mit zu den Eltern nehmen. Sie wünschen sich, mit ihrer Entscheidung akzeptiert zu werden, aber nicht nur das: Sie wollen stolz sein können, sie wollen, dass wir den Menschen, den sie lieben, mit offenen Armen und ohne Vorbehalte aufnehmen und wir uns mit ihnen über ihr Glück freuen können. Dass sich in diese Freude ein wenig Eifersucht und vielleicht Neid mischt, ist verzeihlich, solange wir uns diese Gefühle eingestehen und nicht Sohn oder Tochter dafür die Schuld geben. Sie tun genau das, was ihrer Entwicklung entspricht.

Jede Liebesbeziehung orientiert sich am Vorbild der Eltern. Was wir als Kind sehen, hören und spüren, prägt unsere Suche nach dem oder der »Richtigen«. Es entsteht ein Partnerideal, das mitbestimmt, wonach wir Ausschau halten und wie wir später eine Partnerschaft gestalten. Für das Gelingen von Liebesbeziehungen ist es von außerordentlicher Bedeutung, dass sich beide Partner seelisch von ihren Eltern gelöst haben. Das aber ist, aus verschiedenen Gründen, heute eher schwieriger als in der Vergangenheit. Ist es in der Pubertät nicht geschehen, wird es in zunehmendem Alter nicht leichter. War der Druck in der Kindheit sehr groß, den Erwartungen der Eltern nachzukommen, so hat der Erwachsene relativ wenig Spielraum, sich in eine andere Richtung zu entwickeln. Je mehr das Kind auch früher schon Gelegenheit hatte, zu experimentieren, desto größer ist später seine Freiheit, auch mal von dem »inneren Partnerideal«, das ihm durch die Eltern vermittelt wurde, abzuweichen. Da dies so ist, lohnt es sich, die Eltern-Kind-Achsen innerhalb der Familie genauer zu betrachten.

Der Soziologe Marc Szydlik hat Familienbeziehungen untersucht und dabei interessante Ergebnisse festgehalten.[17] Nach einer Umfrage zur Enge der Beziehungen ergab sich, dass das engste Verhältnis generell zwischen Müttern und Töchtern besteht, danach folgen die Beziehungen zwischen Müttern und Söhnen. An dritter Stelle stehen die Beziehungen zwischen Vätern und Töchtern, an vierter zwischen Vätern und Söhnen. (Dabei ist zu bedenken, dass es um die Selbsteinschätzung der Befragten ging.)

Sehr knapp gefasst, könnte man die Beziehungen so charakterisieren: Für Mütter und Töchter sind enge Beziehungen mit immer wiederkehrenden Abgrenzungskämpfen typisch. Die Mutter-Sohn-Beziehung steht seit Freud im Zeichen von Ödipus und birgt unter Umständen die Gefahr einer symbiotischen Verschmelzung; sie ist aber auch eine entscheidende emotionale Stütze für den Sohn. Bei ihren Vätern sind Söhne lebenslang auf der Suche nach Anerkennung. Sie suchen das Männlichkeitsmodell und die Antwort auf die Frage: Was macht den Mann aus? Für die Tochter ist der Vater die erste männliche Bezugsperson, ein Mensch, der ihr viel Stabilität und Selbstvertrauen geben oder nehmen kann, indem er sie anspornt und ihr etwas zutraut oder sich verweigert und sie entmutigt.

»Mama, du nervst!«

Die Mutter-Tochter-Beziehung ist ein Dauerbrenner. Gerade weil sie sich in vielem so ähnlich sind, muss die Tochter die Unterschiede betonen. Die Kinderpsychiaterin Caroline Eliacheff und die Soziologin Nathalie Heinrich schreiben: »Zuerst braucht ein Mädchen die Identifikation mit der Mutter, um den eigenen Bezugsrahmen zu schaffen, und später dann muss es sich von ihr abgrenzen, um zu sich selbst, zu seiner eigenen Persönlichkeit zu finden.«[18] Die Tochter muss eine Frau werden – wie ihre Mutter, aber auch wieder ganz anders. Und die Mutter muss zusehen, wie ihre Tochter unabhängiger wird, ihre Weiblichkeit entdeckt, und nicht mehr in Mamas Stöckelschuhen durch die Wohnung stakst, sondern in eigenen. Selbstbewusste Töchter und starke Mütter können viel bewegen, wenn sie am selben Strang ziehen, sie können sich aber das Leben auch gegenseitig herzlich schwer machen. Da hilft es auch nicht, wenn, wie bei Ilse, Mutter von fünf Kindern, die erwachsene Tochter ausgezogen ist und in einer anderen Stadt wohnt:

> *Bei der Ariane war das extrem, sie hat mich fürchterlich angegriffen. Sie wisse selber, was zu tun ist, und wurde auch ausfällig. Da hatten wir dermaßen Streitgespräche, am Telefon haben wir uns nur noch angeschrien, vor allem hat sie geschrien, und dann waren wir ganz aufgelöst. Das war ganz schlimm. Da lernt man dann schon was draus.*
> *Irgendwo lernt man gezwungenermaßen daraus, dass es nicht erwünscht ist, Ratschläge zu geben.*

Nachdem die Beziehung eine Weile auf Eis lag, weil alle Beteiligten zu erschöpft für erneute Auseinandersetzungen waren, kam es wieder zu einer Annäherung, die diesmal von Ariane ausging:

> *Im Nachhinein kann ich schon sagen, es war für sie ganz wichtig, dass bei allem, was zwischen uns stand, wir trotzdem, wenn Not war, für sie ansprechbar waren. Das war wichtig für sie, auch für unser Verhältnis, wie wir es heute haben. Es ist nicht einfach, überhaupt nicht einfach. Ich kann auch Eltern verstehen, die dann sagen: Nein, mit dem Sohn oder der Tochter will ich nichts mehr zu tun haben. Aber ich bin froh, dass es bei uns nicht so gelaufen ist.*

92 Prozent der Frauen, die eine außerhalb ihres Haushalts lebende Tochter haben, geben an, zu ihr eine enge Beziehung zu haben. Das heißt nun nicht, dass diese Beziehung frei von Konflikten ist, und man kann vermuten, dass »eng« nicht gleichbedeutend mit »unproblematisch« ist – im Gesamtbild wird aber das Verhältnis, wenn es nicht sehr belastet ist, als Bereicherung erlebt. Töchter finden es ganz normal, hin und wieder Krach mit der Mutter zu haben. Von den männlichen Familienangehörigen als »Zickenkrieg« eingestuft, sind solche Auseinandersetzungen in gewissem

Sinne Grenzscharmützel, durch die sich vor allem die Tochter ihrer Eigenständigkeit versichert. Eine »gute« Beziehung zur Mutter schließt Reibereien und Szenen mit ein. Es ist nicht immer alles eitel Harmonie, im Gegenteil: Mütter nerven, das gehört fast schon zum guten Ton. Im zu engen Kontakt kann das Mutter-Tochter-Verhältnis eine explosive Mischung ergeben, aber wenn sich die beiden Frauen mehr Luft lassen, kommen die positiven Qualitäten der Beziehung wieder besser zum Vorschein.

In den Interviews hat sich genau das immer wieder bestätigt, wie die folgenden Aussagen erwachsener Töchter zeigen:

Ich erzähle ihr längst nicht alles, und es nervt einfach nur, dass sie mir immer die Würmer aus der Nase ziehen will. Aber seit ich nicht mehr mit ihr zusammenwohne, geht es besser, und das finde ich auch schön, denn eigentlich verstehen wir uns sehr gut und ich bin froh darüber. Ich finde es nämlich sehr schade, wenn man mit der Mutter keine gute Beziehung hat. Eine Freundin von mir will jetzt heiraten und lädt ihre Mutter nicht ein, weil sie den Kontakt abgebrochen hat. Das finde ich schrecklich. Ich könnte sowas nur tun, wenn ich mich nach Strich und Faden von ihr verraten fühlen würde.

Als meine Ma mir zu viel reingeredet hat, hab ich ihr einen gepfefferten Brief geschrieben. Ich finde es schön, dass sie sich Sorgen macht, aber einige Dinge mag man als Tochter auch gern allein entscheiden. Kinder wissen auch tausend Dinge, die ihre Eltern besser machen sollten – nur gehen sie ihnen damit nicht so auf den Wecker …

Mütter machen sich viele Gedanken, wie sie sich verhalten sollten, um nicht zu nerven. Sie können sich gut in die Tochter hineinversetzen, sind aber trotzdem von Unsicherheiten geplagt und ziehen Vergleiche. Wie gehen andere Mütter und Töchter miteinander um?

Meine Freundin mit ihrer Tochter zum Beispiel, das ist viel expressiver als bei uns. Bei uns ist schon eine Verhaltenheit, die immer wieder zu durchbrechen ist, aber die doch bestehen bleibt. An dieser Ecke bin ich unsicher, merke ich. Soll ich mehr anbieten oder warten, was kommt? Ich möchte nicht aufdringlich sein, aber ich möchte ihr natürlich auch nicht das Gefühl geben, ich will nichts von ihr wissen. Da ist immer diese Frage …

Was genau geht in der Tochter vor? Ein Rest Unsicherheit bleibt bei vielen Müttern, die ihre Töchter eigentlich gut zu kennen glauben. Oft spielt lange Zurückliegendes eine Rolle. Denn alte Kränkungen sind zählebig. Und nicht nur Eltern haben das Gefühl, den Kindern Opfer gebracht zu haben. Vor allem Töchter alleinerziehender Mütter stellen häufig eigene Wünsche zurück, um nicht noch zur Sorgenlast der gestressten Mutter beizutragen. Dafür erwarten sie verständlicherweise Anerkennung, aber sie sprechen diese Erwartung nicht aus. Erst in Krisenmomenten bricht aus ihnen heraus, was sie so lange mit sich herumgetragen haben. Die Gefühle werden fassbarer und können, wenn man sie in einem geeigneten Moment aufgreift und anspricht, zu den Punkten führen, die in der Beziehung geklärt werden müssten.

Das ist irgendwie eine ganz besondere Beziehung. Wir ähneln uns sehr. Wir streiten uns häufig, wenn sie hier ist, es geht drei Tage gut, und am vierten Tag wird ein Satz gesagt und wir geraten uns in die Haare. Beide dann irgendwann heulend, das ist unausweichlich. Das ist ganz eigenartig. Irgendwas ist passiert – also meiner Meinung nach ist sie schuld. Weil sie extrem reagiert. Plötzlich ist sie aus irgendeinem Grund tief gekränkt und fängt an, laut zu werden, und knallt die Türen, und dann muss ich mich wirklich zusammennehmen. Nicht immer gelingt mir das, dass ich nicht genauso heftig werde. Inzwischen haben wir einen Weg gefunden, dass jeder einfach stumm zur Seite geht, um dann nachher wieder zusammenzukommen. Letztes Mal, als ich sie besucht hab, vor zwei Monaten, habe ich ihr gesagt: Lara, ich habe deswegen ein schlechtes Gewissen und deswegen und deswegen, und dann haben wir wirklich einen ganzen Abend darüber geredet und eine Flasche Rotwein dazu getrunken, und am Schluss haben wir dann beide geheult. Und dann habe ich gesagt, weißt du was, aber das war doch gut, und denk mal an das und jenes, und wir haben in Erinnerungen geschwelgt. Dann war es wieder okay.

Die heutigen Mütter erwachsener Töchter sind in den seltensten Fällen »alt« im herkömmlichen Sinn. Vielen Frauen jenseits der 40 sieht man ihr Alter nicht an. Sie strahlen Lebenslust aus, treiben Sport, achten auf ihr Äußeres. Sie teilen mit den Töchtern vieles – sie interessieren sich für neue Modetrends, kaufen dieselben

Labels und hören dieselbe Musik. Das sieht in den Augen der Tochter stark nach Konkurrenz aus. Früher war es sicher einfacher für Töchter, sich äußerlich abzugrenzen. Heute muss der Kampf um Eigenständigkeit deshalb oft länger und intensiver ausgetragen werden.

Dass viele über 50-Jährige noch eine attraktive Ausstrahlung haben, fällt nicht nur ihnen selbst auf. Auch die jungen Frauen sehen es – nicht immer mit ungetrübter Freude. Als meine Tochter einmal sagte: »Wenn ich in der Straßenbahn eine 30-Jährige und eine 50-Jährige nebeneinander sehe, würde ich als Mann ziemlich oft die 50-Jährige vorziehen«, war ich im ersten Moment freudig überrascht. Es stimmt, in der Ausstrahlung von Frauen in der Lebensmitte schwingen Lebenserfahrung und souveräne Weiblichkeit mit. Wenn Frauen sich aber als Rivalinnen ihrer Töchter verstehen und so verhalten, wenn sie mit ihren Freunden und Männern flirten, als seien sie gleichaltrige Freundinnen, ist der Konflikt vorprogrammiert. Je jugendlicher sich die Mutter gebärdet, desto schwerer ist es für die Tochter, ihren eigenen Stil zu finden und unverwechselbar zu werden.

Die Tochter lebt in einer anderen Welt und hat andere Möglichkeiten als wir. Viel selbstverständlicher verlangt sie von ihrer Umgebung, anerkannt zu werden, und wenn ihr etwas nicht passt – ein Job oder ein Mann – , dann lässt sie ihn hinter sich und schaut nach vorne. Ihr gehört die Zukunft. Wenn sich eine Mutter wie die Rivalin ihrer Tochter verhält, kann man dahinter Neid vermuten. Neid, schreibt die Schweizer Psychoanalytikerin Verena Kast[19], sei eine Verbindung von Ärger und Trauer. Eigentlich empfinden wir Trauer, weil wir etwas verlieren – unsere Jugend, die Unbeschwertheit, den Zauber der Aufbruchstimmung. Vor allem Mütter, die ihr Leben nicht gelebt, die sich aufgeopfert haben, versuchen zuweilen, die Entwicklung ihrer Tochter zu behindern. Wer »um der Kinder willen« in einer unbefriedigenden Ehe geblieben ist oder beruflich zurückgesteckt hat, gerät leicht in eine Vorwurfshaltung.

Auch in liebevollen Mutter-Tochter-Beziehungen gibt es Phasen, in denen die Unterschiede stärker hervortreten und betont werden müssen. Dies ist ein natürlicher Vorgang, der sich in jeder Generation wiederholt. Im Gespräch bleiben oder das Gespräch suchen, verstehen wollen, zuhören und erklären, ohne zu rechtfertigen – diese Grundregeln kann man Müttern von erwachsenen

Töchtern ans Herz legen, und wenn sie es ernst meinen, sind die Chancen groß, dass sich eine drohende Entfremdung vermeiden lässt. Das Bedürfnis nach einem guten Verhältnis ist stark, auch wenn es zeitweise gar nicht den Anschein hat. Nicht immer ist der Zeitpunkt günstig, weil negative Gefühle zu stark im Vordergrund stehen. Dann empfiehlt es sich abzuwarten, die Tür offen zu halten und später einen neuen Anlauf zu machen.

Der Muttersohn oder: Die Schwiegermutter

Mit den Klagen über Schwiegermütter könnte man Bände füllen: Sie lässt ihren Sohn nicht los, sie mischt sich in die Kindererziehung ein, erteilt ungefragt Ratschläge, will bei der Urlaubsplanung ein Wörtchen mitreden, kritisiert an ihrer Schwiegertochter herum und behandelt das junge Paar wie unreife Kinder, denen man auf die Finger schauen muss. In Witzen, Märchen und Volksliedern wird die Schwiegermutter mit Genuss verspottet. Das tendenziell angespannte Verhältnis zwischen Schwiegermutter und Schwiegertochter wird durch empirische Erhebungen bestätigt.

Im »Schwiegermutter-Test« auf einer Frauenseite im Internet wird das Verhalten der (potenziellen) Schwiegermutter unter die Lupe genommen. Auch da wird das Klischee bedient, denn anzukreuzen sind Aussagen wie:

- ☐ Sie sagt Ihnen, wie Sie ihn zu behandeln haben. Schließlich kennt sie ihr Söhnchen aus dem FF.
- ☐ Sie erklärt Ihnen genau, wie man Salzkartoffeln gar kocht, von A bis Z.
- ☐ Sie bietet Ihnen an, gemeinsam mit ihr das Kinderbettchen auszusuchen. Eine alte Familientradition.
- ☐ Sobald sie ein neues Kleidungsstück gekauft hat, berichtet sie Ihnen davon.

Fünf Schwiegermutter-Typen stehen zur Auswahl: die Freundin, die Herzliche, die Dominante, die Belehrende, die Herrische. Die Chancen stehen demnach 3:2, dass die Partnerin des Sohnes auf einen unerfreulichen Typ Frau treffen und eine ungleiche und schwierige Beziehung zu ihrer Schwiegermutter haben wird. Doch selbst vor der »Freundin« und der »Herzlichen« wird gewarnt. Beide wirken bedrängend in ihrer Souveränität. Grenzen, so die Botschaft, sollten bestehen bleiben oder neu gezogen werden.

Erfahrungsgemäß streiten sich die Generationen sehr oft um häusliche Themen oder finanzielle Fragen. Das aber sind in den meisten Fällen Scheingefechte, denn tatsächlich geht es bei den Auseinandersetzungen vor allem darum, dass viele Mütter durch die »Neue« mit dem Abnabelungsprozess ihrer Söhne besonders harsch konfrontiert sind. Denn die Frauen, die da wie drohende Schreckgespenster vor ihren Schwiegertöchtern aufragen, sind vor allem eines – Mütter von Söhnen.

Die Beziehung zwischen Müttern und Söhnen wird mit Argusaugen beobachtet. Überall wittert man ödipale Fallen: Der Sohn wird als Partnerersatz missbraucht, der verzärtelte Prinz darf sich alles leisten. Der am meisten belächelte Typus ist das Muttersöhnchen. Ist er eine aussterbende Spezies, wie man annehmen könnte, wenn man die Mütter meiner Generation betrachtet, oder gibt es ihn doch noch?

Kaum eine Mutter wird von sich sagen, dass sie klammert oder gar absichtlich ihren Sohn von sich abhängig gemacht hat. Söhne sind erfrischend »anders«, erklären viele Frauen und berichten, wie viel Spaß sie im Alltag miteinander hatten. Wenn alles gut geht, bewundern Mütter und erwachsene Söhne einander gerade wegen ihrer Andersartigkeit. Sie müssen nicht unbedingt stundenlang reden, um sich einander nahe zu fühlen. Sie lassen sich Freiraum, weil sie merken, dass sie bei aller Liebe Unterschiedliches vom Leben wollen und dass Gemeinsamkeit auch Respekt vor Eigenheiten und Verhaltensweisen umfasst, die man nicht von sich selbst kennt.

Es gibt eine schöne Erinnerung. Als es mir einmal schlecht ging, war er mir eine große Hilfe. Ich wollte von meinem Dorf nach Südtirol wandern auf den Spuren meiner Vorfahren. Mein Mann konnte gar nichts damit anfangen. Ich war traurig, saß auf dem Bett und heulte, da kam Elias ins Zimmer, legte den Arm um mich und sagte: ›Komm, Mütterchen, das machst du schon.‹ Das hat mich so gestärkt. Ich bin dann auch gewandert, und es war genau richtig. Maria, alleinerziehende Mutter mit einem Sohn

Diese Art von entspannter Zuneigung können die Partnerinnen der Söhne gut ertragen, auch wenn sie vielleicht etwas neidisch auf die selbstverständliche Vertrautheit schielen, die sich in den kleinen Gesten zeigt. Voraussetzung für eine Beziehung dieser Art ist, dass die Mutter ein Leben jenseits des Sohnes führt – und das tun immer mehr Frauen immer früher und länger. Die Erwartung, im Herzen von Sohn (und Tochter) weiterhin an erster Stelle zu stehen, mag nicht ganz verschwunden sein, aber sie wird zumindest nicht mehr so ungehemmt auf die Kinder übertragen wie in früheren Generationen.

Dennoch ist eine gewisse Spannung zwischen der »alten« und der »neuen« Frau im Leben eines jungen Mannes weit verbreitet. Dass eine Mutter die Partnerin ihres Sohnes, ob nun mit ihm verheiratet oder nicht, vorbehaltlos mit offenen Armen in der Familie aufnimmt, kommt nicht sehr häufig vor. Zu stark ist der Beschützerinstinkt. Ihren Söhnen trauen Mütter – wenn sie ehrlich sind – noch viel weniger zu, eine wirklich gute Wahl zu treffen als Töchtern. Schnell kommt der Verdacht auf, die Freundin habe ihn »rumgekriegt«, »um den Finger gewickelt«. Das Klischee von den weiblichen Tricks kommt aus der Mottenkiste. Wie sonst könnte der Sohn »so einer« auf den Leim gegangen sein?

Muttersohn ist geradezu ein Synonym für Unselbstständigkeit. Von Muttertöchtern spricht man selten, ebenso wenig von Vatertöchtern und Vatersöhnen, obwohl es diese auch gibt. Dass dies so ist, scheint auf eine Qualität hinzuweisen, die bei den anderen Elternteil-Kind-Beziehungen nicht in dieser Weise vorzufinden ist. Ob der häusliche Typus à la Loriot in »Ödipussi«, der noch mit 40 bei Mutti lebt, oder der Macho in der Lederjacke, der mit markigen Sprüchen seine unsichere männliche Identität untermauern will – er wird es schwer haben, eine junge Frau zu finden, die sich ernsthaft darauf einlässt, das Leben mit ihm zu teilen. Findet sich doch eine, die es ernst meint, muss sie von Anfang an eine Art Ehe zu dritt führen. Oft wird das junge Paar gedrängt, in die Nähe der Eltern zu ziehen. Gute Gründe dafür gibt es genug – entweder gibt es dort eine günstige Wohnung oder einen günstigen Bauplatz, oder die Eltern locken damit, auf die Enkelkinder aufzupassen, oder sie sind krank und fordern die Pflege durch die Kinder. Für ihre Partnerin ist es letztlich nicht entscheidend, ob ihrem Mann die notwendige Ablösung von der Mutter nicht erlaubt wurde oder ob er sie aus eigener Kraft nicht geschafft hat. Sie hat es mit einer Rivalin zu tun, die ihr den Zugang zu ihrem Mann versperrt. Denn aus falsch verstandener Treue zur Mutter kann sich der Sohn nicht leisten, sich ganz auf die Seite seiner Lebenspartnerin zu stellen. Er hat ständig das Gefühl, dass beide Seiten Zuwendung und Treuebeweise von ihm fordern, ohne dass es ihnen je genügen könnte: Tatsächlich ist es ein unlösbares Unterfangen, zwei Liebespartnern gleichermaßen treu sein zu wollen. Er fühlt sich emotional überfordert und gibt nicht selten seiner Frau zu verstehen, sie sei schuld an seinem Dilemma, denn sie macht ihre Ansprüche ja täglich geltend und lässt sich zu gereizten Angriffen auf die Schwiegermutter hinreißen. Mit der Zeit ist die Liebesbeziehung gefährdet.

Aber auch der Widerstand gegen die Vereinnahmung durch die Mutter wächst. Über diese Auflehnung lesen wir in der Weltliteratur, in Georges Simenons Brief an die Mutter, in Elias Canettis Autobiografie. Wir erfahren von Täuschungsmanövern, heimlichen Hochzeiten, Schuldgefühlen, Sehnsucht nach Befreiung. Idealerweise sollte nun der Mann klare Stellung für seine Frau beziehen und der Mutter Grenzen setzen. Er müsste ihr sinngemäß sagen: »Wenn du meine Frau ablehnst, lehnst du auch mich ab.« Die Realität sieht oft anders aus: Die Männer fühlen sich von den gegensätzlichen Ansprüchen der beiden Frauen völlig überfordert und suchen instinktiv Schutz im Beruf, bei Hobbys, in der Kneipe oder hinter ihrer Zeitung. Ihre Frauen und Freundinnen fühlen sich im Stich gelassen. Zermürbende Streitereien um das Thema Schwiegermutter sind die Folge. Oft hilft nur noch der Gang zu einem nüchtern beobachtenden Eheberater, der bei den beiden Verständnis für die Situation des anderen weckt.

Was bedeutet das aber für die Schwiegermütter? Müssen sie aus Vernunftgründen ihre Gefühle für den Sohn kappen? Sollen sie nur noch warten, bis er auf sie zukommt?

Das kann nicht die Lösung sein. Eine solche Selbstverleugnung wird kaum eine Frau durchhalten, und warum sollte sie auch? Ein Bruch ist es nicht, den wir anstreben sollten, sondern eine Wandlung.

Verstand und Gefühl klaffen auseinander. Mit dem Auge des Verstandes sehen wir einen erwachsenen Mann, der sein Leben und seine Beziehung zu anderen Menschen selbst verantwortlich gestaltet. Mit dem Auge des Gefühls sehen wir einen Jungen, der körperlich groß geworden ist. Auch viele moderne, eigenständige Frauen haben nämlich mit einer Art Abwehrinstinkt zu kämpfen. Ihr Vorteil ist es, dass sie ihn schneller erkennen und sich ihm nicht ausliefern.

Die amerikanische Autorin Sue Hubbell[20], die lange Zeit als Bienenzüchterin allein in einem abgelegenen Haus in den Wäldern lebte, nennt diese Gefühle den »Bärinneninstinkt«. Als ihr Sohn Brian mit seiner Freundin Liddy für eine Weile aus Boston zu Besuch kommt, um ihr ein neues Scheunendach zu bauen, versucht sie aus diesem Anlass ihren Muttergefühlen auf den Grund zu gehen und erinnert sich an die bedrohliche Begegnung mit einer wütenden Bärin, die auf dem Zeltplatz ihre Jungen suchte. Ganz ähnliche Empfindungen stellte sie bei sich selbst fest, als sie ihren kleinen Sohn das erste Mal im Arm hielt, aber sie wusste sehr bald, dass sie ihnen nicht freien Lauf lassen wollte:

> »*Um eine passable Mutter zu werden, musste ich lernen, die alte Bärin im Zaum zu halten. Bärinnenliebe ist eine dunkle, haarige Sache. Sie will festhalten und beschützen, sie ist ganz Gefühl und Bewahrung. Doch Mitte des 20. Jahrhunderts ein männliches Kind [...] so großzuziehen, dass es zu einem selbstständigen, starken Menschen heranwächst, der in der Lage ist und auch so frei ist, seinen Verstand und seine Fähigkeiten zu gebrauchen, erfordert andere Arten von Liebe. Die Bärin daran zu hindern, dass sie zur Nervensäge wird, ist womöglich das schwierigste am Muttersein überhaupt.*«

Liefern wir uns ganz den Bärinneninstinkten aus, besteht die Gefahr, dass sie übermächtig werden und keinen Raum mehr für die eigenständige Entwicklung unserer Söhne lassen. Ein ausgewachsenes Bärenjunges, das nicht jagen kann und trübsinnig seiner Mutter hinterher trottet, ist ein trauriger Anblick. In der Wildnis würde man so ein Duo kaum finden, unter Menschen schon.

Während Sue Hubbell ihren Gedanken nachhängt, machen sich Brian und Liddy tatkräftig an die Arbeit. Die Mutter beobachtet, wie gut sie dabei harmonieren. Anstatt sich überflüssig zu fühlen und gekränkt zurückzuziehen, bringt sie die Bauarbeiten auf ihre Weise voran:

»Ich half ihnen ab und zu, merkte aber schnell, dass, wenn ich ihnen anbot, entweder zu helfen oder Pasteten zu backen, die Pastete dringender gebraucht wurde. Sechs Pasteten waren nötig, bis das Dach fertig war.«

Sue ließ sich von Liddy den Gebrauch von Werkzeugen zeigen, die sie noch nie benutzt hatte, und von ihrem Sohn beim Abschied einschärfen, dass sie das Dach unbedingt noch regendicht machen müsse. Sie tat nicht so, als wüsste sie alles schon selbst oder sogar besser als das junge Paar, und so stellte sich eine Balance ein, in der jeder seine Fähigkeiten nutzen konnte und erst gar keine Konkurrenz entstand.

»Als sie sich wieder auf den Weg machten, waren wir drei uns einig, dass wir eine schöne Zeit miteinander verbracht hatten, dass ich jetzt eine wunderschöne Scheune hatte, dass die Pasteten lecker gewesen waren und wir einander liebhatten. Wir umarmten und küssten uns, und die Bärinnentränen in meinen Augen waren ganz überflüssig.«

Manchmal hilft es, der Seite in uns, die wir gerade nicht gebrauchen können, einen Namen zu geben. Damit erkennen wir ihre Existenz an und müssen uns zugleich nicht vollständig mit ihr identifizieren. Wir sind *auch* Bärin, aber nicht *nur*. Wir haben das Bedürfnis, unsere Kinder vor Schaden zu bewahren und uns schützend vor sie zu stellen. Sehr oft ist dieses Verhalten so vehement jedoch gar nicht nötig. Ist es einmal aus dem Weg, können wir uns vielleicht auf andere Seiten unseres Mutterseins besinnen, nämlich auf das Vertrauen darauf, dass wir ihnen alles Nötige beigebracht haben, damit sie auf sich selbst aufpassen können.

Man kann von Glück sagen, dass junge Frauen gelernt haben, sich klar zu äußern, wenn ihnen etwas missfällt. Damit steigen die Chancen, dass die beiden potenziellen Kontrahentinnen nicht im Groll verharren, sondern einen Weg finden, sich zu einigen und sogar voneinander lernen.

Sigrid war mit ihrer vierköpfigen Familie in ein neues Haus umgezogen, und die Schwiegermutter kam eines Tages vorbei, um beim Einrichten der Küche zu helfen. Das war so abgesprochen und Sigrid im Prinzip auch ganz recht:

Ich war eigentlich froh, weil wir noch zwischen Kisten lebten und ich so viel anderes zu tun hatte. Aber dann kam ständig »Nein – mache es so …, nicht so, sondern anders, das bleibt so und das kommt dahin usw. usw.« Sie hat mir überhaupt nicht zugehört, wie ich es haben wollte. Ich wurde zunehmend sauer – bis mir der Kragen geplatzt ist. Ich habe sie angefaucht: »Es ist meine *Küche und wenn du mir helfen willst sie einzurichten, richtest du dich bitte nach meinen Vorstellungen und nicht umgekehrt. Ich bin 40 Jahre alt und weiß schon, was ich tue und was ich sage. Nimm das bitte zur Kenntnis.« Nach dieser Explosion ist sie gegangen und dann war für acht Tage Funkstille. Dann hat sie angerufen und gesagt: »Ich würde gerne deine neue Küche sehen, so wie du sie eingerichtet hast. Du hast recht gehabt, es ist deine Sache, wie sie aussehen soll.« Ich war richtig gerührt. Und von da an hat sich zwischen uns viel verändert. Ich glaube, erst durch diesen Krach hat meine Schwiegermutter erstmals begriffen, dass ich ein erwachsener Mensch bin, dem sie nicht beibringen muss, wie man was macht. Ich bin froh, dass es so gelaufen ist. Es war ein reinigendes Gewitter.*

Nadine, die sich auch immer wieder von ihrer Schwiegermutter bevormundet fühlte, schrieb ihr einen Brief, weil sie wusste, dass sie bei einem Streit nicht die innere Ruhe haben würde, so besonnen zu reagieren, wie sie es gerne getan hätte. Sie nahm sich Zeit, ihre Gedanken zu formulieren und möglichst nicht in einen anklagenden Ton zu verfallen, denn sie wollte die Beziehung zu ihrer Schwiegermutter ja nicht beenden, sondern verbessern.

Die Schwiegermutter antwortete nicht gleich auf den Brief. Auch sie nahm sich Zeit, über das Geschriebene nachzudenken. Dann reagierte sie auf ihre Weise – nicht mit Worten, sondern mit Taten, indem sie Nadine und ihrem Mann einen freien Abend mit Kinderbetreuung schenkte. Nadine war vollkommen zufrieden damit, sie hatte sich alles von der Seele geschrieben und vertraute auf die Wirkung ihrer Ehrlichkeit. Für sie war das Wichtigste, dass sie einmal ausgesprochen hatte, was sie sich wünschte, und dabei nicht in eine Vorwurfshaltung geriet.

Die »Maximalforderung«, das heißt ein inniges vertrautes Verhältnis mit Sohn und Frau, ist nicht in jedem Fall erreichbar. Sich das einzugestehen könnte den Umgang von falschen Erwartungen entlasten. Doch auch in einer Beziehung ohne große gefühlsmäßige Nähe ist Normalität möglich. Sie könnten beispielsweise den Kontakt mit den Erwachsenen auf Treffen zu Festtagen beschränken, aber in regelmäßigen Abständen ein »Date« mit dem Enkelkind wünschen. Bitten Sie um Vorschläge, wie das zu ermöglichen wäre.

Vermeiden Sie es, die Schwiegertochter unnötig vor den Kopf zu stoßen. Streben Sie ein höfliches, aufmerksames, respektvolles, relativ distanziertes Verhältnis an wie gegenüber wichtigen Fremden. Sie ist ja auch eine Fremde. Sie müssen sie nicht lieben und sie Sie auch nicht. Signalisieren Sie durch diese Haltung Ihrem Sohn: Du hast deine, nicht meine Traumfrau geheiratet, das ist okay. Werdet glücklich. Je weniger emotionaler Druck in der Beziehung herrscht, desto besser.

Die wichtigsten Fehler, die Sie im Umgang mit der Partnerin des Sohnes und der jungen Familie tunlichst vermeiden sollten, sind:

- ☐ Den Sohn in die Zwickmühle bringen, sich zwischen Mutter und Partnerin entscheiden zu müssen.
- ☐ Ungefragt Kommentare zur Qualität der Beziehung abgeben.
- ☐ Sich als die bessere Hausfrau darstellen.
- ☐ Sätze mit »ihr solltet« oder »ihr müsstet« anfangen.
- ☐ Beleidigt sein, wenn Hilfsangebote abgelehnt werden.
- ☐ Im Gespräch immer wieder die Worte »mein Sohn« einfließen lassen.
- ☐ Sich in die Kindererziehung einmischen.
- ☐ Die eigenen Standards, etwa hinsichtlich Sauberkeit und Ordnung, zum Maßstab machen.

Ein heikler Punkt ist immer auch die Frage nach Kindern. Ob ein junges Paar Kinder haben will oder nicht, ist nun wirklich seine Sache, und die meisten Eltern halten sich mit ihrer Meinung auch zurück. Aber das Thema beschäftigt sie, und dann fallen diese mehr oder weniger deutlichen Anspielungen, die unzumutbar für kinderlose Frauen sind: »Das neue Baby von den Müllers ist ja sooo süß!« – »Deine Schwester hat schon das Dritte!« – »Neulich hat mir die Nachbarin erzählt, dass ihre Tochter so gerne ein Kind hätte, und es klappt einfach nicht. Die Ärmste! Wo sie sich so ein

Enkelkind wünscht!« Wer weiß, ob sich das junge Paar nicht ebenso sehnlich ein Kind wünscht und die Bemerkung ungewollt einen wunden Punkt trifft. Taktlose Fragen können da eine verheerende Wirkung haben, schließlich fühlt sich niemand gerne wie ein Egoist oder Versager. Eltern neigen dazu, Eheglück und erfolgreiche Elternschaft ihrer Kinder als Beweis und Dank für ihr eigenes gelungenes Elternsein anzusehen. Sich von diesen Gedankenverbindungen zu trennen ist die Vorbedingung für ein unbelastetes Gespräch über mögliche Enkel. Der Enkelwunsch der Eltern sollte in der Familienplanung der Kinder keine Rolle spielen. Wer glaubt, dass es eine wünschenswerte Erfahrung ist, Kinder zu haben, kann Unterstützung anbieten und damit eine Situation schaffen helfen, in der sich eine junge Familie vielleicht dazu entschließt – trotz der großen Herausforderungen, die heute die Verbindung von Elterndasein mit Berufstätigkeit immer bedeuten.

Die Schwiegermutter, die die Sorgen und Bedenken der Jüngeren ernst nimmt, hat gute Chancen, eine Beziehung aufzubauen, in der eine gegenseitige Zuneigung entstehen und wachsen kann. Wer mit offenen Ohren in die Gespräche geht, hört womöglich vieles, was sie von sich selbst aus jüngeren Jahren kennt. Zudem bringen nicht wenige junge Frauen sehr wohl Verständnis für die Schwierigkeiten einer Mutter auf, ihre Kinder ziehen zu lassen. Doch die Schwiegertöchter müssen gegen die Machtposition der Schwiegermutter ankämpfen, wenn diese den Sohn noch immer – bewusst oder unbewusst – dominiert. Doch wenn einmal die Grenzpfähle abgesteckt sind, funktioniert die Beziehung in vielen Fällen doch recht gut.

Meine Tochter liebt einen Ägypter und mein Sohn liebt einen Mann

Der räumliche Horizont der Menschen hat sich in den letzten Jahrzehnten in ungeheurem Tempo erweitert. Lebte man noch vor knapp einem Jahrhundert vorwiegend im engeren Umfeld von Dorf oder Stadtviertel und suchte dort auch nach Ehepartnern, erweiterte sich der Radius mit den zunehmenden Reisemöglichkeiten sprunghaft. Zug, Auto, schließlich Flugzeug eröffneten eine neue Welt, und das betraf auch die Liebe und ihre Folgen. Der Bräutigam kann heute auch in Deutschland theoretisch immer noch aus der Schulklasse oder dem Nachbardorf kommen, aber das ist eher die Ausnahme. Immer häufiger stammt er aus einer fernen Stadt oder aus einem anderen Land, einem fremden Sprach- und Kulturkreis. Für junge Leute ist das kaum noch der Rede wert. Wer schon beim Schüleraustausch mindestens das europäische Ausland kennengelernt hat und in der Disco Menschen aus allen möglichen Ländern trifft, wird bei der Partnerwahl nicht plötzlich konservativ und sucht sich den netten Jungen von nebenan. Das Fremde lockt, wie wir wissen, und hat seinen eigenen Reiz. Zumal es anscheinend gar nicht so fremd ist. Beziehungen zwischen Menschen unterschiedlicher Herkunft sind ein Teil unserer Gesellschaft. Offene Grenzen innerhalb der EU, Urlaubs-, Arbeits- und Studienaufenthalte und die Anwesenheit von Migranten und Flüchtlingen lassen die Zahl der binationalen Ehen in Deutschland weiter steigen.

Binationale Beziehungen werden von der Gesellschaft nach wie vor in erster Linie als »Problempartnerschaften« gesehen – eine Haltung, die die Paare manchmal in die absurde Situation bringt, ihr Glück rechtfertigen zu sollen. Ob es um die Religion geht, Männer- und Frauenrollen, die Haltung der Verwandten oder die Erziehung der Kinder – überall sieht man in erster Linie die Probleme, die sich ergeben könnten.

Es lässt sich nicht leugnen, dass diese Entwicklung Eltern vor ganz spezielle Herausforderungen stellt. Sie, die grundsätzlich alle potenziellen Lebenspartner ihrer Kinder gerne auf Herz und Nieren prüfen würden, haben Schwierigkeiten, junge Männer und Frauen, die in anderen Familienverhältnissen und mit anderen Traditionen aufgewachsen sind, spontan einzuschätzen, und das macht ihnen Sorgen. Deshalb ist nicht selten die erste Reaktion eine Mahnung zur Vorsicht.

Natürlich kann es sein, dass Sie die junge Frau oder den jungen Mann spontan ausgesprochen sympathisch finden und sich glücklich schätzen, einen so reizenden Menschen in Ihrer Familie zu haben. Dann beglückwünschen Sie Ihren Sohn oder Ihre Tochter von Herzen und freuen Sie sich auf die kommenden Jahre. Sollten aber Ihre Bedenken hartnäckig wiederkehren oder Sie schon schlechte Erfahrungen mit interkulturellen Beziehungen in der Familie gemacht haben, ist es besonders wichtig, gelassen zu bleiben und keine vorschnellen Urteile abzugeben. Nur so bewahren Sie sich die Chance, überhaupt ein Gespräch mit Ihrem Kind über seine Entscheidung führen zu können – ohnehin in aufrichtigem Respekt vor dessen Eigenständigkeit.

Man muss nicht gleich von rassistischen Vorurteilen ausgehen, wenn Eltern ihre warnende Stimme erheben. Es ist das schwer einschätzbare Unbekannte, die Befürchtung, ihrer Fürsorgepflicht nicht zu genügen, die Sorge um das Kind und der Wunsch, es vor sich selbst zu schützen. Eltern fallen schnell zurück in die Haltung, die in der frühen Kindheit einen Sinn hatte, jetzt aber nicht mehr angemessen ist: »Meine Anja weiß noch nicht, was gut für sie ist. Sie kann nicht überblicken, worauf sie sich einlässt, wir müssen sie vor den Folgen ihrer Unbesonnenheit bewahren.«

Anjas Reaktion ist absehbar: Sie wird sich jede Einmischung verbitten und sich umso demonstrativer auf die Seite ihres neuen Freundes schlagen. Bewusste Provokation mag dabei hin und wieder auch mitspielen. Welche Tochter hat nicht ein klein wenig Freude, das verblüffte Gesicht ihrer Eltern zu sehen, wenn sie jemanden mitbringt, der aus dem Rahmen fällt – nach dem Motto: »Jetzt wollen wir doch mal sehen, wie weit es mit eurer weltoffenen Haltung wirklich her ist.« Ein Paradebeispiel aus den 1960er Jahren für dieses Verhalten ist der Film »Rat mal, wer zum Essen kommt«, in dem eine junge weiße Amerikanerin ihren liberalen, wohlsituierten Eltern ihren zukünftigen Verlobten, einen schwarzen Arzt vorstellt.

Das Unproduktivste, was Eltern dann tun können, ist der Versuchung nachgeben, Druck auszuüben. Geldzuwendungen kürzen, Unterstützung entziehen, vage Drohungen aussprechen, abschreckende Beispiele zitieren – all das sind Maßnahmen, die auf Angst und Hilflosigkeit zurückzuführen sind. So verständlich sie in vielen Fällen sein mögen, bewirken werden sie nur das Gegenteil. Sie führen genau zu dem, was doch vermieden werden soll – überstürzte Handlungen. Was alle, das junge Paar und ihre Familien, sich in einem solchen Fall gönnen sollten, ist Zeit.

Zeit ist in zweierlei Hinsicht von großer Bedeutung. Zum einen natürlich, um den anderen und dessen Umfeld möglichst gut kennenzulernen. Ermutigen Sie Ihr Kind, die Familie des Zukünftigen zu besuchen, wenn das möglich ist, laden Sie sie zum Essen ein, organisieren Sie gemeinsame Unternehmungen. Wenn die Familie zu weit weg lebt, dehnen Sie die Einladung auf die Freunde aus. Sie wollen wissen, ob Ihr Kind mit diesem Menschen glücklich werden könnte – dann schaffen Sie Situationen, in denen die Möglichkeit besteht, es herauszufinden. Versuchen Sie aber vor allem, die Person nicht nur als Vertreter seines Landes und seiner Kultur zu sehen, sondern als Individuum.

Zeit ist aber auch für Sie ganz persönlich ein wichtiger Faktor: Versuchen Sie herauszufinden, wo bei Ihnen der eigentliche Grund für die Ablehnung steckt. Ist es die Angst, was die Freunde und Bekannten sagen? Die Angst vor dem Stirnrunzeln der Nachbarn? Haben Sie im Freundeskreis von gescheiterten interkulturellen Beziehungen gehört? Ist es ein Gefühl von Bedrohung, weil etwas Unbekanntes so nahe rückt, in die eigene Familie hinein, den Hort des Vertrauten? Sind es Befürchtungen, das eigene Kind könnte dabei Schaden nehmen? Sind es vorweggenommene Bedenken, dass der Kontakt zur Schwiegerfamilie problematisch werden könnte? Befürchten Sie, die andere Familie könnte Ihr Kind vereinnahmen? Sehen Sie schon den Verlust der Enkelkinder vor sich, falls die junge Familie ins Ausland zieht?

Sie werden wahrscheinlich feststellen, dass viele Befürchtungen durch Berichte Dritter, sei es aus Ihrem Bekanntenkreis, sei es in den Medien, genährt werden. Bemühen Sie sich zu trennen, welche Bedenken tatsächlich mit der betreffenden Person zu tun haben und welche Probleme im Allgemeinen durch interkulturelle Beziehungen verursacht werden *können*. Richten sich Ihre Vorbehalte nicht gegen die Person, sondern haben grundsätzlich mit der Problematik binationaler Verbindungen zu tun, dann äußern Sie das unmissverständlich. Dadurch fühlt sich Ihr Kind und potenzielles Schwiegerkind viel weniger angegriffen und beide werden sich Ihre Sorgen mit offeneren Ohren anhören können.

Eines können Sie immer tun, das man Ihnen auch nicht übelnehmen wird: Bitten Sie Ihre Tochter (Frauen sind die potenziell gefährdeteren Ehepartner), vor einer Eheschließung bestimmte Punkte zu klären. Weisen Sie beispielsweise darauf hin, dass es Hilfestellungen für einen Ehevertrag gibt, in dem Punkte wie künftiger Wohnort, Berufstätigkeit der Frau, eventuelle Sorgerechtsregelungen bei Scheidung, das Recht zu Reisen aufgenommen werden können. Das dient nicht nur zu Ihrer Beruhigung, sondern ist für die Betroffenen sehr ratsam. Bieten Sie an, sich beim Verband binationaler Familien oder einer anderen Organisation nach den Rahmenbedingungen zu erkundigen. Weisen sie darauf hin, dass es sinnvoll sein könnte, sich bei Personen zu erkundigen, die schon in binationalen Beziehungen leben. Es wird der Zeitpunkt kommen, an dem es die junge Frau interessiert, welche Rechte sie hat. Zum Beispiel sollte sie wissen, dass es kein weltweit einheitliches Recht gibt, das die Angelegenheiten binationaler Paare regelt. Die einzelnen Länder wenden ihre eigenen Regelungen und Gesetze an. Daher ist der Lebensmittelpunkt der Ehe für die Rechtslage von Bedeutung. Und was passiert, wenn Kinder kommen? Es gibt keine international einheitlichen Regelungen zum Sorgerecht über Kinder, das heißt jedes Land hat seine eigenen Gesetze, die es anwenden wird, und zwischen den einzelnen Ländern kann es unterschiedliche Regelungen geben.

Erleben Sie tatsächlich, dass Ihr erwachsenes Kind in der Beziehung unglücklich ist, sagen Sie nicht »Ich habe es kommen sehen«, auch wenn Ihnen das auf der Zunge liegt. Das Ende einer Liebesbeziehung, an der man gegen alle Widerstände festgehalten hat, ist eine sehr schmerzliche Erfahrung. Wenn Sie jetzt ihren seelischen und praktischen Beistand nicht verweigern, wird Ihr Kind Ihnen das nie vergessen.

»Meine Mutter lebt seit zehn Jahren mit ihrem neuen griechischen Mann auf Patmos, und mir will sie Vorschriften machen, wen ich heiraten darf!«, empörte sich in einem Internet-Forum eine junge Frau, die einen Russlanddeutschen heiraten will. »Sie tut so, als wäre das wer weiß wie ungewöhnlich. Dabei ist es heutzutage doch völlig normal, wenn eine Deutsche einen Ausländer heiratet, der hier lebt.«

Die Statistik gibt der jungen Frau recht. Binationale Eheschließungen haben in den letzten 50 Jahren in Deutschland kontinuierlich zugenommen. Entsprechend stieg auch die Anzahl der Kinder, die aus diesen Partnerschaften hervorgingen. Insgesamt wurden in 2006 in der Bundesrepublik Deutschland 672.724 Kinder geboren; 12,3 Prozent dieser Kinder entstammen binationalen Verbindungen mit einem deutschen Elternteil. Die Tendenz ist steigend. Eltern tun sich keinen Gefallen, wenn sie die Entscheidung ihres Kinder für einen Partner aus einem anderen Land als die schlechtere Lösung betrachten, denn Menschen, die offen mit Andersartigkeit umgehen können, werden auch die darin liegende mögliche Bereicherung erkennen.

Auch die Bedenken, die Enkel könnten es einmal schwer haben, sind in den allermeisten Fällen nicht notwendig. Kinder aus binationalen Partnerschaften haben es in mancher Hinsicht sogar leichter als ihr ausländisches Elternteil. Sie sprechen fließend die Sprache des Landes, in dem sie leben. Aufwachsend zwischen zwei Kulturen, erfahren sie die Vielfalt als etwas Selbstverständliches und ziehen sich aus den verschiedenen Sprachen, Religionen und Traditionen das Beste heraus. Und schließlich ist es insgesamt wichtig, gegen negative Stereotypen, Einstellungen und diskriminierende Handlungen einzutreten – nicht zuletzt, weil sich aus ihnen zahlreiche negative Folgen für die Menschen ergeben, die von diesen Stereotypen, Vorurteilen und Diskriminierungen betroffen sind.

Warum gehört das Thema Homosexualität in ein Kapitel, das sich mit der Partnersuche beschäftigt? Sollte die sexuelle Orientierung der Kinder nicht offenkundig sein, bevor diese ausziehen und Liebesbeziehungen eingehen?

Das wäre wünschenswert, aber man kann es nicht voraussetzen. Studien besagen, dass nur 40 Prozent der Jugendlichen sich ihren Eltern anvertrauen; die anderen 60 Prozent vertuschen die Wahrheit, weil sie Angst haben, offen von ihrer Sexualität zu sprechen, solange sie im Elternhaus wohnen. Deshalb kommt das Thema oft erst zwischen Eltern und erwachsenen Kindern zur Sprache, und auch dann erst, wenn eine Situation eintritt, die als zu beklemmend erlebt wird, um sie noch länger auszuhalten. Das ist zum Beispiel der Fall, wenn es einen Menschen gibt, zu dem man sich öffentlich bekennen will. Vorher haben Söhne »Freundinnen«, die nicht mehr als gute Freundinnen sind, und leben ihre eigentlichen Beziehungen heimlich. Für Töchter ist es, wenn sie das wollen, noch leichter, ihre Liebesbeziehungen zu tarnen, weil Mädchen ohnehin viel zusammenstecken, auch mal über Nacht bleiben und das den Eltern nicht auffällt. Die Eltern ihrerseits nehmen oft nur das wahr, was ihnen passt, und biegen sich die eigene Wahrheit zurecht.

Das Internet ist eine ergiebige Quelle für Rat suchende Mütter und Väter, die sich mit anderen Betroffenen austauschen und dabei anonym bleiben möchten:

Wir wissen seit 14 Tagen »Bescheid«. Da wir auf dem Land wohnen und ich ebenso wie viele andere ein großes Bedürfnis an Austausch über meine Gefühle, Gedanken ... habe, wäre ein Kontakt zueinander vielleicht eine Möglichkeit? – Bei uns hat sich nach den ersten langen Gesprächen, schlaflosen Nächten und auch Tränen der erste Schock gesetzt. Das größte Problem für mich wird der erste Besuch des Freundes sein. Eigentlich will ich (noch?) nicht zusehen, wie mein 19-jähriger Junge hier mit einem anderen Jungen händchenhaltend und knutschend am Kaffeetisch sitzt. Aber es ist wohl die große Liebe, die ich meinem Jungen von Herzen gönne (warum ist es denn nur kein Mädchen!!?), und die beiden wohnen viel zu weit auseinander. So viel zu meiner reichlich konfusen Gefühlslage.

Vor allem Väter tun sich schwer, gelassen auf das Coming-out ihres Kindes zu reagieren, und weigern sich, das Gehörte an sich heranzulassen. Die Angst vor der Reaktion von Familie, Freunden und Bekannten ist wie eine dunkle Wolke am eben noch heiteren Himmel. Die eigene und die Zukunft des Kindes sehen plötzlich nicht mehr so rosig aus. Die Eltern machen sich Sorgen um die berufliche Laufbahn des Kindes; sie sehen, wie sich die eigenen Vorstellungen über eine Zukunft mit Enkelkindern und Schwiegertochter oder Schwiegersohn in Luft auflösen. Alles was sie sich einst für ihr Kind erträumt und erhofft hatten, scheint davonzuschwimmen. AIDS, bisher kaum mehr als ein Wort, wird zu einer schrecklichen Bedrohung.

Der Großteil dieser Ängste rührt aus Unwissenheit: Was wissen wir wirklich über das Leben von Homosexuellen, über ihre Schwierigkeiten in einer heterosexuellen Welt? Wir kennen ein paar Namen von Prominenten, die sich geoutet haben, aber es ist ein Unterschied, ob ein Klaus Wowereit oder eine Anne Will mit ihren Partnern über den roten Teppich spazieren oder ob unser homosexueller Sohn als Lehrer mit misstrauischen Eltern zurechtkommen muss und unsere Tochter mit ihrer Freundin zusammen ein Kind adoptieren will. Was wissen wir wirklich? Nicht viel, obwohl die Homosexuellen zwischen fünf (offiziell) und zehn (inoffiziell) Prozent der Bevölkerung stellen. In Deutschland sind das immerhin vier bis acht Millionen Menschen.

Wenn ein Schwuler »mein Mann« sagt oder eine lesbische Frau »meine Liebste«, klingt das im ersten Moment befremdlich. Unser Rollenverständnis gerät ins Wanken. In einer Paarbeziehung, so haben wir gelernt, kann es nur einen Mann geben. Wenn die Frau die Hosen anhat, stimmt etwas nicht. Und wenn zwei Männer die Hosen anhaben, kann erst recht etwas nicht in Ordnung sein. Oder?

Einige Fakten über Homosexualität können helfen, Ängste und Schuldgefühle aufzulösen: Die Liebe zu gleichgeschlechtlichen Partnern ist eine Veranlagung, mit der man geboren wird. Fangen Sie nicht an, darüber nachzugrübeln, was sie alles falsch gemacht haben in der Erziehung. Zermartern Sie sich nicht den Kopf, ob vielleicht der Vater gefehlt hat oder die Mutter zu übermächtig war. Es wird gelegentlich immer noch behauptet, Homosexualität sei »heilbar«, sprich krankhaft, und Homosexuelle könnten »umgedreht« werden. Gehen Sie davon aus, dass Ihr Kind nicht »geheilt« werden will, sondern hofft, dass es in seiner neuen Identität Ihre Liebe nicht verliert.

Die meisten Jugendlichen erkennen relativ früh, dass sie anders sind als die anderen, wissen aber oft nicht genau, was nun anders ist. Selbst wenn sie es wissen, dauert es in der Regel noch eine Weile, bis sie es tatsächlich aussprechen, und bei vielen noch länger, bis sie es anderen, vor allem den Eltern, mitteilen. Sie haben Angst davor, die Eltern zu verletzen, und sind unsicher über deren Reaktion.

Wie schwer es jungen Erwachsenen fällt, ihren Eltern reinen Wein einzuschenken, wird von diesen fast immer unterschätzt. Sie wissen zwar, dass ihnen die Eltern nichts mehr zu sagen haben, aber die Angst, sie zu enttäuschen und die Beziehung für immer zu schädigen, hält sie in einem belastenden Status quo fest. Bei schwulen Söhnen, lesbischen Töchtern und ihren Partnerschaften werden wir sehr stark mit den festgefügten Bildern in unseren Köpfen konfrontiert. Unsere Denkweise im Hinblick auf Geschlechterrollen hat eine bestimmte Struktur, und wir haben das starke Bedürfnis, diese Struktur zu behalten. Gibt es an einer Ecke eine Veränderung, hat das womöglich Auswirkungen auf das ganze Gefüge. Wir müssten anfangen, Fragen zu stellen, immer mehr Fragen und vielleicht alles neu ordnen. Was für eine Mühsal!

Wie sollten sich Mütter und Väter verhalten, wenn ihr Sohn ihnen den Freund vorstellt oder die Tochter die Freundin? Ein junger Mann, der seit seinem Coming-out von seinem Vater konsequent ignoriert wird, rät: »Am Wichtigsten ist es, Ihrem Kind zu versichern, dass es Ihr Kind ist und bleibt, egal ob schwul, lesbisch oder sonst was, und dass sie es deshalb nicht weniger lieben. Niemand erwartet, dass Sie Ihrem Kind vor Freude um den Hals fallen. Ihr Kind versteht, dass sie das erst mal verdauen müssen. Es hat sicher lange mit sich gekämpft, gerade weil es annimmt, dass Sie enttäuscht oder schockiert sein könnten.«

Heucheln Sie kein Verständnis. Jeder wird verstehen, wenn Sie zum Beispiel sagen: »Das kommt für mich sehr überraschend. Ich muss erst einmal darüber nachdenken. Lass uns morgen ausführlicher darüber sprechen.« Damit gewinnen Sie Zeit, sich selbst über Ihre Reaktion klarzuwerden oder mit einem guten Freund darüber zu sprechen.

Bei vier Kindern, die alle unterschiedlich sind, lernt man schon eine gewisse Toleranz. Aber eine lesbische Beziehung … ich bin damit zunächst einfach nicht zurechtgekommen. Viele Monate lang nicht … ich habe kaum geschlafen, viel geweint und sofort eine gewisse Distanz zu meiner Tochter aufgebaut. Auch die Geschwister reagierten ziemlich irritiert, wofür ich auch Verständnis habe. – Ich habe meine Tochter dann in ruhigen Minuten einfach um Zeit gebeten. Ich habe ihr gesagt, dass ich sie sehr liebhabe, aber mich niemals verstellen werde vor ihr. Ich kann nicht so tun, als sei für mich alles in Ordnung, wenn ich innerlich damit doch nicht klarkomme. Alles andere wäre doch nicht ehrlich. Mit den Monaten wurde es ruhiger in mir. Ich verlor die Angst vor diesem Thema und begann mich damit auseinandzusetzen. Jetzt bin ich schon so weit, dass ich nicht nur eine lesbische Beziehung sehe, sondern zwei Menschen, die total lieb sind. Und ich sehe meine Tochter, die offensichtlich glücklich ist. Ich denke, man muss bei dieser Sache wirklich beide Seiten sehen und auch versuchen zu verstehen. Und man muss vorsichtig miteinander umgehen, in Achtung. Nach vielen Gesprächen mit unserer Tochter haben wir gelernt, dass es viele

Wege zum Glück eines Menschen gibt. Im Nachhinein sind wir glücklich darüber, dass nun endlich Klarheit besteht. Es muss für unsere Tochter und sicherlich auch für andere junge Menschen in ähnlicher Situation eine schwere Zeit sein zwischen dem Erkennen und Akzeptieren ihrer Homosexualität und der Bereitschaft, sich dies gegenüber ihren Nächsten von der Seele zu reden.

Noch stärker als bei homosexuellen Männern ist bei lesbischen Frauen die Tendenz der Angehörigen, die sexuelle Orientierung der jungen Frau nicht ernst zu nehmen und von einer »Phase« zu sprechen. Gründe werden von Eltern wie Nichtverwandten in Erziehungsfehlern gesucht, in hormonellen Abweichungen und zum überwältigenden Teil in schlechten Erfahrungen mit Männern.[21] Trotzdem ist innerhalb der Familie die Offenheit relativ groß. 91 Prozent hatten die Geschwister informiert, 89 Prozent die Eltern.[22] Es spricht für den Mut der jungen Frauen, dass so viele von ihnen bereit sind, sich einer potenziell unangenehmen Situation zu stellen.

So können Eltern helfen[23]

- Verbergen Sie es nicht, wenn Sie überrascht sind, aber versichern Sie Ihrem erwachsenen Kind unbedingt, dass Sie es nach wie vor lieben, egal wo seine sexuellen Präferenzen liegen.
- Spielen Sie kein Theater. Heucheln Sie kein Verständnis, das Sie nicht aufbringen können. Erklären Sie ehrlich, dass Sie die Neuigkeit erst »verdauen« müssen.
- Suchen Sie den Kontakt zu anderen Eltern, tauschen Sie sich aus.
- Seien Sie geduldig und stellen Sie in Gesprächen nicht Ihre eigenen Fragen in den Vordergrund, sondern die Lebenssituation Ihres Kindes.
- Junge Frauen reagieren sensibler auf das Thema Kinder als Männer. Gehen Sie vorsichtig damit um, wenn das Gespräch darauf kommt.
- Wenn sich herumspricht, dass jemand in Familie, Nachbarschaft oder Freundeskreis homosexuell ist, wird unweigerlich getratscht. Klatsch begegnet man am Besten mit Offenheit und

Wahrheit. Wenn Sie mitbekommen, dass in der Familie oder bei Freunden, Bekannten und Nachbarn getratscht wird, schweigen Sie nicht, sondern gehen Sie in die Offensive. Fragen Sie, worum genau es geht, woher die Informationen stammen, die die Klatschtanten besitzen, und versuchen Sie, das Thema sachlich anzugehen. Machen Sie unmissverständlich klar, dass sich an dem Verhältnis zwischen Ihnen und Ihrem Sohn oder Ihrer Tochter durch deren Homosexualität nichts geändert hat. Das bedeutet allerdings nicht, dass die Eltern aller Welt mitteilen sollen, dass das Kind homosexuell ist. Es ist allein Sache des Betroffenen, wen er ins Vertrauen ziehen will und wen nicht. Wenn Sie sich nicht sicher sind, wem er oder sie es gesagt hat, fragen Sie.

Kapitel 4

Wenn die Kinder eigene Kinder bekommen

Alles noch einmal von vorne, aber anders

»Beim Großelternwerden steht das Überraschtwerden im Vordergrund. Viele zukünftige Großeltern wähnten sich meilenweit von diesem neuen Lebensabschnitt entfernt. Doch nun steht die Frage im Raum: ›Ist es wirklich schon so weit?‹«, beschreibt die Pädagogin und Autorin Gertrud Ennulat diesen Zustand.[24] Keiner hat gefragt, ob man Großvater oder Großmutter werden will; obwohl der Generationensprung etwas ganz Natürliches ist, fühlen wir uns nicht unbedingt gut darauf vorbereitet.

Auch die Jungen, fährt Ennulat fort, spüren, dass sich etwas grundlegend verändert hat. Sie fühlen sich einerseits »erwachsener«, andererseits bleiben sie Kinder ihrer eigenen Eltern. Nach einer Phase, in der die Lebensbereiche von Eltern und Kindern eher nebeneinander existiert haben, rückt die Familie wieder enger zusammen. Solange man sich nur hin und wieder besucht und ansonsten seiner Wege geht, sind die Reibungsflächen gering. Mit einem Enkelkind ergibt sich eine neue Verbindung, die die Beziehung stärken kann, aber unter Umständen auch alte Muster zum Vorschein bringt und alte Wunden aufreißt. Allein durch ihr Vorhandensein erlauben, legitimieren oder erzwingen Kinder eine Wiederannäherung. »Dem Kind zuliebe« bemühen sich Großeltern und Eltern, ihre Familienbindung neu zu beleben.

Durch die Geburt des ersten Kindes ändert sich das Leben seiner Eltern radikal. Dass dies so ist, wissen wir noch aus eigener Erfahrung. Doch auch für die Eltern der Eltern bedeutet die Geburt eines Enkels einen tiefen Einschnitt. Sie rücken eine Generation auf, was bei aller Freude über den Familienzuwachs auch Erschrecken auslösen kann, denn »Großvater« und »Großmutter« klingt so ganz anders als »Vater« und »Mutter« und weckt andere Assoziationen. Die »modernen« Großeltern sind noch eine relativ neue Erscheinung und in unserem Gedächtnis jedenfalls nicht verankert. Schwarz gekleidete Frauen mit grauen Haaren, gebeugte Männer am Stock, so sieht das Märchenbild aus und so oder ähnlich haben viele von uns ihre Großeltern noch erlebt.

Kommt eine dritte Generation ins Spiel, steht ein Rollenwechsel an, der zu einigen Irritationen führen kann. Das betrifft vor allem Mütter und Töchter, denn wenn eine Frau ihr erstes Baby bekommt, passiert zweierlei: Sie kann sich besser in ihre eigene Mutter hineinversetzen und sieht manches jetzt anders, gleichzeitig muss sie sich mit einer ausgewiesenen Expertin für Kindererziehung herumschlagen. Sie fühlt sich bei geringfügigen Anlässen wieder in die Rolle der Unmündigen gedrängt. Der Erfahrungsvorsprung der Mutter, von dem sie profitieren könnte, ist auch eine Bedrohung. Beim Widerstand gegen mütterliche Ratschläge schießt sie gerne mal übers Ziel hinaus. Nicht jeder freundliche Hinweis der Großmutter ist als Affront gemeint, aber dass fürsorgliche Liebe dahinterstecken könnte und nicht Bevormundung, erkennen erwachsene Kinder nicht so leicht. Bis sich etwas mehr Gelassenheit einstellt, kann Zeit vergehen, und in dieser ersten Phase hilft vonseiten der Großmutter nur eines: sich zurücknehmen. »Die frischgebackene Großmutter sollte am besten nur auf Anfrage reagieren und sich nicht aufdrängen«, rät die Entwicklungspsychologin Christiane Papastefanou. »Nicht nur, weil sich Erziehungsvorstellungen ändern, sondern auch, weil jede Mutter das Recht hat, eigene Erfahrungen zu sammeln.«

Auch heute begeben sich Frauen mit der Geburt eines Enkelkindes gerne noch in die Rolle, die Großmüttern über Jahrhunderte zugeschrieben wurde – sie bieten sich als Babysitter an, fungieren zusammen mit den Großvätern als Ersatzeltern, helfen im Haushalt und unterstützen die junge Familie mit Rat und Tat. Seit sie nicht mehr in die Rolle der steifen Autoritätspersonen gezwängt sind, genießen sie und ihre Männer es, liebevoll und ohne Zwang mit den Enkeln zusammenzusein. Sie sind geduldig, zärtlich und lassen auch mal fünf gerade sein. Das sind gute Voraussetzungen für eine schöne, entspannte und vertrauensvolle Beziehung, die sich auch in den meisten Fällen einstellt. Dass sich Großeltern und Enkel heillos zerstreiten, hört man selten. Viel häufiger kommt es vor, dass sie über viele Jahre – bei der heutigen Langlebigkeit ist das möglich – eine liebevolle Beziehung voll gegenseitiger Anteilnahme pflegen und nichts auf den anderen kommen lassen, schon gar nicht vonseiten der mittleren Generation, die mit beiden ihre Kämpfe auszufechten hat. Diese aber kann man nicht einfach aussparen. Sie ist in vieler Hinsicht »in der Mitte«, altersmäßig, von der Lebenserfahrung her, von ihren Ansichten und Wünschen, und sie fühlt sich manchmal auch so »zwischendrin«, wie zerrieben zwischen der Kindrolle und der Elternrolle, denn beide verlangen ihr etwas ab. Sie neigt dazu, den Umgang zwischen ihren Eltern und ihren Kindern steuern zu wollen. Manche junge Eltern halten ihre Kinder zu Kontakt an, andere erschweren ihn bewusst. Sie erwarten oder hoffen, dass ihnen die Großeltern als Helfer, Betreuer oder Babysitter zur Verfügung stehen, sich aber nicht in ihr Familienleben und ihre Kindererziehung einmischen. Studien haben gezeigt, dass sich Großeltern weitgehend an diese Vorgaben halten und den Kontakt mit den Enkeln so gestalten, wie ihn sich die mittlere Generation wünscht.[25]

Der Moment, in dem Frauen ein Kind bekommen, ist entscheidend für die Beziehung zu ihren eigenen Müttern – darin sind sich Soziologen und Psychologen einig. Auf jeden Fall wird die Beziehung fast immer wieder intensiver, so hat Heike Buhl, Psychologin an der Universität Jena, festgestellt: »Frauen, die ein Baby bekommen, erfahren von ihren Müttern in der Regel sehr viel Unterstützung, sowohl in emotionaler als auch in praktischer Hinsicht.« Das bestätigt auch die Psychologin Christiane Papastefanou. »Zwischen den beiden kommt es idealerweise zu einem tieferen Verständnis, weil die Tochter mit der Mutter die eigene Rolle teilt. Dadurch kann sie vieles besser nachvollziehen, etwa Sorgen und Ängste um ein Kind, von denen sie früher genervt war.«

Für Mütter, die mit ihren erwachsenen Töchtern zermürbende Ablösungskämpfe ausgefochten haben, ist das ein tröstlicher Gedanke, den die Realität immer wieder bestätigt. Ein Enkelkind hat etwas Verbindendes, daran besteht kein Zweifel. Zwar wird die erste Zeit unweigerlich auch Spannungen bereithalten, denn das bringt die neue Rollenverteilung mit sich. Aber gemeinsam mit dem Kleinkind wächst das Selbstvertrauen der Mutter und damit die Gelassenheit. Die Konkurrenz zwischen der älteren und der jüngeren Expertin wird schwächer, je mehr Erfahrungen die junge Mutter macht. Spätestens nach ein paar Jahren haben sich erfahrungsgemäß die Wogen geglättet.

Auch gegenüber einem als fern und streng erlebten Vater wächst das Verständnis, wenn die Tochter erlebt, wie schwer es ist, ein Kind zu erziehen, und wie schwer die Verantwortung für eine Familie manchmal drückt:

An meinen Vater annähern konnte ich mich erst vor zehn Jahren. Vorher nicht, da war ich noch nicht reif genug, das zu kapieren. Erst als ich selbst ein Kind hatte, habe ich kapiert, warum viele Sachen verboten waren oder warum er strenger war. Erst durch Jenny konnte ich kapieren, was wirklich Sorgen sind. Vorher hat man die ja nicht. Das ist ja alles nichts vorher … Er hat sich viel gesorgt früher, das habe ich nicht so gemerkt oder so verstanden. Da war er nur unnahbar. Heute versteh ich besser, dass ihn die Verantwortung für die Familie so ernst und so verbissen gemacht hat.

Die »kleine Tochter« hat selbst ein Kind geboren und ihre eigene Familie gegründet. Sie stellt sich Fragen zur Erziehung ihrer eigenen Kinder und erinnert sich an die Erziehung, die sie selbst genossen hat. Während sie sich ihre eigene Zukunft aufbaut, macht sie sich gleichzeitig auf die Suche nach der Vergangenheit und beginnt, ihre eigene Kindheit mit anderen Augen zu sehen. Dabei betrachtet sie nun, da sie selbst Mutter ist, die Schwierigkeit des Elternseins mit mehr Einsicht und Objektivität. Es kann auch vorkommen, dass die Tochter unbewusst die beiden Vatermodelle, die sie kennt, miteinander vergleicht: ihren Vater und ihren Partner. Der frisch gebackene Großvater genießt seinerseits die zärtliche Beziehung und die Erwachsenengespräche mit seiner Tochter. Oft nutzen die im Lauf der Zeit entfremdeten Väter diese Gelegenheit zu einer Art Comeback und versuchen sich ihren Kindern wieder anzunähern, indem sie sich ausgiebig um ihre Enkel kümmern. Diese Tendenz tritt umso verstärkter auf, wenn der Vater in der Kindheit seiner eigenen Tochter nicht sehr präsent war und sich deswegen schuldig fühlt: Er hat den Wunsch, etwas wiedergutzumachen, und widmet sich den Enkeln besonders hingebungsvoll.

Die Tochter ihrerseits sieht, dass der Vater weniger aktiv und schneller erschöpft ist. Allmählich regt sich in ihr die Angst, ihn irgendwann ganz zu verlieren, und sie versucht daraufhin, sich dem Vater wieder anzunähern, um die verbleibende Zeit so gut wie möglich zu nutzen. Eine lockere und möglicherweise distanzierte Beziehung wird auf ihr Betreiben hin wieder gefestigt.

Zudem rückt meist die Familie im Ganzen wieder enger zusammen, wenn ein Kind geboren wird. »Sind vorher die Erwachsenen ihrer eigenen Wege gegangen«, schreibt die Journalistin Ingrid Leifgen, »so bekommt Familie jetzt wieder eine größere Bedeutung. Ein Baby macht den Sinn des ›Clans‹ wieder augenfällig. Das bisherige Gefüge gerät also in Bewegung, die Rollen werden neu besetzt und alle Beteiligten müssen eine andere Position finden.«

In diesem Moment liegt eine große Chance. Dadurch, dass ein Gefüge vorübergehend ins Wanken gerät, entsteht die Möglichkeit, sich probeweise einmal anders zueinander zu verhalten und alte Missverständnisse auszuräumen. Das ist für alle Beteiligten ein Wagnis, aber sie können viel dabei gewinnen, sich persönlich weiterentwickeln und ein Stück erwachsener werden – unabhängig von ihrem Alter.

Das Glück, nicht erziehen zu müssen

Betrachtet man den Umgang der Generationen, dann scheint der zwischen Großeltern und Enkeln am meisten entspannt zu sein. Großeltern übernehmen häufig die Betreuung der Enkelkinder, um den jungen Eltern Freiräume für Beruf und Freizeit zu ermöglichen. Die Zeit mit den Enkelkindern wird dabei oft als sehr bereichernd empfunden. Ohne beruflichen und finanziellen Stress können Großeltern in der Zeit mit ihren Enkelkindern vieles nachholen, was sie mit den eigenen Kindern verpasst haben. Sie *müssen* sich nicht kümmern. Ihr »Dienst« beruht auf Freiwilligkeit und dem Wunsch, mit den Enkelkindern eine schöne Zeit zu verbringen. Das wollen sich die heutigen Großeltern nicht nehmen lassen:

> *Die Großeltern spielen eine Rolle im Leben der Enkel – die können Verwöhn-Großeltern sein, die können Vorlesen-Großeltern sein. Ich fand das so schön: Eine Kollegin meines Mannes, die haben einen Enkel, nur einen einzigen – von allen Seiten wird dieses Kind mit Spielzeug überhäuft. Da haben die gesagt: So machen wir das nicht. Es ist zwar unser einziger Enkel, aber wir machen Folgendes. Er kriegt auch ein Sparbuch, da haben wir*

zur Taufe eingezahlt und zu den Geburtstagen immer wieder, aber wir schenken ihm Zeit. Und das tun sie. Sie haben einen Geschäftshaushalt und der Mann ist schon vorzeitig in Ruhestand, der holt seinen Enkel ab und entlastet die Schwiegertochter, und dann kümmert er sich um ihn. Nicht täglich, aber er macht es. Ihrem Enkelkind schenken sie Zeit. Das würde ich auch gerne tun. Ich würde meinem Enkelkind gerne Zeit schenken. Zum Vorlesen, zum Spazierengehen, irgendwas machen.

Ein sehr sinnvoller Gedanke, denn Zeit ist genau das, was die Großeltern den Eltern voraushaben, zumal wenn die Enkel älter sind und die Großeltern nicht mehr so stark in den Arbeitsprozess eingebunden. Zudem hat sich die durchschnittliche gemeinsame Lebenszeit von Großeltern und Enkeln in den letzten Jahrzehnten deutlich verlängert. Das ist vor allem auf eine höhere Lebenserwartung zurückzuführen. Vor 1950 hatte die Mehrheit der 10-Jährigen keine lebenden Großeltern mehr, Anfang der 1990er Jahre hatten dagegen über 80 Prozent der 10- bis 14-Jährigen noch Großeltern.

Auch wenn Großeltern noch berufstätig sind, gibt es einen entscheidenden Vorteil: Sie müssen nicht dafür sorgen, dass die Enkel »funktionieren«. Sie müssen sich weder um Schulbesuch noch um Förderung kümmern, haben nicht 24 Stunden am Tag die Verantwortung. Das bedeutet, sie können die Erziehung der Eltern ergänzen, statt ihr Konkurrenz zu machen – was die potenziellen Reibungsflächen um Erziehungsfragen erheblich verringert. Bei Enkeln ist genau das beliebt, was die Eltern in ihrer Mehrfachbelastung nicht immer geben können – Zeit. Enkel lieben es, wenn Sie nicht auf die Uhr schauen und keine dringenden Termine haben. Es müssen nicht immer große Unternehmungen sein; oft reicht es, zu Hause oder im Garten zu sein, zu spielen, zu kochen, mit dem Opa zu basteln oder mit der Oma einkaufen zu gehen. Ein ausgeklügeltes Programm ist überhaupt nicht nötig.

Junge Erwachsene erleben einen harten Konkurrenzkampf und extreme Anforderungen an ihre Flexibilität. Die Wochenenden, insbesondere die Samstage, verlieren als verlässliche Familienzeit ihre Bedeutung, sie werden für immer mehr Erwerbstätige zu normalen Arbeitstagen. Inzwischen geht der Trend eindeutig in Richtung Sonntagsfamilie. Gemeinsame Zeit muss deshalb heutzutage oft erst gefunden, ja geplant werden. Die Planung von gemeinsamen Aktivitäten, das gemeinsame Abendessen oder das Vorlesen der Gute-Nacht-Geschichte steht häufig unter der Prämisse »falls nichts dazwischenkommt«. Von Zeitknappheit aufgrund langer Arbeitszeiten sind in Deutschland vor allem Paarhaushalte betroffen, in denen beide Eltern vollzeiterwerbstätig sind. Ihre Arbeitseinsätze sind häufig sehr kurzfristig, ohne feste Rhythmen, die Arbeitszeiten unterscheiden sich manchmal von Tag zu Tag. Dies führt zu einer Zerstückelung des Familienalltags. Familienleben muss oft gleichsam »auf Knopfdruck« stattfinden, wenn gerade Zeit dafür ist. Die häufig spontan entstehende freie Zeit kann jedoch nicht immer genutzt werden, nicht alle haben zur gleichen Zeit die gleichen Bedürfnisse und den gleichen Wunsch nach Gemeinsamkeit. Wenn die Eltern einmal überraschend Zeit haben, sind die Kinder schon mit ihren Freunden verabredet. Eltern sind enttäuscht, dass ihre Kinder auch schon verplant sind und nicht die kostbare gemeinsame Zeit nur mit ihnen verbringen wollen. Kinder warten und hoffen oft vergeblich auf den lange versprochenen Ausflug oder den Spielnachmittag.

Junge Eltern wollen verantwortungsbewusst erziehen und gehen davon aus, dass sich der Druck in Zukunft eher erhöhen als verringern wird. Sie bereiten ihre Kinder auf solche Verhältnisse vor. Das müssen Großeltern nicht. Sie können auf die spontanen Einfälle von Kindern eingehen, trösten, wenn es Probleme gibt, einfach nur da sein und zuhören, sich ganz auf die Kinder einlassen. Sie fördern die Entwicklung der Enkel, indem sie sich an den altersgemäßen Bedürfnissen der Kinder orientieren. Das, was sie selbst gern tun, kommt gut an – so lautet die Richtschnur. Das kann alles Mögliche sein:

- ☐ Viel Zeit draußen verbringen.
- ☐ Gesellschaftsspiele ausprobieren.
- ☐ Geschichten vorlesen und erzählen.
- ☐ Aus dem eigenen Leben erzählen.
- ☐ An den eigenen Hobbys teilnehmen lassen.
- ☐ An der Hausarbeit beteiligen.
- ☐ Gemeinsam Fernsehsendungen anschauen und besprechen.
- ☐ Die Enkel bei sich übernachten lassen.
- ☐ Für die Enkel und mit den Enkeln kochen.
- ☐ Tagesausflüge oder Wanderungen unternehmen.

- □ Zusammen einkaufen gehen.
- □ Den Enkeln bei den Hausaufgaben helfen.

Doch nicht nur die gemeinsame Zeitspanne ist für Enkel von Bedeutung, sondern auch das Leben von Opa und Oma vor ihrer Existenz. Die Großeltern sind mit anderen alten Menschen diejenigen Mitglieder der Familie, die am längsten gelebt haben und den größten Zeitraum überblicken. Sie sind ein Bindeglied zwischen Vergangenheit und Gegenwart. Ihre Kenntnis der Familiengeschichte kann zum Einstieg in das geschichtliche Bewusstsein überhaupt werden. Durch ihr Erzählen vermitteln sie, wie viele Veränderungen und Entwicklungen im Lauf eines Lebens stattfinden. Kinder, die vielleicht allein mit einem Elternteil aufwachsen, erfahren, dass sie Teil eines größeren Ganzen sind, einer Familie, die – so klein sie aktuell auch sein mag – viele Verzweigungen hat. Großeltern können gerade Jugendlichen eine Ruhe und Sicherheit vermitteln, die sie in den unübersichtlichen äußeren und inneren Umwälzungen dringend als Gegengewicht brauchen.

> *Meine Großmutter mütterlicherseits war mir sehr nahe. Sie hat in mir auch sehr oft eine Wiederholung ihrer Tochter gesehen. Auch jetzt, nachdem sie vier Jahre tot ist, denke ich beinahe jeden Tag an sie. Die andere Großmutter lebt immer noch und ist fast 100 Jahre alt. Ihre Lebensgeschichte ist unglaublich und sie ist immer noch sehr klar im Kopf. Aber ich hatte nie ein extrem inniges Verhältnis zu ihr, ich mochte sie immer, sie war immer auch lustig und lieb und kugelrund. Aber mit Mamis Mutter verband mich immer ein Gefühl der Liebe.* Angela, 38 Jahre

Die Ähnlichkeiten innerhalb der Familie macht es Kindern leicht, Großeltern als Betreuer oder stellvertretende Eltern zu akzeptieren. Das Kind erlebt die Großeltern als fürsorglicher, auch als verwöhnender und unbeschwerter. Das, was die Beziehung zu den Eltern zeitweise so spannungsgeladen macht – enttäuschte Hoffnungen, Streit, Zorn, mangelnde Zeit– ist bei Großeltern, wenn überhaupt vorhanden, auf ein Mindestmaß reduziert. Die Großeltern sind, im Gegenteil, mächtige Verbündete, denn sie sind sogar den Eltern an Lebenserfahrung überlegen. Besonders für Einzelkinder sind Oma und Opa eine wertvolle Stütze. Bei Auseinandersetzungen mit den Eltern stehen sie nicht ganz alleine, sie können sich an Menschen halten, die unzweifelhaft zu ihnen gehören und ihnen ganz selbstverständlich Rückhalt geben.

Wer selbst schöne Erlebnisse mit den Großeltern hatte, verspürt den Wunsch, den eigenen Enkeln solche Erfahrungen auch zu bieten:

> *Ja, ich würde mich freuen, wenn ich Enkel noch erlebe. Ich habe selbst so gute Erinnerungen, obwohl unsere Großeltern in unseren Augen alt waren. Das ist ja heute nicht mehr so. Heute gibt es ja sehr, sehr junge Großeltern, die noch Gott weiß was mit ihren Enkeln machen und tun.*

Es ist wichtig für Kinder, weitere Bezugspersonen neben den Eltern zu haben. Der Kreis sollte sich stetig erweitern, von Mutter und Vater weiter zu Verwandten, Nachbarn, Betreuern, Lehrerinnen, Vorbildern, Gleichaltrigen. Schritt für Schritt erobern sie sich ihre Unabhängigkeit, erst von Person zu Person, dann von der Familie zu der größeren Gemeinschaft. »Großeltern (sind) wegen ihrer Vertrautheit mit dem Kind und der dennoch spürbaren Verschiedenheit von den Eltern in besonderer Weise geeignet, die Kinder vor die Aufgabe zu stellen, ihre ersten sozialen Fähigkeiten unter leicht veränderten Bedingungen anzuwenden«, schreibt der Soziologe und Pädagoge Lothar Krappmann.[26]

Auch aus Sicht der Enkel wird das Verhältnis zu den Großeltern positiv erlebt. Zwischen 80 und 90 Prozent der befragten Enkel in einer Studie von 2006 beschreiben ihre Großeltern als liebevoll, großzügig und gesellig. Die Enkel wissen zu schätzen, dass die Großeltern verlässlich sind und, wenn nötig, viel Zeit für sie haben. Sie gehören neben den Eltern und den Geschwistern zum engsten Kreis. Großeltern und Enkel können sich gegenseitig viel Zuversicht geben. Das spüren sie auch, und deshalb kommt es oft zu einer Art Schulterschluss. Damit das Verhältnis zu der mittleren Generation nicht darunter leidet, sollten sie ihr Bündnis nicht allzu demonstrativ auskosten. Etwas Geheimniskrämerei und Solidarität »gegen die Alten« schadet nichts, aber die Eltern sollten nicht das Gefühl bekommen, dass sie allein die Last tragen und den gesamten Stress haben, während sich ihre Eltern die Rosinen herauspicken.

Die Beziehungen zwischen Großeltern und Enkeln weisen eine große Vielfalt auf. Es gibt verschiedene Beziehungstypen, von einem nahen, aber in Fragen der Erziehung zurückhaltenden Verhältnis bis zu einer elternähnlichen Nähe und Verantwortung. Die meisten Großeltern warten ab, bis die Situation eingetreten ist. Eine Beziehung wird sich dann schon ergeben. Das ist sicher richtig, aber ist es die, die sie sich auch wirklich wünschen? Was für ein Typ Oma oder Opa Sie sind oder einmal sein werden, ist vielleicht für Sie keine vorrangige Frage. Trotzdem könnte es sich lohnen, in einer ruhigen Minute zu überlegen, wer Sie gerne für die Enkel wären und welche Hintergründe Ihr Bild von guten Großeltern hat.

Die Fragen könnten lauten:

- ☐ Wie viel Zeit bin ich bereit zu investieren?
- ☐ Was sind meine Motive?
- ☐ Brauche ich eine Aufgabe, will ich mich gebraucht fühlen?
- ☐ Traue ich den Eltern zu, die Kinder richtig zu erziehen?
- ☐ Glaube ich, dass die Eltern zu streng oder zu nachgiebig sind oder sein werden?
- ☐ Habe ich das Gefühl, etwas gutmachen zu müssen?
- ☐ Will ich die Berufstätigkeit meiner Tochter unterstützen?
- ☐ Weiß ich noch gut, wie überlastet ich mich mit kleinen Kindern gefühlt habe?
- ☐ Ist mir der Körperkontakt zu den Enkeln wichtig?
- ☐ Genieße ich die Spontaneität und die Lebhaftigkeit der Enkel?
- ☐ Will ich einen Ausgleich zur Erziehung der Eltern schaffen?
- ☐ Fühle ich mich den Anforderungen an meine physische und psychische Kraft gewachsen?
- ☐ Will ich eigene Werte und Anschauungen weitergeben?
- ☐ Wo sind meine Grundüberzeugungen berührt? Worin bestehen sie überhaupt?
- ☐ Was ist mir bei meinen Enkeln so wichtig, dass ich notfalls Konflikte mit meinen Kindern riskiere?
- ☐ Gibt es Verhaltensweisen der Eltern, bei denen ich auf keinen Fall zusehen will?
- ☐ Wo würde ich eingreifen, weil ich befürchte, dass den Kindern bleibender Schaden zugefügt wird?
- ☐ Wie weit geht meine Verantwortung, wenn ich das Enkelkind betreue?
- ☐ Wo könnte ich eventuell Kompromisse machen, damit ein gutes Verhältnis zu meinen Kindern erhalten bleibt?

- ☐ Wie kann ich mehr Vertrauen in die Fähigkeit der jungen Eltern entwickeln?
- ☐ Wie kann ich selbst gelassener werden und mich nicht in unnötige Ängste verrennen?

Noch lange nicht auf der Ofenbank

Ein Großteil der Kinder in unserem Land erlebt seine Großeltern im Alltag. Meist ist anfangs die Großmutter mütterlicherseits gefragt, sie wird von der Tochter als Ratgeberin herangezogen. Sie hält sich in der Erziehung zurück – oder bemüht sich bewusst um Zurückhaltung, auch wenn es ihr schwerfällt. Großeltern lassen sich lieber immer wieder im Einzelfall um genau umschriebene Leistungen bitten, als sich Einmischung vorwerfen zu lassen. Im Ganzen üben Großeltern eher einen indirekten Einfluss aus. Sie werden nicht als Autoritätspersonen wahrgenommen, sondern als vertraute Gesprächspartner.

Am weitesten verbreitet sind drei Bereiche: Kinderhüten, Beschäftigungen wie Spielen und Vorlesen und spontane Besuche. Telefonische und elektronische Kontakte mit Großeltern sind seltener als persönliche Kontakte. Aber auch Handy, SMS und E-Mail sind bei älteren Enkeln sehr beliebt. Sie haben den großen Vorteil, dass die Kontakte von den Eltern nicht kontrolliert werden können und die Großeltern auf der ganzen Welt erreichen. Christian, der vor zwei Jahren mit dem Studium angefangen hat, hält zu seinen Eltern Distanz und kommuniziert lieber mit seiner Oma:

> *Wenn ich mit meinen Freunden länger unterwegs bin, in den Semesterferien zum Beispiel, schreibe ich als erstes meiner Oma eine Mail. Sie freut sich wahnsinnig darüber, das weiß ich, aber sie drängt mich nicht so wie meine Mutter, dass ich mich unbedingt melden muss. Irgendwie mach ich es dann gerade nicht, wenn mich jemand nervt. Meine Oma interessiert sich für alles, was ich mache, und weiß ziemlich genau Bescheid über mich. Sie gibt keine blöden Kommentare ab und fragt nicht »Muss das sein?«, macht höchstens mal eine witzige Bemerkung, wenn sie was nicht gut findet. Sie ist auch schon viel rumgekommen, das merkt man ihr an.*

In Zeiten der Entfremdung zwischen der mittleren und der jungen Generation können Großeltern eine Brücke bilden, denn die Enkel fühlen sich ihnen auch dann emotional stark verbunden, wenn sie nicht ständig in Verbindung sind.

Gemeinsam ist Eltern und Großeltern, dass sie den Kindern als Erwachsene gegenüberstehen und ihnen gegenüber bestimmte Verpflichtungen haben. Sie müssen klären, wie sie ihre Betreuerfunktion unter sich aufteilen. Kommen sie zu einem guten Arrangement, ist das eine wesentliche Erleichterung des Alltagslebens und eine bedeutende emotionale Bereicherung. Großeltern können den Einfluss der Eltern unterstützen oder ihm entgegenwirken, können Streitsituationen entspannen und ausgleichend wirken.

Heute sind Großeltern relativ jung und beweglich, unternehmungslustig und mobil. Das kommt ihnen zugute, weil sie noch viel mit den Enkeln anstellen können. Nur haben sie eigentlich ja auch noch andere Pläne. Doch fast jeder fünfte Deutsche zwischen 40 und 85 betreut regelmäßig seine Enkelkinder. Dabei sind Omas deutlich engagierter als Großväter. Der Zeitaufwand liegt durchschnittlich bei 35 Stunden pro Monat. Und finanziell lassen sich die Opas und Opas auch nicht lumpen.

Dass sich ein Paar nach der Pensionierung den letzten gemeinsamen Lebensabschnitt nicht ohne Weiteres für die Enkelbetreuung verplanen lassen will, wird im Allgemeinen akzeptiert. Viele Großeltern stehen zudem noch voll im Berufs- und Arbeitsprozess und brauchen ihre Freizeit zur eigenen Erholung. Für andere ist es gar keine Frage, dass sie regelmäßig Enkel hüten, sie von Kindergarten und Schule abholen, für sie kochen und zeitweise Elternaufgaben übernehmen. Die Bandbreite der Verhaltensweise und Anschauungen, die man antrifft, ist riesig. An einem Ende der Skala liegt die Erziehung durch die Eltern allein, während die Großeltern nicht vorhanden oder verfügbar sind, am anderen Ende die vollständige Betreuung durch die Großeltern, während die Eltern nicht vorhanden oder verfügbar sind. Dazwischen finden sich verschiedene Grade von Zusammenarbeit und Ergänzung, aber auch Rivalität und Streit.

Ein immer wieder gerne zitiertes Phänomen sind die »neuen Großmütter«, die ihre Rolle deutlich anders definieren als frühere Generationen. Sie weisen in Gesprächen immer wieder darauf hin, dass es für sie ein Dilemma ist, wenn ihre neu gewonnene

Freiheit, die sie nach der Familienphase als Bereicherung erleben, durch die erneute Übernahme mütterlicher Aufgaben bei den Enkeln wieder eingeschränkt werden soll. Sie verabschieden sich von traditionellen Großmutterbildern und suchen eine eigene Identität, die zu ihrer Identität als eigenständige aktive, vitale Frau in der Lebensmitte passt. Aber manche haben das Gefühl, dass sie ihr Freiheitsstreben erklären oder gar rechtfertigen müssen:

> *Meine Mutter hat das Omasein zu ihrem Lebensinhalt gemacht. Als Kleinkind wollte meine Tochter in den Ferien immer zur Oma gehen und konnte sich da verwöhnen lassen, machen, was sie wollte. Die Oma war immer für sie da. Als sie 13 war und kein Interesse mehr hatte, zur Oma zu fahren, ist die Oma dann auch gestorben. So eine Oma wäre ich nicht. Ich bin ja selbst berufstätig, ich habe einen vollen Tag, das wäre gar nicht drin. Selbst wenn ich wollte. Nein. So sehe ich mich nicht. Klar würde ich ein Enkelkind nehmen, damit sie ausgehen können, aber ich würde eher auch gucken, was sie wirklich brauchen. Eher in dem Sinn, dass ich meiner Tochter unter die Arme greifen wollte. Das Enkelkind hüten, ja, schon, aber vor allem das Elternpaar unterstützen.* Yvonne, 58 Jahre, eine Tochter

> *Ich hoffe, wir werden bald mal Großeltern sein. Es ist nichts in Sicht, aber so langsam denke ich, das könnte passieren, und da freue ich mich sehr drauf. Aber ich werde sicherlich keine Großmutter sein, der man immer und ewig die Enkelkinder aufdrücken kann, ganz bestimmt nicht. Dafür liebe ich meine Freiheiten, die ich jetzt habe, viel zu sehr. Das ist so, wenn man fünf Kinder großgezogen hat und es einem gut geht und man einfach wieder viel mehr für sich selbst tun kann. Ich finde es sehr angenehm und ich genieße es auch sehr.* Mathilde, 61 Jahre, 5 Kinder

Frauen ist es weiterhin wichtig, frei entscheiden zu können, und zwar unabhängig davon, ob sie verheiratet, geschieden oder getrennt sind, ob sie einen Partner haben oder allein leben. Sie selbst wollen festlegen, in welchem Umfang sie Enkel betreuen und wie weit sie sich dafür einschränken wollen. Die heutigen Großmütter gehören im wesentlichen einer Generation an, die als Mütter bei der Kindererziehung wenig auf staatliche Betreuungsangebote zählen konnte. Sie wussten, dass letzten Endes sie einspringen mussten, auch wenn sie berufstätig waren und verständnisvolle Männer hatten. Sie haben die Mehrfachbelastung erlebt und wissen, wie groß der Druck ist, für den reibungslosen Ablauf des Familienlebens zuständig zu sein.

Die »neuen« Großmütter wünschen sich dreierlei: die neu gewonnene Freiheit bewahren, die Freiwilligkeit zu genießen und ein möglichst konfliktfreies Verhältnis zu ihren Kindern. Keine einzige der befragten Großmütter sagte, sie hätte lieber keine Enkel, und 90 Prozent der Frauen, die noch keine haben, wünschen sich welche. Ein ebenso großer Prozentsatz der in einer repräsentativ angelegten Studie befragten Großmütter empfand Freude, Stolz und Bereicherung durch ihre Enkel.[27] Mehr als 70 Prozent fanden das Großmuttersein sogar schöner als das Muttersein, vor allem weil die Begegnungen mit den Enkeln ohne die elterliche Erziehungsverantwortung genossen werden konnte. Wogegen sich Frauen mit erwachsenen Kindern wehren, sind die meist unausgesprochenen Erwartungen der Familie, sie möge doch bitte weiter so funktionieren wie in der Phase, in der sie selbst ihre Kinder betreute – immer verfügbar und immer bereit, die eigenen Wünsche zurückzustellen. Wenn sie erklären, was in ihnen vorgeht, und dass sie ihre Enkel lieben und nicht missen möchten, stoßen sie bei ihren Töchtern und Söhnen auf viel Verständnis. Interessanterweise ergab eine Untersuchung in verschiedenen deutschen Großstädten, dass die Großeltern in Notfällen, zum Beispiel wenn die Kinder krank werden, als erste einspringen. Auch das bestätigten die befragten Großmütter durchweg: In einer Krise sind sie jederzeit ansprechbar, auch wenn sie großen Wert auf ein unabhängiges Leben legen.

Am einen Ende der Betreuungsskala befindet sich also die »Nur-im-Notfall-Oma«, am anderen die »Mama-Oma«, die das Enkelkind erzieht, während die Mutter arbeiten geht. Wie schnell aus der einen die andere werden kann, erleben immer wieder Frauen, die mit ihren Kindern von heute auf morgen allein bleiben. Dann nämlich stellen sie fest, dass ihre Mutter der Mensch ist, auf den sie am meisten zählen können. Für Frauen in wirtschaftlicher Not, Frauen ohne zuverlässige Partner, schwangere Teenager, die noch zur Schule gehen, sind ihre Mütter oft die einzigen, die in dieser auch für sie schwierigen Situation einspringen und ihnen überhaupt ermöglichen, das Kind zu behalten. Solche Großmütter würden die Frage, ob sie ihre Freizeit lieber mit Enkelbetreuung oder auf den Malediven verbringen würden, wahrscheinlich als blanken Zynismus empfinden, und mit Recht. Solange es keine ausreichenden Betreuungsmöglichkeiten auch für Kleinkinder gibt, werden immer wieder die Großmütter ihre Zeit opfern, denn wer würde es sonst tun? Verwandte, Freunde oder Tagesmütter spielen, wie eine breit angelegte Studie ergab, im Vergleich zu Großeltern eine nachgeordnete Rolle.[28] Auch die berufstätigen Großmütter schränken, wenn es sein muss, eher andere Aktivitäten ein als die Betreuung der Enkel.

Frau Friedrich hatte sich scheiden lassen, als ihre Tochter drei war, und hatte keine andere Wahl, als arbeiten zu gehen. Ihre Mutter handelte gemäß ihrem Verständnis von Familienzusammenhalt und unterstützte sie, so gut sie konnte, indem sie die Enkelin wie ein sechstes Kind behandelte.

Frage: *Gab es für die Erziehung feste Regeln?*

Frau Friedrich: *Ja, das war organisiert. Meine Mutter war schon die Zuständige, sie hat gekocht für sie, ab und zu bin ich mittags auch nach Hause gekommen, dann habe ich für uns beide gekocht, wir haben einen starken Familienverbund. Ich habe vier Geschwister und wir kommen alle fünf sehr gerne nach Hause zu meinen Eltern.*

Meine Mutter hat dann immer zu Corinna gesagt: Du bist halt mein sechstes Kind. Genauso hat sie sie auch erzogen. Im Nachhinein meint sie, also die Corinna: Eigentlich bin ich ganz gut geraten. Sie hat ein gesundes Selbstbewusstsein. Es war kein Problem, sich mit meiner Mutter über Erziehungsdinge zu einigen. Es gab nie Schwierigkeiten. Wenn etwas mit der Schule war, hat sie es an mich abgegeben, aber so im täglichen Umgang hat sie es einfach so gemacht wie mit uns auch. Das war für mich auch okay.

Das Nichteinmischungsprinzip

Familienforscher meinen ein »Gesetz der Nichteinmischung« entdeckt zu haben, wonach von Großeltern erwartet wird, dass sie sich bei schwierigen Erziehungsfragen aus den Auseinandersetzungen zwischen Eltern und Kindern heraushalten. In der Tat war und ist das Thema Kindererziehung ein heißes Eisen, das niemand gerne in die Hand nimmt. Den Großeltern ist ein guter und häufiger Kontakt zu den Enkeln wichtig, sie wollen ihn nicht aufs Spiel setzen, und deshalb äußern sie ihre Einwände selten direkt und machen lieber mal einen Rückzieher. Die jungen Eltern wollen sich ihre zuverlässigsten Babysitter nicht verprellen und beißen die Zähne zusammen oder machen sich Luft bei Leidensgenossen.

Was erwarten die jungen Mütter und Väter von ihren Eltern? Grundsätzlich herrscht die Ansicht, die Großeltern sollten sich liebevoll um die Enkel kümmern, ohne sich in ihre Erziehung einzumischen. Die Anwesenheit und das Engagement von Oma und Opa wird geschätzt, doch ihr Einfluss auf die Enkel soll sich in Grenzen halten. Besonders beliebt sind Großeltern, die selbst aktiv werden und die Eltern tatkräftig entlasten.

Nadjas Eltern sind dabei gänzlich unkompliziert und haben den beiden Zwillingsenkeln zuliebe ihre Wohnung so umgestellt, dass kleine Kinder keine größeren Schäden anrichten. Sie haben das kostbare Service weggeräumt und eine Decke über das helle Ledersofa gelegt und nehmen in Kauf, dass ab und zu ein Blumentopf oder eine Glühbirne einem Cowboyangriff zum Opfer fällt. Andere Großeltern bestehen auf Tischsitten und Benimmregeln und sehen nicht ein, dass bei ihnen alles erlaubt sein soll. Das ist ihr gutes Recht. Sie können Regeln aufstellen, die für Besuche bei ihnen gelten, und auf ihre Einhaltung bestehen. Ohnehin entsteht bei den Gesprächen der Eindruck, dass beide Seiten unterschiedliche Regeln im Ungang mit den Enkelkindern akzeptieren. Auch unterschiedliche Meinungen werden toleriert. Aber das gilt nur bis zu einer gewissen Toleranzschwelle; wird sie überschritten (zum Beispiel weil elterliche Anweisungen absichtlich unterlaufen werden), entstehen Konflikte. Es kann sogar passieren, dass Eltern mit »Enkelentzug« drohen oder ihn gleich wahrmachen. Erzieherisches Handeln im Beisein der Eltern ist nicht erwünscht.

Wenn beide Generationen zusammen sind, haben ganz klar die Eltern den Vorrang.

Es ist ein Phänomen: Junge Erwachsene hören das, was ihre Eltern zu ihnen sagen, keineswegs »neutral«, sondern mit empfindlichen Kinderohren. Sie wollen aber partout keine Kinder mehr sein und als solche behandelt werden. Sie sind erwachsen und könnten im Prinzip souverän reagieren, aber da ist ein Resonanzboden in ihnen, der vibriert, sobald die Stimme der (elterlichen) Macht ertönt. Es können ganz feine Schwingungen sein, die heftige Reaktionen auslösen – Reaktionen, die ihnen selbst nicht geheuer sind. Sie empfinden harmlose Sätze wie »Pass auf dich auf« oder »Zieh der Kleinen einen Schal an« als unzulässige Einmischung. Als ob sie das nicht selbst wüssten!

Das führt dazu, dass Großeltern sich aus Angst vor einer weiteren Entfremdung lieber auf die Zunge beißen, als ihre eigene Meinung sagen. Ihr Bedürfnis nach einem harmonischen Verhältnis zur Kinderfamilie ist meist sehr stark. Und wenn sie sich in Erinnerung rufen, dass ihre erwachsenen Kinder nicht bevormundet werden wollen, können sie auch lernen, solche Sätze zu vermeiden und stattdessen sachliche Gespräche unter Erwachsenen zu führen.

Doras Geschichte ist ein gutes Beispiel dafür, wie wichtig es ist, genau zu klären, welche Erwartungen aneinander existieren und wo die Grenzen liegen. Dora besuchte regelmäßig ihre Tochter mit Familie in Frankfurt. Die Kontakte waren eingespielt, sie kam alle zwei Wochen mit dem Zug, blieb über Nacht, schlief im Gästezimmer und kümmerte sich am Vormittag um die beiden Kinder; sie brachte den 4-Jährigen in den Kindergarten und die 7-Jährige in die Grundschule, kaufte ein, kochte und holte sie ab, während ihre Tochter Sandra einen Sprachkurs besuchte. Sandra arbeitete Teilzeit und wollte sich zusätzlich weiterqualifizieren, um später eventuell eine Ganzstagsstelle zu bekommen. Dora freute sich auf diese Kurzbesuche, sie war verwitwet und arbeitete nur noch zweieinhalb Tage pro Woche in einem Anwaltsbüro, konnte sich die Zeit nehmen und war für ihr Leben gerne Großmutter.

Über eine Jahr lief diese Regelung gut, bis beide Kinder die Windpocken bekamen und Dora anbot, für eine längere Zeit zu kommen und bei ihrer Betreuung zu helfen. Das Angebot wurde angenommen, sie packte ein Köfferchen und reiste an.

Inzwischen denke ich, es war ein Fehler, damals hinzufahren. Ich hatte es spontan angeboten und mir keine Gedanken darüber gemacht, ob es gut gehen würde. Warum auch? Es hatte doch immer alles gepasst. Ich kannte die Kinder gut, sie mochten mich, ich kam mit meiner Tochter und Thomas, ihrem Mann, gut aus. – Als ich kam, war meine Tochter sehr angespannt. Sie und Thomas schienen Streit zu haben, aber Sandra wollte mir nicht sagen, warum, obwohl ich sie immer wieder gefragt habe. Sie tat mir leid, sie sah so blass aus. Ich habe mich dann eben auf die Kinder konzentriert und mit ihnen gespielt, vorgelesen, sie ins Bett gebracht. Aber irgendwie hatte ich das Gefühl, ich bin im Weg. Wenn wir abends zusammen gegessen haben, herrschte das große Schweigen am Tisch. Ich dachte mir, na ja, sie sind beide überlastet, und habe angeboten, mal die Fenster zu putzen oder die Blumen umzutopfen, wenn ich nun schon mal da war. Und die Kinder haben ja zwischendurch auch geschlafen oder sich allein beschäftigt. Mit meinem Schwiegersohn habe ich kaum drei Sätze gewechselt.
An einem Abend hatte ich gerade die Wäsche aufgehängt, da kam meine Tochter ins Bad und meinte, sie müsse mit mir reden. So ginge das nicht, es sei doch keine so gute Idee gewesen mit dem Kommen, sie seien mir ja beide sehr dankbar für meine Hilfe, aber sie kämen jetzt wieder allein zurecht. Ich war wie vor den Kopf gestoßen. Die Kinder waren doch noch krank und mussten noch zu Hause bleiben, wer sollte sich um sie kümmern, wenn meine Tochter arbeiten musste? Ich war wirklich sehr betroffen und wollte wissen, was genau denn das Problem war. Aber damit wollte sie nicht herausrücken. Als ich nachhakte, sagte sie nur: »Du musst nicht immer deine Nase in alles stecken.« Das fand ich sehr unfair. Zuerst lässt sie mich antanzen und dann will sie mir nicht mal verraten, warum ich auf einmal überflüssig bin.
Aber was sollte ich machen? Ich konnte ja schlecht gegen ihren Willen bleiben. Die Kinder haben überhaupt nicht verstanden, dass ich so plötzlich weg musste, und ich musste mir auch noch einen Grund einfallen lassen, das war das Schlimmste. Ich konnte jawohl nicht sagen: Eure Mama will mich nicht mehr hier haben. Meine Tochter hat mich zum Bahnhof gefahren, und als die beiden mir im Schlafanzug vom Fenster aus gewinkt haben, sind mir die Tränen gekommen.

Danach war erst mal ein paar Wochen Funkstille. Das war für mich ganz schrecklich, ich wollte doch wissen, wie es den Kindern geht, und normalerweise habe ich mit meiner Tochter alle paar Tage telefoniert. Aber ich habe auch meinen Stolz und aufdrängen wollte ich mich nicht. Zum neunten Geburtstag meiner Enkelin habe ich dann ein Päckchen geschickt und noch einen Kuchen für alle dazugelegt, und zwei Tage später hat sie angerufen und sich bedankt. Danach kam dann meine Tochter noch an den Apparat und war ziemlich einsilbig, irgendwie verlegen kam sie mir vor. Ich hatte das Gefühl, sie will mir zu verstehen geben, dass sie schon noch Kontakt zu mir will, aber eben nicht mehr so wie früher. Ich habe dann doch noch gefragt, ob sie mich nicht braucht für die Kinder, aber da sagte sie, im Moment nicht, vielleicht später wieder. Ich kam mir vor wie aufs Abstellgleis geschoben. Und wenn sie pfeift, soll ich wieder anreisen, als wäre nichts geschehen.

Was war passiert? – In einem Gespräch, dass ein Vierteljahr nach dem Eklat zwischen Mutter und Tochter stattfand, stellte sich heraus, dass der Umfang von Sandras Berufstätigkeit und ihr Wunsch nach einer Weiterqualifizierung schon länger für Spannungen zwischen ihr und ihrem Mann gesorgt hatte. Der Besuch der Schwiegermutter, als die Kinder krank waren, hatte zu einem heftigen Streit geführt: Thomas hatte kategorisch erklärt, seiner Ansicht nach sei Sandra für die Kinder zuständig; er wäre bereit gewesen, auch ein paar Tage Urlaub zu nehmen, um sie zu entlasten, aber er habe nicht vor, in Zukunft mit seiner Schwiegermutter zusammenzuleben, während seine Frau ihren beruflichen Ambitionen nachging. Um die Situation erst einmal zu entschärfen, hatte Sandra den »Störfaktor« Oma entfernt. Von ihrer Mutter erhoffte sie sich insgeheim Verständnis – ein wortloses, intuitives Verständnis, wie es Kinder von ihren Eltern erhoffen und dabei vergessen, dass Eltern bei aller Verbundenheit keine allwissenden Wesen sind und man auch ihnen erklären sollte, was man von ihnen erwartet.

Junge Paare mit kleinen Kindern sind, wie in Beratungsgesprächen immer wieder deutlich wird, äußerst krisenanfällig. Die Kinder erfordern viel Zeit und Energie, der Beruf ist oft noch in der Aufbauphase, beide Partner müssen sich auf die neue Situation einstellen, wobei für Frauen oft noch ein »Aha-Erlebnis« hinzukommt, mit dem sie nicht gerechnet haben: Die Zwänge des Arbeitsmarkts und mangelnde Betreuungsmöglichkeiten für die Kinder führen dazu, dass der Mann der Hauptverdiener der Familie wird und sie nicht in dem Umfang ihren Beruf ausüben können, wie sie es sich vorher ausgemalt und gewünscht hatte.

In dem Gespräch mit ihrer Tochter konnte Dora endlich aussprechen, wie gekränkt sie gewesen war und sich den Kummer von der Seele reden. Dass es dazu kam, war mit ihr Verdienst: Sie hatte, obwohl es ihr alles andere als leichtfiel, eine Zeit lang Distanz gehalten und gleichzeitig durch das Geschenkpaket signalisiert, dass ihr weiterhin etwas an dem Kontakt lag, dass sie sich nicht in beleidigtes Schweigen zurückziehen wollte, sondern ein Zeichen setzte, das ihre Tochter genauso interpretierte, wie es gemeint war: »Ihr seid mir wichtig, ich denke an euch und möchte euch eine Freude machen. Es liegt an euch, ob ihr reagieren wollt.«

Doras Beispiel illustriert gut, dass Spannungen zwischen den Generationen oft nicht leicht zu durchschauen sind, handelt es sich doch um komplexe Beziehungsgeflechte. Eine offene Kommunikation zwischen den Generationen ist gerade bei einer regelmäßigen Mitbetreuung ein Muss. Absprachen sind notwendig, und zwar nicht zwischen Tür und Angel, sondern am Tisch, mit Zeit und Muße, ohne Druck und versteckte Drohungen. Alle, die es betrifft, brauchen Informationen über das aktuelle Geschehen, über anstehende Termine, Stundenpläne, wichtige Personen im Umfeld, Vorlieben, und nicht zuletzt auch Regeln, die von allen eingehalten werden sollen.

Befragt man Großeltern, die ihre Enkel häufig betreuen, nach Absprachen mit den Eltern, betonen sie häufig, dass die Eltern der Kinder natürlich das letzte Wort bei Erziehungsfragen haben und sie sich an deren Vorgaben halten. Hört man den Müttern und Vätern zu, die sich über ihre Eltern und Schwiegereltern beklagen, bekommt man einen ganz anderen Eindruck. Theorie und Praxis klaffen offenbar weit auseinander.

Aber sind es wirklich pädagogische Konflikte, die da toben? Wenn Sie sich darum streiten, welche Fernsehsendung für die 12-Jährige passend ist, geht es dabei um pädagogische Inhalte, um unterschiedliche Moralvorstellungen oder um etwas ganz anderes? Wichtig ist die Frage, ob der pädagogische Konflikt einen Beziehungskonflikt verschleiert. Geht es eigentlich um Macht, um die Frage, wer bei den Kindern das Sagen hat? Ist das Verbot von Süßigkeiten bei der Oma eigentlich eine Art, wie die Tochter ihrer Mutter sagt: »Ich will, dass du mich als Mutter meines Kindes ernst nimmst? Ich will, dass du mich achtest, indem du meine Erziehungsregeln einhältst«?

Damit die löbliche Haltung der Nichteinmischung auch wirklich in die Praxis umgesetzt wird, kann man sich verschiedene Grundregeln zur Gewohnheit machen:

- ☐ Einen Rat gebe ich nur, wenn ich darum gebeten werde.
- ☐ Die Wohnung der jungen Familie ist nicht mein Bereich.
- ☐ Bei der Erziehung der Enkel haben die Eltern das Sagen.
- ☐ Ein Machtkampf zwischen Eltern und Großeltern schadet den Kindern.
- ☐ Ich muss die Schwiegertochter/den Schwiegersohn nicht mögen, aber ich muss sie/ihn respektieren.
- ☐ Kritik äußere ich so, dass ich den anderen nicht unnötig verletze.
- ☐ Wenn ich etwas nicht verstehe, frage ich lieber, statt zu nörgeln.
- ☐ Es gibt keine einzig »richtige« Erziehung, auch ich habe früher durch Fehler gelernt.
- ☐ Ein Blick auf den Umgang mit Kindern in anderen Kulturen ist oft hilfreich.
- ☐ Ich lasse die Enkel nicht hinter dem Rücken der Eltern Dinge tun, die sie sonst nicht tun dürfen.
- ☐ Wenn ich in pädagogischen Fragen anderer Ansicht bin, vertrete ich meine Meinung ohne Herablassung.
- ☐ Wenn ich mich von den Enkeln überfordert fühle, sage ich das.

Gerade der letzte Punkt wird oft vernachlässigt. Oma und Opa müssen nicht allzeit zur Verfügung stehen. Es nützt niemandem, wenn Sie sich bis zur Erschöpfung überlasten. Kleine Kinder sind enorm anstrengend, allein schon durch ihre Lautstärke, und Sie dürfen sich ohne Weiteres zugestehen, dass Sie den Krach nicht mehr so gut vertragen wie vor 20 Jahren. Wie in anderen Lebensbereichen können Sie auch in diesem Ihre Kräfte realistisch einschätzen lernen. Fragen Sie sich ernsthaft:

- ☐ Wann brauche ich Auszeiten?
- ☐ Was belastet mich bei der Betreuung?

- ☐ Könnte ich öfter nein sagen, wenn ich angefragt werde?
- ☐ Wären regelmäßige Betreuungszeiten einfacher?

Kündigen Sie rechtzeitig an, wenn Sie etwas verändern möchten. Junge Eltern sind häufig sehr unter Druck und reagieren gereizt, wenn plötzlich eine Betreuungsperson ausfällt, weil sie das in großen Stress bringt.

Betrachten wir an einem Beispiel, was Sie tun können, um

- ☐ das zu nutzen, was Sie als Großmutter/Großvater gut können,
- ☐ die Eltern zu entlasten
- ☐ und gleichzeitig sich nicht unnötig zu belasten.

Nehmen wir an, Sie haben sich entschlossen, mit den Kindern und Enkeln zusammen in Urlaub zu fahren. Entscheiden sich Familien für einen Drei-Generationen-Urlaub, muss die freie Zeit anders vorbereitet werden als bis dahin üblich. Dann gilt es, verschiedene Interessen schon bei der Planung zu berücksichtigen. Am besten sollten sich alle Familienmitglieder zusammensetzen und gemeinsam planen: Wohin soll es gehen? Welche Ausflüge sind geplant? Welche Wünsche hat jeder und wie viel Zeit möchte man gemeinsam verbringen?

Großeltern sind nicht nur Babysitter, die bei Bedarf einspringen. Auch sie haben Anspruch auf Erholung. Bei der Betreuung der Kleinsten können sich die Familienmitglieder abwechseln, in welchem Umfang, ist auszuhandeln.

Wichtig für den entspannten Urlaub mit der Großfamilie ist die räumliche Trennung aller Parteien. Das kann ein großes Haus mit getrennten Bereichen sein oder zwei kleinere Einheiten eng nebeneinander. Wer im Alltag wenig Umtrieb verträgt, wird sich im Urlaub tunlichst nicht mit zehn Familienmitgliedern in einer engen Skihütte einmieten.

Es braucht Anpassungsbereitschaft von allen Seiten und die Perspektive, dass nach einer absehbaren Zeit das gewohnte Leben wieder weitergeht. Je länger der Urlaub ist, desto schwieriger ist es, die Grenzen einzuhalten. Spannungen und Reibereien nehmen dann unter Umständen zu. Lieber kürzer, etwa eine Woche, sonst kann die Stimmung kippen. Kommt es doch zum Streit, hilft nur Reden.

Jeder, der näher mit Kindern zu tun hat, »erzieht« mit, indem er sich auf eine bestimmte Weise ihnen gegenüber verhält. Er tut es schon durch seine Person, durch sein Vorbild, das Kinder sehr genau wahrnehmen. Großeltern haben pädagogische Überzeugungen kommen und gehen sehen. Sie wissen, dass viele Sorgen um Ernährungsregeln, Schlafenszeiten, Spielzeug etc. unnötig belasten und keine so schlimmen Folgen haben wie befürchtet. Kinder können unterschiedliche Reaktionen und Lebensweisen ohne Weiteres auseinanderhalten und akzeptieren. Es hilft ihnen sogar, soziale Kompetenz zu entwickeln. Die eigene Familie, erkennen sie daran, ist nur eine Lebensform; andere Menschen verhalten sich anders. Sie können sich darauf einstellen, wenn ihnen diese Andersartigartigkeit erklärt wird.

Großeltern können sich darauf verlassen, dass sie wichtig sind. Es ist nicht notwendig, dass sie ihre Macht im Generationengefüge demonstrieren. Je weniger ihr eigenes Leben um das der Kinder und Enkel kreist, desto weniger fühlen sich diese unter Druck und desto lieber kommen sie freiwillig. Erwartungen sind kontraproduktiv, wie wir alle wissen; auch zwischen Eltern und Kindern ist Raum für Entwicklungen und Eigenes mehr als wünschenswert. Wer am Sonntagabend, wenn die Kinder endlich im Bett sind, schuldbewusst seufzt »Oh je, ich sollte ja Mutter noch anrufen, sie wartet bestimmt schon den ganzen Tag«, wenn er eigentlich die Beine hochlegen und »Tatort« schauen möchte, wird nicht entspannt plaudern können und wird langfristig zumindest innerlich das Weite suchen – durch vorgetäuschte Beschäftigungen und Abwesenheiten oder geheucheltes Interesse.

Erwachsene Kinder, die in Stresssituationen auf ihre Eltern zählen können (und das kann auch bedeuten, dass die Großeltern ohne Vorwürfe mal auf gemeinsame Aktivitäten verzichten, wenn die junge Familie anderes vorhat), erinnern sich lange daran und wissen es zu schätzen. Das Geben und Nehmen zwischen den Generationen ist keineswegs out, aber es muss ausgewogen sein, und gerade die jungen Erwachsenen achten genau darauf. Es ist gar nicht so entscheidend, ob sie deren Hilfe tatsächlich in Anspruch nehmen; wesentlich ist die Tatsache, dass sie ihnen Rückendeckung gegeben haben.

Kapitel 5

Patchwork ist kein Kinderspiel

»Manchmal verlieren wir den Überblick«

Eine Ereigniskette, von denen es buchstäblich Tausende gibt: Alex und Beate sind verheiratet und haben einen Sohn, Cornelius. Sie lassen sich scheiden, Alex lernt Diana kennen, die schon drei Kinder hat, David, Erin und Franzi. David und Erin bleiben bei Dianas Exmann, Franzi zieht mit ihrer Mutter Diana zu Alex. Zusammen bekommen Alex und Diana noch einen Sohn, Gabriel. In der neuen Familie leben also Alex und Diana als Paar mit den Kindern Cornelius, Franzi und Gabriel.

Wie war das noch mal?

Das Leben in einer Patchworkfamilie ist abwechslungsreich und bunt, aber auch anstrengend und gewöhnungsbedürftig. Und zwar nicht nur für die Betroffenen – für die natürlich besonders –, sondern auch für Eltern, Geschwister und andere Verwandte, die sich erst einmal neu zurechtfinden müssen. Sie fürchten, den Überblick zu verlieren, nicht nur äußerlich, was die Personenvielfalt und deren Beziehungen untereinander betrifft, sondern vor allem gefühlsmäßig. Die Nähe zu den alten und neuen Verwandten muss neu austariert werden.

Nach vier Jahren Patchworkleben hat sich vieles in Dianas Familie geordnet und eingespielt, aber eben doch nicht alles. Sie resümiert:

Meine Schwiegermama ist eine sehr liebe Frau und wir verstehen uns sehr gut. Nur bei den Kindern gehen unsere Meinungen sehr auseinander. Meine Kinder sind immer nur die Stiefenkel – mit allem was man von diesem »bösen« Wort so erwartet. Dinge, die alle unsere Kinder machen, sind bei ihr zwei paar Schuhe. Wenn es meine Kinder sind, bricht die Welt zusammen, wenn der Sohn meines Mannes oder unser gemeinsamer Sohn dasselbe macht, halb so schlimm, kein Problem, sind doch Kinder. Das nervt. Von mir zum Beispiel wird von ihr auch erwartet, dass ich meinen Stiefsohn liebhabe und alles gebe (meist sogar mehr als meinen Kindern), damit er mich respektiert und gern zu uns kommt, sie aber hat das Recht, ihre Ablehnung offen zu zeigen.

Die Sicht der Schwiegermutter ist naturgemäß eine andere:

Meine Schwiegertochter hat drei Kinder aus der ersten Ehe, wovon die beiden großen erwachsen sind und beim Vater leben. Die »Stiefenkelin« (ich finde das Wort auch nicht gut, ihr gegenüber würde ich es nie benutzen) lebt bei Schwiegertochter und Sohn, die noch den Enkelzwerg von drei Jahren haben – also unser leiblicher Enkel. Und in den sind Sohn und Schwiegertochter total »verguckt«, wir lieben ihn auch sehr. Und gerade deshalb haben wir uns von Anfang an bemüht, die Große nicht unter der »Patchworksituation« leiden zu lassen, sondern sie einzubeziehen. Klappt pubertätsbedingt nicht immer gut. Ich finde es sehr schwierig, da einen guten Weg zu finden. Ich habe inzwischen gemerkt, dass eine 100-prozentige Gleichbehandlung oder Gerechtigkeit nicht möglich ist.

Zwei Seiten einer Medaille. Wer hat Recht, wem darf man glauben? Oder geht es gar nicht darum, eine »richtige« Sicht zu entdecken? Man spürt bei beiden Frauen das Bemühen um ein gutes Verhältnis und um ein harmonisches Auskommen. Gleichzeitig merkt man, wie sie an ihre Grenzen stoßen. Wo starke Gefühle involviert sind, und das ist innerhalb von Familien immer der Fall, verwundert das nicht. Jede empfindet die Situation zugleich als bereichernd und schwierig.

Patchwork ist ein freundliches Wort, bei dem man sich eine bunte, anheimelnde Decke vorstellt, ein farbenfrohes Mosaik aus Einzelteilen, die geschmackvoll kombiniert sind. Manche halten dieses positive Bild allerdings für eine einzige Ablenkung von schwierigen Verhältnissen. Im offiziellen Sprachgebrauch ist bei Lebensgemeinschaften, in die mindestens ein Elternteil ein Kind aus einer früheren Beziehung in die neue Familie mit einbringt, von Stieffamilien die Rede, was gleich viel weniger gefällig klingt. Der Begriff Patchwork ist immerhin nicht ganz so negativ besetzt wie Stiefvater oder Stiefmutter, deshalb hat er sich in letzter Zeit eingebürgert. Hin und wieder liest man auch andere hübsche Vorschläge wie Mosaikfamilie oder Tiffanyfamilie. Sieht man genauer hin, scheint unter den Betroffenen eine eigene Sprache zu existieren: Mal ist von dem »Stief« die Rede, von der KM und dem KV, der Kindsmutter und dem Kindsvater (gemeint sind die leibliche Mutter und der leibliche Vater), eine Mutter erzählt von ihren »Flicken« und meint damit die Kinder, und zwar ihre eigenen wie die ihres Mannes. In einem Seminar mit Patchworkfamilieneltern sagte ein Vater einmal, das der Sohn seiner Partnerin ihn »Vizevater« nenne. Das lässt an einen Stellvertreter denken, persönlich anwesend anstelle des biologischen Elternteiles und dessen Rolle einnehmend. Aber auch Begriffe wie »Zweitvater« kursieren.

Schon die Vielfalt der Begrifflichkeit zeigt, wie kompliziert ein solches Familienarrangement sein kann. Es ist einerseits ein eigenständiges Gefüge, aber eben auch eine Folge der immer höher werdenden Zahl von Trennungen und Scheidungen und damit eine Folge von Brüchen im Lebensentwurf ihrer Mitglieder. Patchwork, schreibt die SPIEGEL-Journalistin Conny Neumann[29], ist eine Gleichung mit vielen Unbekannten. Wie in den »normalen« Kernfamilien hängt so vieles von den handelnden Personen ab. Nur gibt es in einer Patchworkfamilie eben mehr Personen, die handeln – und nicht unbedingt immer miteinander, sondern streckenweise auch sehr heftig gegeneinander. Zu einer naiv-romantischen Verklärung besteht kein Anlass. Wie in den spannenden TV-Vorabendserien, in denen eine lustige, zusammengewürfelte Kinderschar durch ein geräumiges Haus tobt, sieht es in kaum einer Stieffamilie aus. Nicht jede Verstimmung lässt sich mit ein bisschen Humor und Verständnis lösen. Und schon gar nicht von Anfang an, denn das, was Patchwork an Positivem bieten kann – ein abwechslungsreiches, dynamisches Familienleben –, ist zwar erreichbar, aber erst, nachdem die neue Familie Zeit hatte, sich zusammenzuraufen.

Vor allem entstehen Patchworkfamilien immer durch den Entschluss erwachsener Männer und Frauen, sich aus einer längeren Beziehung zu lösen und eine neue Familie zu bilden, die möglichst Bestand haben soll. Kinder treffen diese Entscheidung nicht. Sie sind in dieser Hinsicht konservativ, sie wollen bewahren, was sie hatten und kannten – das Zusammenleben mit Mama und Papa. Auf Neues lassen sie sich ein, aber sie brauchen zum Ausgleich eine ausreichende Dosis Vertrautes. Dass sie mit fliegenden Fahnen zum Vize übergehen, kann man nicht erwarten. Sie werden zumindest skeptisch sein, es kann aber auch passieren, dass sie vehementen Widerstand leisten. Das heißt nicht, dass die neue Lebensform für sie nicht auch vorteilhaft sein kann. Möglicherweise erkennen sie später einmal, dass es gut war, den ständigen Streit zwischen den Eltern zu beenden und einen Neuanfang zu wagen. Doch zunächst einmal müssen Rollen, Regeln und Verhaltensmuster entwickelt werden. Den vielen Stieffamilienformen mangelt es an Leitbildern und Normen, an denen sie sich orientieren können. Haben Kinder das Gefühl, eine neue Familie werde ihnen aufgezwungen, reagieren sie mit Verweigerung und Zorn. Wie wir alle wünschen sie sich heile Beziehungen, in denen sie Geborgenheit finden. Stellt sie sich in der neuen Situation ein, ist die Stieffamilie aus der Sicht der Kinder zwar nicht der große Preis, aber sie kann ein ganz akzeptabler Plan B sein.

Wenn sich Familien trennen und die Eltern mit neuen Partnern wieder Familien bilden, kann man eine Abfolge von Phasen beobachten. In der Anfangsphase haben die Familienmitglieder häufig unrealistische Erwartungen. Nach der Erfahrung des Scheiterns soll nun in der neuen Familie vollkommene Harmonie herrschen, die Stiefmutter will vielleicht die bessere Mutter sein, der Stiefvater der Kumpel, mit dem man über alles reden kann. Das stellt sich als Illusion heraus. Die Kinder brauchen oft Abstand, um die neue Situation zu verarbeiten, sie sind nicht selten trotzig, eifersüchtig, traurig, verschaffen sich Distanz. Sie wünschen sich, dass der abwesende Elternteil wieder in die Familie zurückkehrt oder wenigstens sehr präsent ist – in Gesprächen, in Bildern, in Reminiszenzen und Plänen.

In der zweiten Phase wird erkannt, dass diese Fantasien von einer perfekten Harmonie im Widerspruch zur Realität stehen. Es ist eine Phase der Auseinandersetzungen, der Desillusionierung. Erst in einer dritten Phase können die Familienmitglieder die Wünsche und Bedürfnisse der anderen erkennen und verstehen. Die realistischere Einschätzung der Besonderheiten der eigenen Familie ermöglichen den Aufbau einer Stieffamilie mit neuen, eigenen Gesetzen, nicht als Abbild des Alten, sondern als etwas Neues.

Wenn alles gut geht, können in der letzten Phase Konflikte bewältigt werden, Gewohnheiten und Regeln spielen sich ein. Man entwickelt ein Zusammengehörigkeitsgefühl, unternimmt etwas miteinander, schätzt sich gegenseitig. Die Kinder erleben, dass die Eltern verlässlich sind, und können ihnen vertrauen.

Patchwork stellt so gesehen eine große Herausforderung für alle Beteiligten dar, auch für die Expartner, die Großeltern und andere Verwandte. Trotzdem sollte man sich klarmachen, das es eine positive Entwicklung unserer Gesellschaft ist, wenn sich Paare trennen können, die sich gegenseitig blockieren oder nur noch verletzen, und dann auch die Möglichkeit haben, einen neuen Partner zu suchen und mit ihm wieder ein zufriedenes Familienleben zu führen. Und noch eines: Die Latte der Ansprüche liegt heutet sehr hoch. Das Ideal eines gleichberechtigten Gefühlsverbands, in dem Frauen nicht mehr in die Küche verbannt sind und Kinder nicht mehr geohrfeigt werden, ist eben schwieriger zu verwirklichen als ein hierarchischer Zweckverband mit festgelegten Alter- und Geschlechterrollen.

Eine Enkelin mit 15 Großeltern

Allein leben ist nicht (mehr) besonders in. Zwei Drittel der Geschiedenen heiraten bald wieder. Frauen und mehr noch Männer, die sich getrennt haben, gehen relativ schnell neue Partnerschaften ein und gründen neue Familien.

Die Komplexität von Stieffamilien zeigt sich in der Vielzahl ihrer Formen. Sie unterscheiden sich nach ihrer Vorgeschichte (Scheidung, Verwitwung, nichteheliche Mutterschaft), den Partnerkombinationen (lediger Mann – geschiedene Frau, verwitweter Mann – ledige Mutter usw.), den Kinderkonstellationen (beide Eltern bringen Kinder in die Ehe ein, ein leibliches Kind des Vaters – zwei gemeinsame Kinder usw.), den Sorgerechtskombinationen (gemeinsames Sorgerecht mit dem außenstehenden Elternteil beim Kind der Mutter – alleiniges Sorgerecht beim Kind des Vater etc.) und dem Gründungsmuster (Zweitehe nach längerer Zeit des Alleinerziehens, neuer Partner als Grund für das Scheitern der ersten Ehe usw.). Am häufigsten sind die so genannten Stiefvaterfamilien, bei der die Frau Kinder mitbringt, deren Vater woanders lebt. Sie ist die häufigste, weil nach einer Trennung die

Kinder meist bei der Mutter bleiben. Aber auch der Mann kann eigene Kinder, die bei ihm leben, in die neue Beziehung mitbringen, während die Mutter dieser Kinder woanders, vielleicht schon in einer anderen Beziehung, lebt. Solche »Stiefmutterfamilien« haben es meist schwerer. Denn die Erwartungen an eine Mutter sind umfassender als an einen Vater. Selbst der über alle Maßen aufopfernde Einsatz einer Stiefmutter wird von den Kindern (aufgrund ihrer Loyalität zur leiblichen Mutter) selten belohnt.

Und oft bekommt das Paar noch neue gemeinsame Kinder. Für die schon mitgebrachten Kinder bedeutet das: Die Geschwister müssen ihre Rolle finden, Privilegien müssen aufgegeben, neue Verantwortlichkeiten übernommen werden. Die Kinder bringen ihre unterschiedliche Geschichte und durchaus verschiedene Vorstellungen vom Familienleben mit. Die getrennt lebenden Elternteile und die dazugehörigen Großeltern machen weiter ihren Einfluss geltend. Die Stiefgeschwister, die über die neue Partnerschaft zusammengewürfelt werden, hatten dabei nicht die Chance, sich wie Freunde auszuwählen, sondern müssen in der neuen Familie erst lernen miteinander auszukommen.

Spricht man mit Männern und Frauen, die eine Patchworkfamilie managen, steht das Tun und Lassen der eigenen Eltern nicht sehr im Vordergrund. Zu sehr sind sie mit sich, dem neuen Partner, den eigenen und angeheirateten Kindern und womöglich Expartnern beschäftigt. Großeltern, so das Fazit, haben es selbst in der Hand, wie nah oder fern sie dem Geschehen sind. Ob sie den Enkeln nahe bleiben und weiter am Leben der jungen Familie teilhaben, hängt in hohem Maß von ihnen selbst ab. Großeltern können in einem gewissen Rahmen mit gestalten. Wenn schon alles im Fluss ist, warum dann nicht eigenen Wünsche geltend machen?

Viele Eltern, deren Kinder ihre erste Ehe aufgelöst haben, waren und sind mit der Patchworksituation überfordert – sie widerspricht zu sehr ihren Vorstellungen von Familie und Ehe. Wer Kinder und Enkel hat, die in einer solchen Familie leben, muss sich jedoch notgedrungen damit arrangieren und eine eigene Haltung dazu finden. Dazu gibt es noch wenige Hilfestellungen. Die ältere Generation ist auf ihre eigenen Erfahrungen und Werte zurückgeworfen. Manche Menschen brauchen sehr klare Abgrenzungen in den Verwandtschaftsbeziehungen und bestehen darauf, von »echten Enkeln« und Stiefenkeln zu reden. Manche erklären, dass diese Familienform auch nicht komplizierter ist als so manche »normale« Familie und es nicht darauf ankommt, wie man eine Lebensgemeinschaft bezeichnet, sondern wie man sie füllt.

Die neue Situation gibt aber auch Freiheit. Als Großeltern müssen wir nicht ständig die Hände über dem Kopf zusammenschlagen und seufzen, dass wir überhaupt nicht mehr durchblicken. Wie in jeder großen Familie wird es auch in einer Patchworkfamilie Menschen geben, die uns mehr zusagen, und Menschen, mit denen wir wenig anfangen können. Wer hindert uns daran, zu denen, die uns spontan gefallen, mehr Kontakt zu suchen als zu den anderen – unabhängig davon, ob sie nun zur Seite der »neuen Frau« gehören? Zu neuen Enkeln, die vielleicht schon zehn sind und die wir nicht von Geburt an kennen, werden wir natürlich eine andere Beziehung haben als zu denen, die wir als Neugeborene auf dem Arm hielten. Wir müssen uns gefühlsmäßig nicht verbiegen, aber wir können offen sein für Neues. Wie so oft, existieren die Zwänge, denen wir uns unterwerfen, mehr in unseren Köpfen als außen.

Wichtig ist, dass alle Beteiligten wissen: Sie brauchen viel Geduld, nicht nur mit den anderen, sondern auch mit sich selbst. Die Mitglieder einer Patchworkfamilie haben oft unterschiedliche Ansichten darüber, wer eigentlich zu ihrer Familie gehört. Kinder zum Beispiel rechnen häufig mehr Menschen, nämlich die Mitglieder beider Familien, zu ihrem engeren Familienkreis. Erwachsene machen stärkere Unterschiede zwischen Erst- und Zweitfamilie.

Der amerikanische Schriftsteller Harold Brodkey erzählt in einem Essay, wie seine Enkelin ihm gegenüber behauptet, sie habe 15 Großeltern.[30] Die Idee fasziniert ihn, und er zeichnet einen Stammbaum. Dabei findet er heraus, dass sie recht hat. Da ihr Vater und ihre Mutter jeweils mit jemand anderem verheiratet sind, beginnt die Zählung bereits mit vier Eltern und acht Großeltern; von diesen sind wiederum zwei Paare geschieden und anderweitig verheiratet – und so birgt jede neue Scheidung das Potenzial weiterer Großeltern, »denn das Kind gibt niemanden auf und ist bisher auch selbst von niemandem aufgegeben worden«. Er stellt sich vor, wie die Enkelin in diesem weit verzweigten Netz verwandtschaftlicher Beziehungen aufgehoben ist, das sich noch viel weiter erstreckt, als er auf Papier erfassen kann.

Im bunt zusammengesetzten Gewebe der Patchworkfamilie entstehen Beziehungen, für die unserer mitteleuropäischen Kultur die Wörter fehlen. »In welchem Verwandtschaftsverhältnis steht der Cousin ersten Grades des Exmannes Ihrer jetzigen Frau zu Ihnen?«, fragt Brodkey und erwartet nicht, dass jemand ihm antworten kann. Und ist das überhaupt notwendig, um offen auf Menschen zugehen zu können? Müssen sie ein Etikett haben, damit wir sie als Bereicherung meines Lebens empfinden?

Dieses Lebensgefühl eines quasifamiliären Beziehungsgeflechts, das einen nicht so starr auf bestimmte Rollen und Positionen festlegt, führt die Schweizer Autorin Sieglinde Geisel auf die Erfahrung der Wohngemeinschaften zurück: »Kaum jemand, der heute eine Familie gründet, hat bis zu diesem Zeitpunkt bei seinen Eltern gewohnt. Die Erfahrung, dass es eine andere Lebensform gibt, wirkt auf die Familie zurück.«[31] In diesem Punkt müssten sich die heutigen Eltern erwachsener Kinder mit ihrem Nachwuchs eigentlich gut verstehen, denn diese Erfahrung gilt für beide Generationen. Kleinfamilie ist nicht die einzig mögliche Lebensform – das haben die Eltern, die in den 1960er und 1970er Jahren ihre Elternhäuser verließen, ihren Kindern beigebracht, und diese haben ihre Lektion gelernt. Ganz so war es aber doch nicht gemeint, scheinen manche Alt-68er heute zu denken, wenn sie bei ihren Kindern auf mehr Verlässlichkeit und Ausdauer in Beziehungen pochen.

Wie auch immer man die Entwicklung wertet, eines ist sicher: Dagegen ankämpfen ist nicht der richtige Weg, denn das hat im Allgemeinen eine Verschlechterung der Beziehungen zur Folge. Wer mit neuem Familienzuwachs konfrontiert ist, den er sich nicht ausgesucht hat, tut gut daran, die eigenen Gefühle ehrlich zu beobachten und nach Lösungen zu suchen, mit denen alle einigermaßen leben können:

Wir mussten uns erst daran gewöhnen, dass wir als Opa und Oma von unserer Lena noch mehr, wie soll ich sagen, Konkurrenz bekommen haben, als unsere Tochter wieder geheiratet hat. So haben wir das laut natürlich nie gesagt. Für Enkelkinder ist das toll, das verstehe ich, die werden noch mehr verwöhnt als bisher und alle bemühen sich um sie. Drei Omas und drei Opas, man stelle sich das vor! Das hätte mir früher auch gefallen. Wir haben uns kürzlich bei der Kommunion getroffen, da waren alle zusammen. Einfach war das nicht, man muss sich schon ein bisschen bemühen, nicht eifersüchtig zu werden. Ganz habe ich es nicht geschafft, und ich fand auch die neue Oma ziemlich vereinnahmend. Früher war sie fast jedes Wochenende mal bei uns, jetzt höchstens noch alle 14 Tage. Aber wir wollen sie ja nicht hin- und herzerren, sie soll es schön haben bei uns und bei den anderen auch. Mein Mann hat schon gesagt, vielleicht sollten wir so eine Art Arbeitsteilung besprechen, also wer was mit ihr macht. Die einen basteln, die anderen spielen draußen mit ihr, jeder eben das, was er am besten kann.

Ein Enkelkind und sechs Großeltern, das ist ein Zahlenverhältnis, das den Wandel der Familienstrukturen in den westlichen Gesellschaften anschaulich macht, wenn es auch nicht so verbreitet ist wie angenommen. Die Bevölkerungsentwicklung und die steigende Lebenserwartung bringen den Kindern letztlich viel mehr Familie als früher, nicht immer nur zu ihrem Vorteil. Manchmal werden sie auch von Doppel- und Dreifach-Zuwendung praktisch erdrückt. Noch nie im Lauf des letzten Jahrhunderts gab es in Familien so viele ältere Menschen wie gegen Ende dieses Jahrhunderts – und damit so viel Beziehung zwischen Kindern und ihren Großeltern. Den vielen Einzelkindern in unserem Land nimmt eine Erweiterung der Familie durch Patchworklösungen vielleicht sogar eine Last von den Schultern. Mit Halb- oder Stiefgeschwistern verteilt sich die Aufmerksamkeit der Eltern auf mehrere Personen, sie sind nicht ganz so ungeschützt den Wünschen, Ansprüchen, Forderungen und Förderungen von zwei Erwachsenen ausgesetzt. Großeltern sollten bedenken, dass auch sie, wenn sie nicht aufpassen, zu diesem »Überbau« gehören können, und sich bemühen, den alten und neuen Enkeln Luft zu lassen für Zeit mit Geschwistern und gleichaltrigen Freunden.

Partner gehen, Eltern bleiben

Susis Scheidung war für uns ganz schlimm. Wir waren sehr, sehr betroffen, es hat mir sehr zugesetzt, weil Susi jetzt auch weiter weg war, wo ich nicht so schnell hinkommen konnte – mal eben schnell mit dem Fahrrad, das ging nicht so. Ich habe mir Sorgen gemacht, bin richtig krank geworden. Ich hab abgenommen, konnte nicht mehr essen, nicht richtig schlafen, und hab dann gemerkt, so geht es nicht weiter – wenn es mir schlecht geht, geht es ihr nicht besser. Dann habe ich die Situation akzeptiert und wir haben das Beste daraus gemacht. Sie hat wieder angefangen zu arbeiten und ich habe oft die Friederike genommen. Sie war sehr viel bei mir.

Großeltern und Schulfreunde erweisen sich für Kinder geschiedener Eltern als die größten Trostquellen. Rosemarie, die hier beschreibt, wie sehr die Scheidung ihrer Tochter sie mitgenommen hat, handelte wie Millionen von Großmüttern vor ihr: Sie nahm die Enkelin so oft wie möglich zu sich und kümmerte sich liebevoll um sie, um ihre Tochter zu entlasten und der Kleinen einen Ort zu bieten, an dem sich für sie nichts verändert hatte.

Die Wahrscheinlichkeit, dass die Eltern Ihrer Enkelkinder Jahrzehnte friedlich zusammenleben – oder überhaupt zusammenbleiben –, ist nicht sehr groß. Familie wird zwar immer wichtiger – aber »Partner werden unwichtiger«. Diesen Schluss zieht der 7. Familienbericht für Familie, Senioren, Frauen und Jugend.[32] Er untersucht die Situation von Familien im Lebensverlauf. Betrachtet werden der Wandel und die Stabilität von Familien sowie Veränderungen im Bereich Arbeit, Bildung und Wirtschaft. »Die zunehmende Bedeutung der Generationenbeziehungen zeigt sich auch daran, dass Partnerbeziehungen unsicherer geworden sind. Partner werden unwichtiger, Kinder wichtiger. Mehr Trennungen und Scheidungen bedeuten auch, dass Kinder und Eltern für immer mehr Menschen die wichtigsten Bezugspersonen im Leben darstellen.« Dazu passen auch die Untersuchungsergebnisse des Familienforschers Wolfgang Lauterbach, wonach die Beziehungen zu den Großeltern in jeder Form von Familie für Kinder deutlich an Gewicht gewonnen haben. Die steigende Lebenserwartung prägt das Leben der Kinder weitaus stärker als die neue Vielfalt von Lebens- und Familienformen.[33]

Eine bemerkenswerte Aussage. Wir gehören also zu den wichtigsten Bezugspersonen unserer Kinder, auch wenn sie erwachsen geworden sind. Schwarz auf weiß und statistisch untermauert wiegt diese Aussage schwer. Im Fall einer Trennung oder Scheidung heißt das, unsere Söhne und Töchter werden sich höchst wahrscheinlich entweder an uns wenden, damit wir sie unterstützen, oder erwarten, dass wir auf sie zukommen und Hilfe anbieten. Das tun wir im Prinzip auch gerne, aber wir und sie dürfen nicht vergessen, dass wir in diesem Geschehen keine unbeteiligten Außenstehenden sind. Großeltern sind von der Veränderung persönlich extrem stark betroffen. Und wie Rosemarie oben beschrieben hat, leiden sie mit, machen sich Sorgen, können nicht schlafen, sind ratlos und traurig. Ihr Wunsch, mitzuerleben und selbst Anteil daran zu nehmen, wie ihre Kinder ein zufriedenstellendes Familienleben führen, wird enttäuscht. Sie sehen sich als Eltern disqualifiziert, suchen nach Fehlern in der Erziehung ihrer Kinder, fühlen sich womöglich als Versager. Einige empfinden den Bruch so stark, dass sie den Boden unter den Füßen verlieren. Sie müssen damit rechnen, den Kontakt zum Schwiegerkind zu verlieren und vielleicht gar zu den Enkeln. Das eine Großelternpaar, in der Regel die Eltern des Vaters, rückt an den Rand des Geschehens, das andere rückt mehr in den Mittelpunkt.

Das verlangt ein großes Maß an Einsicht und Zurückhaltung, denn für die Eltern des »Verlassenen« ist es schwer, neutral zu bleiben. Sie müssen gegen die Neigung ankämpfen, den Elternteil zu verurteilen, der gegangen ist, und ihm die Kinder zu entfremden. Es fällt nicht leicht, dem Expartner und dessen Familie weiterhin offen zu begegnen und zu verzeihen; noch schwieriger ist es, wenn das eigene Kind an der Beziehung festhält und sichtbar leidet. Und sollten gar die Enkel wegziehen oder die Exschwiegertochter den Umgang mit ihnen einschränken, kochen Gefühle hoch, die ihren Platz brauchen. Tatsächlich besteht die Gefahr, dass die Partner automatisch die Familie ihres Ex als »feindliches Lager« einstufen und den Kontakt erschweren. Wut, Enttäuschung, Verlustängste verstellen die Sicht auf mögliche Wege zueinander, die vor allem den Kindern nützen würden.

Was können Eltern tun, wenn sich ihre erwachsenen Kinder trennen?

Die erste Phase besteht für viele Eltern darin, das Verlorene zu betrauern. Auch wenn sich vorher schon Schwierigkeiten in der Ehe abgezeichnet haben, erscheint sie im Nachhinein wie das verlorene Paradies. Hätte man doch nur mehr unternommen, um das Paar einander wieder näherzubringen! Wut kommt auf über die jungen Leute, die heutzutage so einfach auseinandergehen und nicht bereit sind, Krisen durchzustehen. Haben sie denn gar nicht an die Kinder gedacht? Wie können sie nur so egoistisch scin!

Bei dramatischen Veränderungen im Familienleben werden eigene Erinnerungen und Erfahrungen aktiviert, die die Sichtweise beeinflussen wie ein Kameraobjektiv. Auf welches Detail des Dramas wir zoomen, hängt von unserer eigenen Vergangenheit ab. Daran lässt sich nichts ändern – entscheidend ist, dass man sich diese Tatsache bewusst macht und die eigene Deutung der Situation nicht zur allein gültigen erklärt. Je weniger grundsätzlich die Diskussionen um das Kindeswohl geführt werden, desto schneller kommt man zu praktischen Regelungen, die wirklich einen Schritt vorwärts bedeuten.

Kinder brauchen vor allem vernünftige Elternpaare, die nicht in einer starren Haltung verharren, und die Großeltern können dazu beitragen, dass sie die Zeit und Muße haben, zu einem verträglichen, kooperativen Umgang zu finden. Wenn die Eltern sehr mit sich selbst beschäftigt sind, können Großeltern helfen, den Kindern die neuen Verhältnisse zu erklären und ihnen glaubhaft zu versichern, dass sich nicht alles ändern wird – sie bleiben ihre Großeltern und ihre Liebe und Zuneigung ändert sich durch die neuen Verhältnisse keineswegs.

Die meisten Großeltern grübeln lange über die Frage nach, was sie tun können. Sie überlegen hin und her, welche Hilfe möglich ist. Eigentlich sollte die Frage sinnvollerweise lauten: Welche Hilfe ist gewünscht? Dann würde sich herausstellen, dass die jüngere Generation eine genaue Vorstellung davon hat, wie die ältere sie unterstützen kann. Selten haben die Älteren einen so guten Einblick in den Zustand der Familie und der zerbrochenen Beziehung, dass sie selbstständig entscheiden könnten, was das Beste für ihre Kinder und Enkel wäre.

In einer angespannten, ungewohnten Situation besteht die Gefahr, irgendetwas zu tun, nur damit wir dem beklemmenden Gefühl von Hilflosigkeit entgehen. Damit wir Älteren im Beziehungsgewirr nicht selbst ins Trudeln geraten und vor lauter Sorge die Orientierung verlieren, sollten wir sehr auf unser inneres Gleichgewicht achten. Das kann durch Entspannungsübungen sein, durch Gespräche mit Außenstehenden, durch Spaziergänge in der Natur. Es ist nicht egoistisch, zuerst an sich zu denken – es ist die Voraussetzung dafür, dass wir überhaupt anderen eine Stütze sein können. Nehmen Sie sich Zeit, drei Fragen in Ruhe zu überdenken:

- ☐ Wie bleibe ich in dieser angespannten Situation in meiner eigenen Mitte?
- ☐ Wie kann ich meinem Kind diese schwierige Zeit erleichtern?
- ☐ Wie kann ich meinen Enkeln die emotionale Stabilität vermitteln, die sie jetzt besonders brauchen?

Keine Frage: Je mehr Personen in eine Familie hineinkommen, desto komplizierter wird das Beziehungsnetz und desto größer die Wahrscheinlichkeit, dass sich Konflikte und Unverträglichkeiten auftun, die unserem Wunsch nach Familie als geschütztem Raum widersprechen. Wir sind heutzutage durch so viele Veränderungen gefordert, dass eine mehr genau die sein kann, die das Fass zum Überlaufen bringt. Noch eine Scheidung – und das Maß ist voll. Doch zu Gefühlsexplosionen muss es nicht kommen, so nachvollziehbar sie sind. Man kann lernen, die Trennungen, Scheidungen und neuen Partnerschaften der erwachsenen Kinder in einem größeren Kontext zu sehen. In diesem hat die eigene Belastbarkeit ebenso Platz wie der Gedanke, dass es Geschehnisse gibt, die man nicht beeinflussen kann, und viele weitere Gedanken:

- ☐ Ich brauche Zeit, um über meine Enttäuschung hinwegzukommen. Diese Zeit nehme ich mir.
- ☐ Ich mache mir klar: Die »richtige« oder »falsche« Familienform gibt es nicht.
- ☐ Das Patchworkphänomen hat gesellschaftliche Gründe; es ist nur in einer materiell gesättigten Gesellschaft möglich, wie wir sie haben.
- ☐ Die gewachsenen Beziehungen sind da, auch wenn sie vorübergehend auf Eis liegen.
- ☐ Man muss nicht mit allen Menschen gleich gut auskommen, auch wenn sie zur Familie gehören.
- ☐ Authentisch sein hilft Kindern. Gerade sie spüren, wenn man unecht ist, mit Worten etwas anderes vermittelt als mit der Mimik oder Gestik.
- ☐ Erwarte ich zu viel Kontakt oder Harmonie, werde ich nur noch mehr Enttäuschungen erleben.

- ☐ Die Rolle der Großeltern ist in jeder Familienform wichtig.
- ☐ Großeltern sind keine Übermenschen, die Beziehungskonflikte im Nu lösen, wenn sie nur ausreichend Einsatz zeigen.
- ☐ Meine Vorstellung von Familienleben ist nicht maßgeblich für alle.
- ☐ Viele Probleme, die in Patchworkfamilien auftauchen, gibt es auch im traditionellen Familienschema.
- ☐ Wenn ich etwas sage oder tue, sollte ich meine Absicht überprüfen.
- ☐ Auch unter leiblichen Geschwistern gibt es Neid und Eifersucht.
- ☐ Eine Wiederannäherung kommt oft erst nach einer gewissen Zeit, wenn die Trennungswunden geheilt sind.
- ☐ Ein Kind kann nicht nur zwei Familien haben, sondern unter günstigen Bedingungen, wenn keine Konkurrenz herrscht, mehrere Erwachsene als mütterliche und väterliche Bezugspersonen ansehen.
- ☐ Für Kinder ist es gut, wenn sie mehrere Orte haben, an denen sie sich zu Hause fühlen können und gerne gesehen sind.
- ☐ Das Kind muss die Freiheit besitzen, seine Zuneigung zeigen zu dürfen, auch wenn die Erwachsenen sich gegenseitig nicht mögen.

Meinem Kind beistehen

In einer Trennungssituation wollen Sohn oder Tochter nicht gedrängt werden, dies oder jenes zu tun. Sie haben ohnehin das Gefühl, dass zu viel Druck auf sie ausgeübt wird. Gesprächsangebote dagegen treffen wahrscheinlich auf offene Ohren. So können Sie anbieten, gemeinsam zu überlegen, wie es weitergehen soll. Sie können anbieten, sich juristische Informationen zu beschaffen, auf Ämtern Erkundigungen einzuziehen, gemeinsam einen »Plan« für die nächsten Monate zu erstellen. Es hat, wie man festgestellt hat, einen wesentlichen Einfluss auf die Entwicklung der Kinder, ob die Eltern nur bis nach der Scheidung streiten oder auch noch zum Beispiel zwei Jahre danach.

Alleinerziehende Eltern empfinden ihre neue Aufgabe oft als eine Überlastung und haben Angst vor Misserfolgen. Sie befürchten, durch die gestiegene Arbeitsbelastung in eine emotionalen Distanz zu den Kindern zu geraten. Sie fühlen sich schuldig, dass sie ihren Kindern unter Umständen Schul- und Wohnungswechsel zumuten müssen, dass Freundschaften dadurch zerbrechen und sich durch weniger Geld die Lebensqualität verschlechtert. Sie können sich nicht vorübergehend aus der Erziehung zurückziehen wie früher mit dem Partner und flüchten sich oft in autoritäres Verhalten oder zu große Nachsicht. Rückhalt bei Oma und Opa kann in dieser Hinsicht Wunder wirken.

Betreuungsangebote werden sehr geschätzt, das kann man ruhig so verallgemeinern. Sie sollten aber mit aller gebotenen Vorsicht gemacht werden. Auf jeden Fall zu vermeiden sind Formulierungen wie: »Ihr seid/Du bist ja im Moment so mit euch/dir beschäftigt, da nehmen wir die Kinder wohl lieber zu uns.« Die Eltern sind in einem komplizierten Beziehungs-Management engagiert, das ihre Kräfte fordert. Sie sind verletzlich, das darf man nicht vergessen – sie werden leicht defensiv, weil sie spüren, dass ihre Umgebung sie kritisch beobachtet, und reagieren gereizt, wenn sie meinen, dass man sie besonders scharf unter die Lupe nimmt.

Hilfe für die Enkel

In turbulenten Zeiten können die Großeltern ein neutraler Ort sein, wo die Kinder Halt und Zuspruch finden, ein Ort, der fest bleibt, wenn der Boden unter ihnen zu schwanken scheint. Wenn die Eltern von sich und ihren Angelegenheiten sehr in Anspruch genommen sind, kann es manchmal sogar sinnvoll sein, wenn die Kinder vorübergehend von den Großeltern betreut werden.

Die Kinder müssen ihre innere Sicherheit wiedergewinnen. Je kleiner sie sind, desto mehr sind sie auf ihre familiäre Umwelt angewiesen, zu denen auch die Großeltern gehören. Sie werden von den Kindern als Teil des engsten Familienkreises wahrgenommen. Bei kleinen Kindern ist die eigene Person Mittelpunkt für Erklärungsversuche der Situation. Sie glauben, ihr Verhalten habe die Scheidung der Eltern herbeigeführt, und fühlen sich entsprechend schuldig. Wenn Papa und Mama nicht mehr zusammenwohnen, gerät die Welt aus den Fugen, und die Stärkung von Sicherheit und Vertrauen ist das oberste Gebot.

Liebevoll zugewandte Großeltern sind für Enkel ein stabiler Faktor, sie verkörpern Verlässlichkeit und bedingungslose Liebe. Das können sie nützen. Sie bleiben auch bei Trennungen, Scheidungen und neuen Familien ein wichtiger Bestandteil der Familie. Wenn

Schwiegerkinder den Kontakt abbrechen, muss sich das nicht auf die Enkel erstrecken, jedenfalls nicht dauerhaft. Resignation ist nicht angebracht, sonst könnten die Enkelkinder den Schluss ziehen, sie seien den Großeltern nicht mehr wichtig und nicht wert, dass man sich um sie bemüht. Auch der Gang zur Beratungsstelle kann Großeltern helfen, einen für sich akzeptablen Weg zu finden.

Der Verband alleinerziehender Mütter und Väter NRW hat in einer Broschüre eine bedenkenswerte Liste von Hinweisen veröffentlicht, wie Großeltern das Verhältnis zu ihren Enkeln in einer Trennungssituation gestalten können.[34]

- ☐ Bieten Sie dem Enkelkind an, miteinander zu reden, aber respektieren Sie seinen Wunsch, wenn es Ihr Angebot im Moment nicht annehmen will.
- ☐ Stellen Sie Ihre eigenen Meinungen zurück und konzentrieren Sie sich darauf, was das Kind Ihnen sagen will. Versuchen Sie dabei, die emotionalen Inhalte, die das Kind ausdrücken will, in Ihre eigenen Worte zu fassen und fragen Sie nach, ob Sie es richtig verstanden haben.
- ☐ Wenn das Kind seine Meinung über eine andere Person äußert, so brauchen Sie ihm weder zuzustimmen, noch sollten Sie ihm widersprechen.
- ☐ Erwarten Sie nicht, dass Sie dem Kind eine fertige Lösung anbieten müssen. Das verständnisvolle Zuhören allein hat bereits eine entlastende Funktion.
- ☐ Haben Sie keine Angst vor Gefühlsausbrüchen. Mal seinen ganzen Ärger loszuwerden oder sich ausweinen zu dürfen kann sehr erleichternd sein.
- ☐ Bestehen Sie nicht darauf, ein Gespräch zu Ende zu führen. Vertrauen Sie stattdessen darauf, dass das Kind alleine wieder auf Sie zukommen wird.
- ☐ Missbrauchen Sie nicht das Vertrauen des Kindes, indem Sie es aushorchen oder Gesprächsinhalte ohne Einverständnis des Kindes weitergeben.
- ☐ Verfallen Sie nicht der Versuchung, mit dem Kind ein Geheimbündnis gegen seine Eltern zu schmieden. Bieten Sie dem Kind an, es zu unterstützen, wenn es seiner Mutter oder seinem Vater etwas Wichtiges sagen will.

Nehmen Sie nicht zuletzt die Signale wahr, die die Kinder selbst aussenden. Sie sind oft viel besser in der Lage als wir Älteren, mit einer neuen Situation pragmatisch umzugehen. Trennung und Patchwork erfordern flexible Lösungen. Das Bedauern über den Zerfall alter Strukturen und verlässlicher Familienverhältnisse, so verständlich es ist, lenkt langfristig den Blick in die Vergangenheit und versperrt kreative Neuansätze. Darüber, wie sich die Familie als Lebensform weiterentwickeln wird, kann man nur spekulieren. Für alle, die heute von den Umbrüchen ganz persönlich betroffen sind, stellen sich weniger theoretische als praktische Fragen.

Seit meine Tochter in einer Patchworkfamilie lebt, haben die Enkel weniger Zeit für uns.
Mit der neuen, erweiterten Familie erhöht sich die Zahl der Personen, die »etwas wollen« – sei es Aufmerksamkeit, Zeit oder Rücksicht. Kinder brauchen aber auch Zeit für sich, sie müssen sich gegen das Gefühl behaupten, von den Entwicklungen überrollt zu werden. Großeltern können ihnen dabei helfen, indem sie einen geschützten Raum bieten, in dem das Kind auch einmal ganz für und bei sich sein kann, ohne etwas ausfechten zu müssen. Wenn die gemeinsamen Freizeitaktivitäten eingeschränkt sind, können auch mal Begleitgänge oder Fahrten zu Terminen der Kinder eine wertvolle Zeit des Austauschs sein.

Wenn meine Enkelin mit den neuen Halbgeschwistern bei uns sind, gibt es Eifersüchteleien und Streit.
In einer neu zusammengewürfelten Familie gibt es unweigerlich Umbrüche und Konflikte, bis sich die »Rangordnung« neu etabliert hat. Die Geschwisterordnung ändert sich, »die Kleine« ist plötzlich »die Große« und soll vernünftig sein etc. Die leiblichen Enkel werden besitzergreifend und erklären: »Das ist meine Oma!« Es dauert eine Weile, bis alle zusammengefunden haben. Für den Anfang kann es gut sein, ein Enkelkind immer wieder einzeln zu treffen, damit es wieder einmal ganz allein im Mittelpunkt stehen kann und nicht auf die Gruppe Rücksicht nehmen muss.

Ich befürchte, dass meine neue Schwiegertochter ihre eigenen Kinder besser behandeln wird als die angeheirateten, meine Enkel.

Es gibt eine Untersuchung, die vergleicht, inwiefern die Versorgung der Kinder in Bezug auf die leiblichen Kinder oder die Kinder des neuen Partners sich unterscheidet. Und dort konnte man feststellen, dass in neuen Partnerkonstellationen die Partner die größte Priorität haben und dann jeweils die eigenen Kinder und die leiblichen Kinder des Partners. Stiefkinder werden nicht stiefmütterlich oder stiefväterlich behandelt von den neuen Partnern.

Trotzdem ist die Sorge im Einzelfall nicht unberechtigt. Gewisse Unterschiede wird es geben, und das ist auch nicht verwunderlich. Leibliche Kinder sind anders mit ihren Müttern verbunden als angeheiratete. Man kann aber davon ausgehen, dass sich die neuen Partnerinnen in aller Regel große Mühe geben, ein gutes Verhältnis zu den Kindern des Mannes zu finden, schon um nicht als böse Stiefmutter dazustehen.

Es heißt, das Leben in einer Patchworkfamilie sei für Kinder in mancher Beziehung von Vorteil. Ist das nicht übertrieben?
Eine Patchworksituation erfordert viel Flexibilität und Kreativität. Die klassischen Strukturen sind über den Haufen geworden, die Situation ist eine Herausforderung und verlangt Lösungen für ungeplante Ereignisse. Immer wieder müssen Entscheidungen getroffen werden, an denen die Kinder beteiligt sind: Wer wird zum Geburtstag eingeladen? Wer holt mich von Bahnhof ab? Laden wir die neue Frau des geschiedenen Mannes zur Konfirmation ein? Das verlangt vom Kind Eigenregie und Eigeninitiative! In einer Patchworkfamilie müssen die Kinder mehr kämpfen und selbst aktiver Lösungen vorschlagen, wenn ihnen etwas wichtig ist. Sie lernen, Kompromisse zu machen. Das fördert zum einen Standfestigkeit und Selbstbewusstsein, zum anderen die Erkenntnis, dass Beziehungen gepflegt werden müssen.

Kapitel 6

Alle (wieder) unter einem Dach

Spielregeln für das Experiment Großfamilie

Haben wir idealisierte Vorstellungen vom Zusammenleben mehrerer Generationen? Denken wir an die liebe, apfelwangige Oma am Kachelofen in der Stube, die immer da ist und mit müden Knochen und schwieligen Händen, aber gut gelaunt am Kachelofen sitzt und den Kindern Märchen erzählt, während die Eltern ihrer Arbeit nachgehen? Könnte es sein, dass die Sehnsucht, in einen größeren familiären Zusammenhang eingebunden zu sein, ebenso stark ist wie das Bestreben, selbstbestimmt zu leben und individuellen Neigungen nachgehen zu können?

Im Jahr 2005 lebte nach Angaben des Statistischen Bundesamts in Deutschland etwa ein Prozent der Gesamthaushalte mit mehreren Generationen unter einem Dach, das sind in Zahlen ausgedrückt, um die 252 000 Drei-Generationen-Familien. Tendenz sinkend. Großfamilienleben ist selten geworden, dabei war es bis ins 19. Jahrhundert hinein die dominierende Familienform. Bei Handwerkern und Bauern dehnte sich das Zusammenwohnen sogar noch weiter aus; deren Haushalt bestand nicht ausschließlich aus Blutsverwandten, sondern dazu noch aus Mägden, Knechten, Lehrlingen, Gesellen, Untermietern.

Heute sind die so genannten Mehrgenerationenhäuser im Trend. Nachdem ab dem 19. Jahrhundert die bürgerliche Familie immer kleiner wurde und nur noch aus zwei Generationen bestand, ist in den letzten Jahren wieder der Wunsch gewachsen, in ein größeres Ganzes eingebettet zu sein, um der drohenden Vereinsamung zu entgehen. Interessant ist dabei, dass selten an mehrere Generationen aus *einer* Familie gedacht ist – das ist ein Konzept, mit dem man eher Probleme und Grenzüberschreitungen verbindet. Mit einer patenten älteren Dame unter einem Dach wohnen, gerne, aber bitte nicht mit der eigenen Mutter oder Schwiegermutter!

Das Zusammenwohnen mehrerer Generationen hat Vorteile. Es vermittelt Geborgenheit für die Kinder, man kann sich gegenseitig praktische Hilfe leisten, der Kontakt zu jüngeren bzw. älteren Menschen regt an und hält den Geist beweglich. Das Verständnis füreinander wächst, wenn man sich häufig austauschen kann. Die Nachteile – die Arbeitsbelastung der mittleren Generation, vor allem der Frauen, und die unvermeidlichen Reibereien unter Familienmitgliedern – möchte kaum noch jemand in Kauf nehmen. »Die Menschen, die sich heutzutage zum generationenübergreifenden Wohnen entschließen, haben aus der Geschichte gelernt: Statt auf verwandtschaftliche bauen sie auf ideelle Bindungen und versuchen so die positiven Erfahrungen von einst ohne ihre negativen Begleiterscheinungen wie zum Beispiel konfliktbelastete Familienbeziehungen ins Heute zu übertragen. Sie suchen Geborgenheit ohne Enge, intellektuelle Anregung ohne Denkverbote«.[35] Die freiwillige Hausgemeinschaft setzt sich zum Ziel, älteren Menschen möglichst lange ein selbstbestimmtes Leben zu ermöglichen. Die jüngeren Bewohner profitieren von der Lebenserfahrung der Senioren. Junge und alte Menschen schaffen sich hier einen Ersatz für die fehlende Großfamilie.

Offenbar ist es für wenige junge Menschen reizvoll, mit den eigenen Kindern und Eltern unter einem Dach zu wohnen. Hat sich die jüngere Generation damit aus der familiären Enge befreit? Ist sie für sich zu dem Schluss gekommen, dass es ein Zuviel an Beziehungsarbeit wäre, das Modell Großfamilie wieder zum Leben zu erwecken?

Sehen wir uns Familien an, die es trotzdem gewagt haben, sei es aufgrund wirtschaftlicher Notwendigkeiten, sei es aus praktischen Erwägungen oder aus den Wunsch heraus, eine Lebensform, die sie in ihrer Kindheit als bereichernd erfahren haben, mit anderen zu teilen. Bei der Suche nach Beispielen stößt man schnell auf Warnungen vor den Gefahren von zu viel Nähe. Birte, Anfang 40, erlebte mit den Jahren, wie sich das zunächst gute Verhältnis zu ihren Schwiegereltern immer mehr verschlechterte:

Ich hatte bis vor circa 12 Jahren eine tolle Schwiegermutter. Ich konnte mit ihr über alles reden. Dann sind wir leider zu meinen Schwiegereltern ins Haus gezogen und haben dieses auch übernommen. Seit dieser Zeit wurde unser Verhältnis von Jahr zu

Jahr immer kälter. Sie mischte sich in alles ein und war nur noch am kommandieren, was man alles machen müsste, sprich Sauberkeit, Garten und so weiter. Anfangs habe ich auch gemacht, was sie mir gesagt hat, aber man wird ja auch älter und selbstbewusster, da habe ich dann langsam angefangen, nicht mehr alles so zu machen, wie sie es richtig fand, und seit der Zeit wurde sie immer beleidigter. Heute spricht der Schwiegervater nicht mehr mit uns, da er wollte, dass sich mein Mann beim Nachbarn wegen des Gartenzauns beschwert und er das nicht tat, weil der Zaun uns überhaupt nicht störte. Sie sind nicht mehr kompromissbereit, und das führt immer zu Reibereien. Ich denke, wenn wir mal Schwiegereltern sind, werden wir uns hoffentlich anders verhalten und kompromissbereiter sein.

Meine Schwiegermutter kommt zurzeit jeden Tag und besucht meinen Mann (der mit gebrochenem Bein zu Hause ist, aber Krücken hat und durchaus mobil ist) und bringt ihm »gute Hausmannskost«, bemuttert ihn, bäckt Kuchen etc. Neulich kam ich nach Hause und wollte mir Kaffee machen. In der Küche habe ich keine Tasse mehr gefunden, weil sie in meiner Abwesenheit alles neu organisiert hatte und meinte, aus ihrer Sicht sei es so effizienter.

In Birtes Klage ist unübersehbar, dass unklare Grenzverläufe und fehlende Absprachen, die vermutlich vor dem Zusammenziehen auch schon existierten, durch das Leben unter einem Dach eine neue Brisanz erhielten. Wahrscheinlich wäre das Verhältnis zwischen Jung und Alt auch weiter gut und freundschaftlich geblieben, wenn die Paare getrennt voneinander gelebt hätten und die Älteren gar nicht erst in Versuchung gekommen wären, sich in den Alltag der Jüngeren einzumischen und ihnen Anweisungen zu erteilen. So aber betrachten sie das Haus, in dem sie zuerst allein gelebt hatten, auch weiterhin als ihr Territorium, und Gartenzaun wie Küchenorganisation gelten für sie im Grunde als »Chefsache«, die man den jungen Leuten nicht überlassen darf.

Wo Privatsphäre anfängt und aufhört, ist eine der wichtigsten Fragen für alle Familien. Im Miteinander der Generationen wird sie schnell zum Dreh- und Angelpunkt für Gelingen oder Scheitern eines gemeinsamen Wohnprojekts.

Ganz anders sind die Erfahrungen der Familien Kleinschmid

und Sänger. Die junge Familie Sänger mit ihren drei Kindern unter zehn Jahren wohnt in den unteren beiden Stockwerken eines Einfamilienhauses, die Eltern darüber im geräumigen Dachgeschoss. Die Initiative zum Zusammenwohnen ging von den Jüngeren aus, die für sich praktisch nur Vorteile sahen und heute noch sehen. Frau Sänger, die vormittags arbeitet, empfindet es als große Entlastung, dass verlässliche Menschen mit im Haus wohnen. Bei den Großeltern sind die Kinder immer gut aufgehoben; sie muss nicht erst umständlich eine Betreuung organisieren, wenn die Kleinen mal krank sind. Auch ihre Eltern können sich kein besseres Leben vorstellen:

Herr Kleinschmid: *Wir haben es uns genau überlegt. Wir sind gerne auf Reisen und wollten uns eigentlich nicht so sehr binden. Aber als das Angebot kam, waren wir uns doch schnell einig. Dann haben wir uns mit unserer Tochter und dem Schwiegersohn zusammengesetzt und diskutiert, wie sie sich das so vorstellen. Das fanden wir sehr wichtig, damit klar ist, wer was macht und was sie von uns erwarten. Wir sind ja nicht bloß Rentner und Babysitter, wir haben auch noch eigene Interessen.*

Frau Kleinschmid: *Meine Tochter ist ihr eigener Herr, ich rede ihr überhaupt nicht hinein. Ich weiß noch, wie das früher bei meiner Mutter war, sie hat zu allem ihren Senf gegeben, das konnte ich überhaupt nicht ab. In Erziehungsfragen halte ich mich zurück, auch wenn ich anderer Meinung bin. Mein Mann kümmert sich viel um Handwerkliches, das ist so seine Domäne. Und wenn es wirklich mal kracht, kann man sich auch im Haus aus dem Weg gehen. Es gibt zwei Wohnungstüren, die man zumachen kann. Dann wartet man ein Weilchen, atmet tief durch, und dann ist wieder gut. Wir wollen das hier nicht aufs Spiel setzen.*

Frau Sänger: *Unsere Kinder werden von meinen Eltern mit erzogen, aber das stört mich nicht. Sie fühlen sich wohl bei ihnen und können ganz gut trennen, ob sie bei Oma und Opa oder bei uns sind. Oben werden sie ein bisschen mehr verwöhnt, das ist schon in Ordnung. Dass meine Eltern im Haus wohnen, findet auch mein Mann gut – besser, als er sich das früher vorstellen konnte. Sie sind immer in Reichweite, das ist toll. Gut, manchmal ist es auch ein bisschen nervig. Wenn ich zum Beispiel müde von der Arbeit komme, will ich nicht noch lange diskutieren, ob sie jetzt noch zur Oma dürfen oder nicht. Aber alles in allem sind wir sehr zufrieden.*

Junge Eltern mit kleinen Kindern sind bereit, gelegentliche Meinungsverschiedenheiten und Einschränkungen in ihrem Privatleben in Kauf zu nehmen, wenn sie dafür den Großeltern ihre Kinder ohne Skrupel und mit einem guten Gefühl anvertrauen können. Sie fühlen sich von ihren eigenen Eltern weniger häufig überfordert als junge Erwachsene gleichen Alters ohne eigene Kinder. Das wurde in einer umfassenden Befragung ermittelt. Offenbar wächst mit den Erfahrungen mit eigenen kleinen Kindern und mit dem Unterstützungsbedarf auch die Toleranz gegenüber einer mitunter als etwas lästig empfundenen Anwesenheit der eigenen Eltern.

In einer Familie, die auf engem Raum zusammenwohnt – und ein Haus kann sich sehr eng anfühlen –, geht es nicht ohne Spielregeln. Je besser die Lebensbereiche getrennt sind, desto einfacher wird das Zusammenleben, sagen Experten. Getrennte Wohnungen sind eine gute Voraussetzung für eine friedliche Koexistenz. Doch nicht immer sind die Räumlichkeiten so, dass sich Türen schließen lassen und beide Parteien ausreichend Rückzugsmöglichkeiten haben. Ein ungestörtes Privatleben ist aber vor allem für die jüngere Familie, die mit einem hohen Maß an individueller Freiheit aufgewachsen ist, eine Grundbedingung. Ein verbreiteter Irrglaube in Familien ist die Annahme, nur mit Fremden müsse man die Regeln des Zusammenlebens aushandeln, die eigenen Kinder, Eltern, Schwiegerkinder und Geschwister kenne man ja gut genug.

Wer nicht zum autoritären Stil zurückkehren will, muss sich wohl oder übel bereit finden zu reden, seine Meinung zu vertreten und andere anzuhören. Aber auch andere Aspekte werden beim Zusammenleben mehrerer Generationen einer Familie immer wieder zutage treten, die sich als Fragen aneinander formulieren lassen:

A) Nähe und Distanz

- ☐ Wie definieren die einzelnen Familienmitglieder Privatsphäre?
- ☐ Wie viel Gemeinsamkeit wünschen wir uns? Was möchte jeder Einzelne/jedes Paar für sich allein unternehmen?
- ☐ Wie viel Wert wird auf wirtschaftliche Unabhängigkeit gelegt?

- ☐ Was wird gemeinsam entschieden und was getrennt voneinander?

B) Flexibilität und Struktur

- ☐ Können weitere Familienmitglieder dazukommen?
- ☐ Wer ist für die Kindererziehung verantwortlich?
- ☐ Welche Aufgaben übernehmen die Einzelnen für die Gemeinschaft?
- ☐ Welche Erwartungen existieren an das Zusammenleben?
- ☐ Wie viel Freiraum bleibt für das Leben außerhalb der Familie, zum Beispiel für Hobbys, Reisen?

C) Planung und Spontaneität

- ☐ Wie gehen wir mit Konflikten um?
- ☐ Wie lassen sich Bedenken ausräumen, was das Zusammenwohnen betrifft?
- ☐ Soll es regelmäßige »Familienkonferenzen« geben?
- ☐ Wie bereiten wir uns auf Krisensituationen, beispielsweise Krankheit, vor?

Vieles lässt sich planen, vieles ergibt sich aber auch erst im Lauf der Zeit. Deshalb ist ein hohes Maß an Flexibilität für alle Familienexperimente von Vorteil. Davon ist jedenfalls die 70-jährige Margarete überzeugt, die seit zehn Jahren mit Tochter, Schwiegersohn und Enkel in ihrem Geburtshaus wohnt. »Alles läuft hier ohne Zwang. An manchen Tagen ergibt es sich, dass wir zusammen essen, und wenn nicht, ist es auch nicht schlimm. Wir lassen uns viel Luft.«

Wenn es zwischen Alt und Jung in einer Familie gut funktioniert, hat das ausgesprochen positive Auswirkungen auf das physische und psychische Wohlbefinden. Bei Befragungen sprachen vor allem ältere Menschen, die mit ihren Kindern und Enkeln zusammenwohnten, von »Zufriedenheit«, »Ausgeglichenheit«, dem »Gefühl, dazuzugehören«. Dieses Gefühl kennen sicher viele von uns: Man reist zu einem Familientreffen mit der weiteren Verwandtschaft, trifft Menschen, die man noch nie oder selten gesehen hat, und fühlt sich »zugehörig« in einem Sinn, der schwer zu definieren ist. »Wir sind eben aus einer Familie«, ist dann die unbeholfene Erklärung für die merkwürdige, unerwartete Nähe zu einem eigentlich unbekannten Menschen. Geborgenheit ist etwas, das man sich von Familie wünscht, Sicherheit, weil man zu einem sozialen Netz gehört und Unterstützung erhoffen kann. Auch von »Bereicherung« ist die Rede oder von den positiven Rückmeldungen, dass man noch nicht zum alten Eisen gehört. Das Eingebundensein in einen Familienalltag hält jung, man kann noch mitreden, bekommt Anregungen von außen. Das moderne Leben kommt, gefiltert durch die jüngere Generation, ins Haus und bringt frischen Wind.

Die jüngere Generation sieht sich, abgesehen von der Kinderbetreuung, anfangs nicht unbedingt als Gewinner eines Mehrfamilienarrangements. Sie stellt häufig erst im Laufe der Zeit fest, dass die Gegenwart der eigenen Eltern für sie selbst und ihre Kinder mehr ist als eine praktische Alltagsregelung. Sie haben mit den Eltern auch Mentoren und Förderer im Haus, von deren Lebenserfahrung und Kontakten sie profitieren können. In der Vitalität und geistigen Regsamkeit der Älteren, die heute ja bis ins hohe Alter reicht, erleben sie ein positives Modell für das eigene Älterwerden. Und sie erleben, wie die Eltern den eigenen privaten und beruflichen Werdegang aus der Nähe begleiten. Dass Eltern auch bei geringen Anlässen stolz auf ihre Kinder sind, weil sie stolz sein wollen, wissen erwachsene Kinder, sobald sie selbst Kinder haben. Dennoch genießen sie es wie früher in der eigenen Kindheit, von ihren alten Eltern Lob und Anerkennung für ihre Leistungen zu erhalten.

Drei Generationen und ein Betrieb

Wie sieht es aus, wenn mehrere Generationen nicht nur zusammen leben, sondern sogar zusammen arbeiten, wenn sich also Privatleben und Geldverdienen nicht säuberlich trennen lassen und private Konflikte immer auch ganz unmittelbare Auswirkungen auf das materielle Wohlergehen aller haben?

Auf dem Land herrschte lange das Lebensmodell Großfamilie mit einer festen Familienhierarchie. Die gesellschaftlichen Umbrüche haben jedoch auch vor ihm nicht Halt gemacht. Der Alltag ist immer komplexer geworden, neue Herausforderungen müssen bewältigt werden. Neben den traditionellen Aufgaben – Vieh versorgen, Ernte einholen, Kinder großziehen – muss in landwirtschaftlichen Betrieben immer stärker unternehmerisch gedacht werden. EU-Bürokratie, Investitionen, Innovationen, Strukturwandel – für manchen Bauern sind das Synonyme für ein Gefühl der Überforderung, das sich in ständigen Existenzängsten äußert. Die Sorge um das ökonomische Überleben des Betriebs betrifft die gesamte Familie und sorgt für Spannungen unter den Mitgliedern.

Problemlösungen können in einem Familienbetrieb nur über die Generationsgrenzen hinweg entwickelt und realisiert werden. Das ist eine harte Lektion, vor allem für die Älteren. Wer die beträchtlichen Probleme der Gegenwart so meistern will, dass eine Zukunft überhaupt möglich ist, muss deshalb lernfähig und kompromissbereit sein – oder werden – und die eigene Position auch einmal infrage stellen können.

Einer Familie, die in den letzten 50 Jahren fast exemplarisch die Entwicklung vom Traditionsbetrieb zum modernen Unternehmen durchlaufen hat, scheint die Gratwanderung gelungen zu sein. Das macht neugierig:

Auf dem Gelände des Bauernhofs, der weithin sichtbar auf einer Anhöhe liegt, sind Moderne und Tradition vereint, wie dem Besucher gleich beim ersten Rundgang auffällt. In Stein gemeißelt steht die Jahreszahl 1776 an dem alten Bauernhaus, das gerade für die junge Familie ausgebeint und umgebaut wird. Dahinter steht ein großer, luftiger Stall für die Kühe und das Jungvieh. Ein Sitzplatz mit Sandelecke und Kinderspielzeug hinter einem kleineren Wohnhaus lässt erkennen, dass die jüngsten Bewohner noch nicht lange aus den Windeln heraus sind.

Der von Wiesen umgebene Hof sieht aus wie eine Großbaustelle, alle arbeiten mit, jeder nach seinen Fähigkeiten. Der Betrieb muss laufen, das Vieh muss versorgt werden und auch für den Umbau existiert ein strikter Zeitplan, denn die junge Familie soll bald separat wohnen können. Der Arbeitsdruck ist immens: Die Oma betreut die beiden Enkel mit, die Schwiegermutter geht ihrem Beruf nach und hilft davor und danach auf dem Hof, der Altbauer, Herr Walter, geht seinem Sohn zur Hand, so gut es sein lädierter Rücken zulässt. Er lebt seit seiner Geburt auf diesem Hof und hat zwiespältige Gefühle, wenn er sich umschaut.

Herr Walter: *Wenn man älter wird, kotzt es einen auch manchmal an. Ich habe nur noch einen Wunsch, dass endlich mal*

Schluss ist mit dieser Bauerei. Aber mein Bruder hat mal gesagt: Es ist deren Baustelle. Das geht nur die an. – Es tut halt auch weh, dass alles wegkommt, was wir gemacht haben. Wir haben ja mal den ganzen Stall neu gemacht. Und dann, wenn ich mal ein, zwei Stunden geholfen habe, das wegzumachen, was ich früher hin gebaut hab, muss ich eine Weile weggehen und was anderes machen.

Es sind halt gemischte Gefühle. Zumindest, solange es im Bau ist. Wenn's mal rum ist und die sind froh und zufrieden, dann wird es auch anders. Mitte Januar haben sie mit dem Bauen angefangen, und wir sind hoch gezogen und alle wohnen jetzt in einem Haus zusammen. Der Druck, die Belastung ist relativ stark.

Frau Walter: *Früher, als ich hierher gekommen bin, hatten wir keine zwei Wohnungen. Da war mein Mann mit den Eltern da, und der Schwiegervater hat noch eine ledige Schwester gehabt, und mein Mann hatte noch zwei Geschwister, die hier gewohnt haben. Und es gab kein Bad. Das Waschbecken war im Wohnzimmer. Da hab ich als Erstes gesagt: Du, ich will im Schlafzimmer ein Waschbecken. Und das habe ich bekommen. Selbstverständlich war das nicht, ich war dann die Anspruchsvolle. Der Schwiegervater ist bettlägerig geworden, den musste man dann noch pflegen. Und dann sind die Kinder gekommen, wir haben drei Kinder, und die hat die Schwiegermutter mit erzogen. Sie war eine richtige Schafferin. Wenn ich sie hab machen lassen, wie sie es wollte, ist es gut gegangen, aber wenn nicht … Dann bin ich zu meinem Mann gegangen.*

Ich hab immer gesagt, ich will später mal in einem eigenen Haus wohnen. Das wollte ich unbedingt. Es war mir so ein Anliegen. Wir haben uns nicht gestritten, aber ich hab auch darunter gelitten, wie es vorher war. Ich hab mich nicht wohlgefühlt. Sie hat es nicht böse gemeint. Ihr Mann war schon älter, und als sie eingeheiratet hat, hat sie das Regiment gehabt. Und das hat sie behalten bis zu ihrem Tod. Unsere Schwiegertochter ist Erzieherin. Sie ist keine Zimperliche, sie kann auch Hand anlegen, wenn es nötig ist.

Man hat früher viel handwerklich gemacht, mit der Mistgabel und so, die Frauen waren mit eingebunden, es war einfach so. Und heute ist es zum größten Teil so, dass die Jungbäuerinnen auch noch einen Beruf haben. Wenn sie Kinder haben und die dann drei Jahre sind, gehen die meisten wieder arbeiten.

Die Umbrüche, die die Familie zu bewältigen hatte, waren gewaltig. Sie beschränkten sich nicht auf das neue Berufsbild der Bäuerin, die Hofsanierung, den späteren Neubau und die Berufsunfähigkeit des Bauern durch ein Rückenleiden. Nachdem der Bauer seinem Sohn, der noch keine 20 war, den Hof überschrieben hatte, ging es gleich weiter mit den Veränderungen. Der Strukturwandel in der Landwirtschaft erforderte ein radikales Umdenken, und der Sohn entschloss sich zu einem sehr ungewöhnlichen Schritt. Er tat sich mit zwei Kollegen zu einer Kooperative zusammen und wurde daraufhin zunächst belächelt und sogar angefeindet. Das hat sich inzwischen gründlich geändert.

Herr Walter: *Eine Partnerin hatte er noch nicht, als er den Hof überschrieben bekam. Aber wir beide waren ja immer da und sind ja immer dahintergestanden. Wir haben ihn unterstützt, so gut es ging. Und dann ist er vor 10 Jahren mit dem Kooperationsgedanken gekommen. Der Strukturwandel mit der Landwirtschaft ist immer weiter gegangen und dann hat er auf einmal eine Chance darin gesehen. Er wollte größere Einheiten. Er hatte zwei Kollegen und hat sich mit denen zusammengetan. Man weiß, dass Kooperationen, wenn sie noch so gut funktionieren, beim nächsten Generationswechsel Probleme machen. Man weiß einfach, dass die nächste Generation das anders will. Davon kann man ausgehen.*
Als der Sohn beschlossen hat, dass er bauen will, mussten wir die Eigentumsverhältnisse regeln. Mit 60 Jahren will ich keine Grundschuld mehr übernehmen. Man muss also die Eigentumsverhältnisse so regeln, dass jeder weiß, was ihm gehört. Und das haben die hervorragend zustande gebracht … Wir haben mit ihm einen Vertrag gemacht, und in dem Vertrag haben wir auch festgelegt, mit 65 möchte ich gerne in diesem Haus wohnen. Dann hat er das in Angriff genommen, dass sie bis in einem Jahr das andere Haus umgebaut haben. Aber natürlich haben wir an dem Haus auch wieder viel geholfen.

Früher haben wir alle zusammen im Haus gewohnt. Man hat halt geschaut, dass man miteinander über die Runden kommt, denn wenn es gegeneinander gelaufen wäre, wäre es nicht machbar gewesen.

Frau Walter freut sich darauf, etwas mehr Zeit und Raum für sich zu haben. Sie selbst war noch ganz die Bauersfrau im klassischen Sinn, aber sie hat durchaus Verständnis dafür, dass die jüngeren Frauen andere Vorstellung von einem glücklichen Leben haben. Als ihnen Anfang der 1990er Jahre die Sorgen über den Kopf wuchsen, nahmen Herr und Frau Walter an einem Gesprächskreis für bäuerliche Familien teil, durch den sie erkannten, dass sie mit ihren Nöten nicht allein standen.

Herr Walter: *Die Notwendigkeit, dass wir uns beraten lassen, die lag eher darin, dass wir für die Zukunft die Weichen richtig stellen wollten. Es hat unseren Horizont erweitert. Wir haben gesehen, dass andere auch Probleme haben. Bei anderen ist es anders gewesen, die hatten entweder durch familiäre Geschichten oder mit dem Geld oder der Umstrukturierung zu tun. Das, was die Älteren aufgebaut hatten, war plötzlich nichts mehr wert. Dadurch, dass wir bei dem Gesprächskreis waren, glaub ich, dass wir offener sind. Offener als jemand, der noch nie was anderes mitbekommen hat als den Hof. Für mich war wichtig – das Loslassen und Sichzurückziehen. Dann ist man für die nachfolgende Generation eine wichtige Stütze. Und dann ist es auch gut, und sie sind zufrieden und wir auch.*

Im bäuerlichen Umfeld haben die Beziehungen zwischen den Generationen einen höheren Stellenwert als in Familien, die unabhängig voneinander wirtschaften. Agrarfamilien wissen, dass lang anhaltende Bindungen einengend sein können, aber auch Sicherheit gerade in Krisenzeiten vermitteln.

Die Familie wird heute, bedingt durch die Angst vor Rezession und Überalterung, wieder stärker als ökonomische Größe gesehen, die einen wesentlichen Beitrag zur wirtschaftlichen Absicherung seiner Mitglieder leistet. »Auch wenn die ländliche Lebenswelt nicht uneingeschränkt auf die übrige Gesellschaft zu übertragen ist, können davon angesichts der aktuellen familienpolitischen Situation auch Anregungen ausgehen«, schreibt der Sozialpsychologe Hans Goldbrunner, der sich ausführlich mit den Generationenkonflikten auf landwirtschaftlichen Betrieben befasst hat.[36] Auf das Beispiel der Familie Walter bezogen, könnte man fragen, wie sie es geschafft hat, die Beziehung zwischen Eltern und erwachsenen Kindern so zu gestalten, dass ein funktionierendes System entstanden ist, mit dem alle Generationen recht zufrieden sind. Auffällig sind sieben Aspekte:

Die Familie hat Veränderungen als notwendigen Bestandteil des Lebens erkannt und sich nicht dagegen gestemmt

Äußere Einflüsse, wie etwa die Öffnung der Grenzen zur ehemaligen DDR brachten den Betrieb in große finanzielle Bedrängnis. Statt auf die Politik zu schimpfen, ergriff die Familie selbst die Initiative und führte notwendige Neuerungen ein. Die Idee einer Kooperative, die der Sohn hatte, war vermutlich der rettende Einfall und hätte nicht ohne den Einsatz des älteren Ehepaars realisiert werden können.

Neuerungen, die man nicht selbst in die Wege leitet, lösen ein Gefühl von Bedrohung und Kontrollverlust aus. Ein starres Festhalten an Bestehendem kann Änderungen verhindern, die als Verrat am »Altbewährten« betrachtet werden. Daraus entsteht bei den Älteren das Gefühl, dass das, was sie erreicht haben, nicht genügend gewürdigt wird. Dass der Sohn mit seinem innovativen Projekt zuerst zum Vater kam, war für diesen der Beweis, dass er nicht übergangen werden sollte.

Die Familie hat einen sinnvollen Zeitpunkt für die Hofübergabe gefunden und anerkannt, dass sich der Sohn zur Übernahme überhaupt bereit fand

Es war für das Ehepaar Walter nicht selbstverständlich, dass ihr Sohn den Hof einmal übernehmen würde. Sie freuten sich, als er Interesse zeigte und eine entsprechende Ausbildung anfing, aber sie hätten auch akzeptiert, wenn er einen anderen Weg eingeschlagen hätte. Er konnte sich freiwillig für den anstrengenden Beruf entscheiden.

Die Hofübergabe ist ein schwieriger Moment für beide Generationen. Auf der Jüngeren lastet nun die ganze Verantwortung und sie fürchtet den kritischen Blick der Älteren im Nacken. Diese wiederum fühlte sich unter Umständen nutzlos und abgeschoben und beobachtete alles, was »die Jungen« machten, mit Argusaugen. Wie in allen Übergangsphasen ist auch bei diesem Generationenwechsel gegenseitige Achtung unerlässlich.

Die Familie war willens, die Last auf möglichst viele Schultern zu verteilen

Durch seine gesundheitlichen Probleme musste sich Herr Walter mit dem Gedanken anfreunden, dass er allein dem Arbeitsaufkommen auf dem Hof auf Dauer nicht gewachsen sein würde. Das Eingeständnis fiel ihm nicht leicht, aber er rang sich dazu durch. Seine Entscheidung gründete auf Rücksichtnahme: Menschliche Belange, seine Ehe und seine Gesundheit gingen vor.

In manchen Familien herrscht das Motto »Das müssen wir alleine schaffen, wir brauchen keinen«. Das Eingeständnis, dass in schwierigen Zeiten Unterstützung von außerhalb der Familie sinnvoll ist, fällt schwer. Durch die Kooperationspartner kamen neue Kräfte ins Spiel, die sich auf alle entlastend auswirken. Der Mut, den Skeptikern entgegenzutreten, hat sich ausgezahlt.

Heikle Themen, wie Geld und getrennter Wohnraum, werden offen angesprochen

Bemerkenswert ist, dass Geld als Thema zwischen Vater und Sohn im Interview immer wieder erwähnt wurde. Es war und ist für beide völlig selbstverständlich, dass die finanzielle Grundlage des Zusammenlebens auf dem Hof juristisch geregelt werden muss und, falls sich die Situation ändert, auch Anpassungen notwendig werden könnten. Ebenso offen wird über den Wunsch der Großeltern nach einem eigenen Haus gesprochen. Der Sohn nimmt eine zusätzliche Arbeitsbelastung durch den Umbau in Kauf, damit Vater und Mutter rechtzeitig ihren eigenen Wohnraum bekommen.

Ein verbreitetes Problem in Mehrgenerationenfamilien ist, dass heikle und »profane« Themen wie Geld unter den Teppich gekehrt werden und dadurch unterschwelligen Groll verursachen. Oder die Familie wird romantisiert: Da man sich ja versteht und zusammengehört, scheint es überflüssig, vertragliche Festlegungen vorzunehmen. Dass eine Familie auch eine ökonomische Einheit ist, fällt erst auf, wenn die Beziehungen Schaden genommen haben.

Sie haben Hilfe gesucht, als die Probleme zu groß wurden.

Mehrfach betonen die Walters, wie sehr sie von dem Hilfsangebot der Beratungsstelle profitiert haben. Zunächst ging es um Sachthemen, die vor allem Herrn Walter beschäftigten, doch als Vertrauen entstanden war, kamen auch Beziehungsthemen zur Sprache und wurden nicht mehr allein zur »Frauensache« erklärt. Über Jahre hinweg hatten betriebliche und familiäre Probleme Platz in einem Kreis Gleichgesinnter.

Die Bereitschaft, überhaupt mit den eigenen Schwierigkeiten nach außen zu gehen und sich zu offenbaren, ist nicht hoch genug einzuschätzen. Familienangelegenheiten sind immer noch stark tabuisiert. Das Gefühl, keinen Ausweg zu haben, führt oft zu einer Verhärtung der Fronten, die sich in Vorwürfen und Schuldzuweisungen entlädt. Die Öffnung nach außen nimmt viel Druck und erlaubt es, auch einmal die Perspektive des »Gegners« zu sehen.

Sie haben es gelernt, über Gefühle und Wünsche zu sprechen

Herr Walter beschreibt anschaulich, wie schlecht es ihm geht, wenn er sieht, wie das Haus, in dem er aufgewachsen ist, umgemodelt wird. Er spürt seinen Schmerz, kann ihn artikulieren und ihn auch wieder beiseiteschieben, damit er wieder auf dem Bau arbeiten kann. Auch Frau Walter äußert ihren Wunsch nach einem eigenen Haus mit viel innerer Überzeugung. Dass die Eltern ihre Emotionen nicht verstecken, hat es sicher auch dem Sohn erleichtert, mit neuen Plänen zu ihnen zu gehen. Durch die einfühlsame Beratung haben sie gelernt, dass es erlaubt ist, über Gefühle zu sprechen und dass nicht immer das Schicksal des Hofs Priorität vor dem eigenen Befinden haben muss.

Sie haben Verständnis für die jüngere Generation entwickelt

Der Berufswunsch der Schwiegertochter, die in den Hof einheiratete, wurde von Anfang an respektiert und in den Familienalltag integriert. Die Rollen- und Aufgabenverteilung wurde und wird nicht nach einem streng traditionellen Schema vorgenommen, nicht danach »wie es immer war«, sondern flexibel nach den jeweiligen aktuellen Anforderungen. Der Generationenwechsel wurde von den Älteren nicht als Kränkung empfunden, sondern als Chance auf eine zukunftsträchtige, dynamische Entwicklung. Das ältere Ehepaar hat sich damit arrangiert, dass jetzt die Jungen das Sagen haben und den Rahmen vorgeben, und kann im Ausgleich dafür seine Kompetenzen weiterhin einbringen – er als erfahrener, routinierter Landwirt, sie als souveräne Bäuerin und Großmutter.

So ist ein Unterstützungssystem entstanden, in dem unterschiedlichste Formen gegenseitiger Hilfeleistung erfolgen. Bewahren und erneuern – in diesem Spannungsfeld leben nicht nur bäuerliche Großfamilien. Die Beschäftigung mit Mehrgenerationenfamilien in der Landwirtschaft zeigt, dass dort ungeahnte Ressourcen schlummern, was das menschliche Miteinander angeht, und vor allem auch die Gestaltung von Generationenbeziehungen. Dass Bewusstsein, dass man vor den Problemen in der Familie nicht davonlaufen kann, führt gelegentlich zu Verbitterung und Isolation; im positiven Fall, wie hier, führt es jedoch zu einem intensiven Nachdenken über die Zukunft des Einzelnen und der Gemeinschaft und der Bereitschaft, mutig ungewohnte Wege zu gehen.

Nesthocker und Boomerang Kids

Was ein Nesthocker ist, wissen wir: Eine Spezies junger Erwachsener, häufig männlichen Geschlechts, die auffällig lange bei ihren Eltern leben. Sie denken nicht daran, ihr Domizil in der elterlichen Wohnung zu räumen, allzu bequem ist es im »Hotel Mama«. Der Nesthocker ist zweifellos ein Wohlstandsphänomen, denn hätte er nicht sein eigenes Zimmer, möglichst im geräumigen elterlichen Eigenheim, würde er es dort nicht so lange aushalten.

Als unsere Generation erwachsen wurde, war es üblich, möglichst schnell auszuziehen und allein oder mit Freunden in einer Wohngemeinschaft zu wohnen. Mehr als 90 Prozent der jungen Frauen zogen mit 20, junge Männer spätestens mit 21 Jahren von zu Hause aus. Heute hat sich der Zeitpunkt für 50 Prozent der jungen Erwachsenen um rund zehn Jahre nach hinten verschoben. Und noch etwas hat sich geändert: Nichts hätte uns Nestflüchter auf Dauer wieder in die elterlichen vier Wände zurückgetrieben, außer vielleicht ein echter Notfall. Es war Ehrensache, nicht mehr bei Mama und Papa Unterschlupf zu suchen, sondern sich allein durchzuschlagen, notfalls auch mit schlecht bezahlten Jobs oder Sozialhilfe.

Heute nehmen es viele Eltern hin, dass ihre Kinder sich mit dem Auszug viel Zeit lassen. Es gibt ja auch gute Gründe: Die Kosten für Studium oder Wohnen in einer anderen Stadt haben so zugenommen, dass es sich viele Familien nicht mehr leisten können, ihrem Nachwuchs Ausbildung plus Wohnraum zu finanzieren. Aber dann ist irgendwann der Abschluss geschafft, Sohn oder Tochter treten, wenn sie Glück haben und sich fleißig bewerben, ihre erste Stelle an. Und zwei Jahre später sind sie wieder da. Für sie gibt es neuerdings den treffenden Begriff »Boomerang Kids« – sie fliegen weg, drehen eine Runde und kommen wieder. Und die Eltern staunen, ziehen den Kopf ein und versuchen aufzufangen.

Der Auszug als biografischer Übergang ist heutzutage nicht leicht zu definieren, da er sich oft über einen längeren Zeitraum hinzieht und es nicht selten nach einem ersten Versuch zumindest vorübergehend zu einem Wiedereinzug ins Elternhaus kommt. Erst mit der Gründung eines eigenen Hausstandes ist dieser Prozess definitiv abgeschlossen. Und nicht einmal dann kann man sicher sein, dass sie nicht doch eines Tages wieder mit dem Koffer vor der Tür stehen. In dem Artikel »Nach Hause kannst du immer kommen« wird ein Beispiel für die Rückkehr eines erwachsenen Mannes zu den Eltern in Tagebuchform anschaulich vorgeführt.[37] Von April bis Dezember dauert das Zwischenspiel für den 35-jährigen Sohn eines älteren Ehepaars. Es ist eben die »praktischste Lösung« für den arbeitslosen Architekten, dessen Frau sich in einen Kollegen verliebt hat. Alte Spannungen zwischen Vater und Sohn breiten sich wieder aus, und es wird wieder nicht über sie geredet. Der Sohn regt sich wie früher über die Sprachlosigkeit in der Familie auf, aber den Absprung findet er erst, als sich ein Neuanfang mit seiner Frau abzeichnet. Am Ende zieht er wieder zu Frau und Kindern und lässt die Eltern hochzufrieden und stolz zurück, als hätten sie eine schwere Aufgabe bewältigt. So interpretiert der Sohn ihren Gesichtsausdruck – denn was die Eltern denken, erfährt man nicht. Auch nicht, was die Partnerin davon hält.

Es ist im Grunde eine traurige Geschichte, und man wünscht sich als Leserin, der nicht mehr ganz junge Mann hätte nicht die einfachste Lösung gewählt, wäre nicht von einem Nest ins andere gehüpft. Es ist zudem eine nicht ungewöhnliche Geschichte, denn sie spielt sich immer häufiger ab, und nicht immer bleibt es bei neun Monaten. Manche Kinder ziehen gar nicht erst aus, andere kehren immer wieder in Notzeiten ins Elternhaus zurück. Kriselt es in der Ehe, fragt so mancher Sohn schon mal vorsichtig an, ob er eine Zeit lang zu Hause wohnen dürfe. Lieber bei Papa und Mama unterkriechen, als ein einsames Single-Leben in Kauf nehmen?

Man kann sich fragen, ob das eine neue Familienorientierung ist. Sind wir unseren Kindern so lieb und teuer, dass sie nicht ohne uns sein wollen? Oder sind unsere Kinder so unselbstständig, dass ihnen die weite Welt Angst macht? Haben wir sie so erzogen oder halten wir sie womöglich mit unserer übergroßen Fürsorglichkeit im warmen Nest? Man könnte ja meinen, dass es kein Nachteil sein muss, wenn erwachsene Kinder eine Zeit lang wieder bei Mutter und Vater wohnen, solange diese damit einverstanden sind. Die Eltern wohnen vielleicht noch in der Familienwohnung, in der genug Platz für Gäste ist, und freuen sich über Abwechslung. Der Sohn kann das Geld, das er für Miete ausgeben müsste, sparen und zum Beispiel für eine Weiterbildung verwenden. Theoretisch stimmt das alles. Die Erfahrung zeigt nur leider, dass es ein Problem gibt: Die Rückkehrer, so erwachsen sie äußerlich wirken, schlüpfen nur allzu gerne wieder in die Kinderrolle und lassen sich versorgen. Und dazu sind die wenigsten Eltern noch einmal bereit. Sie haben mühsam den Übergang zum Leben ohne Kinder geschafft und wollen nicht wieder in die alten Bahnen zurück.

Unser Sohn hat angefragt, ob er für eine Zeit zu uns ziehen kann, wenn sein Praktikum vorbei ist, bis er eine neue Stelle hat. Wenn ich ehrlich bin, hoffe ich, dass er eine andere Lösung findet. Natürlich würde ich es nicht ablehnen, wenn er in sein früheres Kinderzimmer (mittlerweile unser Arbeitszimmer) zurück wollte, aber ich denke, das könnte nur eine kurzfristige Notlösung sein. Er wäre sicher nicht wild darauf, wieder unter Aufsicht der Eltern zu wohnen, und ich bin nicht wild darauf, wieder tägliche Debatten über seine Musiklautstärke und stundenlange Duschsessions zu führen

So wie es jetzt ist, ist es gerade richtig – sie kommen zu Besuch, zum Essen und Tratschen, wir telefonieren und vertragen uns blendend. Es wäre schön, wenn es so bliebe.

Das ist der Tenor der meisten Aussagen zum Problem Nestrückkehr: »Der Abstand ist gut, so wie er ist, wir möchten nichts daran ändern.« Die Eltern befürchten – zu Recht, wie sich immer wieder zeigt –, dass sich das Verhältnis durch das Zusammenleben auf engem Raum verschlechtern wird. Die alten Querelen sind noch gut im Gedächtnis und niemand hat mehr Lust auf eine zweite Runde. Das klingt dann so:

> *Mein Sohn (27) wohnt nach einem Auslandsaufenthalt seit ein paar Wochen wieder bei uns. Natürlich hilft er mal im Haushalt, aber nur nach Aufforderung. Der Kühlschrank ist immer leer, eingekauft wird nicht. Im Garten wird mit Freunden gegrillt, nachts knallen die Türen. Die Wäsche mache ich mit, weil ich die Berge nicht sehen kann, die sich im Bad türmen. Er soll selbstständig werden, seinen eigenen Haushalt führen. Ich will nicht wissen, wann er aufsteht und ins Bett geht, wann er Freunde zu Besuch hat.*

Unsere Kinder sind in einer liberalen Gesellschaft aufgewachsen, die ihnen wenig Zwänge auferlegt hat. Existenzielle Krisen in Elternhaus, Schule oder Umwelt haben die wenigsten erlebt. Das hat ihre Persönlichkeit geprägt, nicht unbedingt zu ihrem Vorteil. Die eigene Zukunft selbst zu gestalten überfordert manche. Sie brauchen Jahre, um herauszufinden, welchen Weg sie beruflich einschlagen wollen und mit wem sie sich eine langjährige Beziehung vorstellen könnten. Dazu kommt die wirtschaftliche Entwicklung, die den Wankelmut noch schürt. Man weiß nie, wie lange man einen Job hat und in welche Stadt es einen verschlägt, deshalb verharrt man lieber in einer Warteposition, durch die man sich wenigstens keine Option verbaut.

Die Elterngeneration ist an dieser Unselbstständigkeit nicht ganz unschuldig. Wir helfen unseren Kindern, wo wir können, und nehmen ihnen schon in der Schulzeit viel ab. Wir suchen ihnen Praktikumsplätze, telefonieren mit Ämtern, sprechen ihnen bei Misserfolgen Mut zu. Wir hätten so gerne, dass wir ihnen das garantieren könnten, was unsere Eltern uns immer sagten: Wer fleißig ist, hart arbeitet und Ausdauer beweist, kann es weit bringen und wird auf jeden Fall sein Auskommen haben. Es macht uns ratlos, dass wir nicht mehr wissen, welches der beste Weg zu

Glück und Erfolg ist. Die Verhältnisse ändern sich so schnell, dass wir nicht einmal wissen, welche beruflichen Ziele erstrebenswert sind, geschweige denn, welcher Weg dahin führt.

In der Nach-Eltern-Phase brauchen unsere Kinder ihre Selbstständigkeit mehr als uns. Das können wir fördern, indem wir ihnen nicht mehr anbieten, Entscheidungen zu treffen, zu denen sie selbst in der Lage sind. Wir können sie ermutigen, sich bei anderen Menschen Rat zu holen. Sie brauchen das Wissen, dass wir ihnen zutrauen, auch ohne uns auszukommen. Sehen sie uns immer mit dem Rettungsring in Reichweite stehen, trauen sie sich selbst kein Wagnis zu. Sie haben ein Recht auf ihr eigenes Leben, und wir dürfen uns nicht gekränkt abwenden, wenn sie dieses Leben anpacken wollen.

Viele junge Erwachsene halten sich für innerlich freier, als sie es sind. Sie sehen den Auszug gar nicht mehr als Symbol für ihre Eigenständigkeit. Sie verstehen sich schon im Zusammenleben mit den Eltern als »abgelöst« und messen dem Getrenntleben keine große Bedeutung bei. Sie fühlen sich zu Hause nicht in ihrer Bewegungsfreiheit eingeschränkt – was könnte ihnen eine eigene Wohnung bieten außer mehr Arbeit und Verantwortung?

Eine selbstkritische Mutter erklärt sich diese Entwicklung so:

Es ist unserer Generation nicht gelungen, unsere Kinder neugierig auf das Leben zu machen und ihnen beizubringen, Eigeninitiative zu entwickeln (ich habe selbst zwei erwachsene Söhne). Anders als unsere Eltern können wir leider nicht sagen: »Wir möchten, dass es dir mal besser geht als uns.« Sondern eher: »Wir möchten, dass es dir möglichst nicht schlechter geht als uns.« Die Kinder wissen um diese Umstände ganz genau und wollen das komfortable Nest möglichst lange genießen. Mit allen Rechten, ohne Pflichten und Rücksichten.

Wenige Eltern würden sich kategorisch weigern, ihre erwachsenen Kinder wieder aufzunehmen, wenn es räumlich irgendwie möglich ist. Das Verständnis von Familie beinhaltet für die meisten, dass man in schwierigen Zeiten füreinander da ist.

Wir haben unsere Tochter wieder aufgenommen, nachdem sie freiwillig ausgezogen war.

Sie hatte viel Pech, wurde im Job gemobbt und ihr Freund ist auf und davon, sie war so richtig am Boden zerstört. Logisch, dass man sein Kind dann mit offenen Armen aufnimmt, auch wenn es schon 30 ist und auch wenn man selber vor kurzem in eine deutlich kleinere Wohnung gezogen ist. Dann wird eben zusammengerückt!

In der Frage der Nestrückkehrer gibt es natürlich nicht nur Alles oder Nichts, nicht nur Rundumversorgung oder Rauswurf. Wer prinzipiell bereit ist, erwachsene Kinder wieder aufzunehmen, muss sich deshalb noch nicht den alten Mustern ausliefern. Unabhängig von den Gründen für die Rückkehr kann man von vornherein dafür sorgen, dass sich der Stress in Grenzen hält. Wichtig ist die Einsicht beider Seiten, dass es sich um eine andere Form des Zusammenlebens handelt, nicht um eine Fortsetzung des alten Eltern-Kind-Modells. Die Gefahr, in die früheren Rollen zu schlüpfen, ist beträchtlich und wird sich nicht immer vollständig vermeiden lassen. Trotzdem kann man sich dagegen schützen, in eine Lebensphase zurückgeworfen zu werden, von der man sich verabschiedet hatte. Nicht die Eltern-Kind-Ebene ist jetzt gefragt, sondern die Abstimmung zwischen erwachsenen Menschen.

Wenn Kinder, für die man sich jahrelang verantwortlich gefühlt hat, als Erwachsene wieder im Haushalt wohnen, fallen oft auch die Eltern in alte Gewohnheiten zurück. Mütter fühlen sich wieder verantwortlich für »das Kind« und da kommt es schon mal vor, dass ihnen Fragen entschlüpfen wie: »Wo gehst du hin?«, »Wann kommst du zurück?«, »Mit wem triffst du dich?«. Sind sie deshalb Kontrollfreaks oder ist das der berechtigte Wunsch nach Absprachen unter erwachsenen Mitbewohnern? Man kann es so oder so verstehen, je nachdem, auf welchem Ohr man hört.

Durch Kommunikation kann ein Rahmen für die Gestaltung des Zusammenlebens geschaffen werden, der allen einigermaßen gerecht wird. Natürlich ist Geborgenheit mehr als eine Ansammlung von Absprachen und muss sich in der Verlässlichkeit der Beziehungen erweisen. Auf der anderen Seite reicht es nicht, einander zu versichern, wie sehr man sich mag, wenn man gleichzeitig durch sein Handeln mangelnde Rücksicht oder gar Gleichgültigkeit erkennen lässt. Ein gefüllter Kühlschrank oder eine leise geschlossene Tür spricht eine deutliche Sprache, die das Gegenüber sehr wohl versteht.

Familien sind kein romantischer Hafen, in dem ununterbrochen eitel Sonnenschein herrscht. Irgendjemand muss einkaufen, den Rasen mähen, Mittagessen kochen, die Blumen gießen, mit dem Klempner telefonieren, die Freizeit organisieren. Wer für welchen Bereich zuständig ist, regeln heute nicht mehr so stark die gesellschaftlichen Normen: Das müssen die Mitglieder selbst aushandeln. Verhandeln ist, wie man weiß, zeitaufwändiger als befehlen und setzt voraus, dass alle Parteien etwas zur Lösung des Problems beitragen. Das ist auf dem Hintergrund von Berufsstress und finanziellem Druck ein aufreibendes Unterfangen. Man kann es aber als gute Übung für Konfliktlösungen generell betrachten. Wer gelernt hat, in einer Familie Lösungen zu suchen und zu finden, hat es später im Beruf und Privatleben leichter, seine Position zu vertreten, ohne über andere hinwegzugehen.

Wie sich das Zusammenleben von erwachsenen Kindern und ihren Eltern langfristig auf ihre Beziehung auswirkt, ist nicht eindeutig zu sagen. In den Medien, zum Beispiel in dem französischen Film »Tanguy«, wird ein Bild gezeichnet, demzufolge die jungen Erwachsenen im Elternhaus alle Rechte für sich beanspruchen und keine Pflichten übernehmen. Man erhält den Eindruck, als würden die Kinder ihre Eltern kaltblütig ausnutzen. Mutter und Vater erscheinen gewissermaßen wie Servicepersonal, das den Betrieb in Gang hält. Genervte Eltern lesen humorige Bücher wie *101 Ways to Get Your Adult Children to Move Out: And Make Them Think It Was Their Idea (101 Arten, wie Sie Ihr Kind zum Auszug bewegen und ihm weismachen, es wäre seine Idee gewesen)* oder schenken das Buch ihren sesshaften Kindern, in der Hoffnung, sie mögen den Wink mit dem Zaunpfahl verstehen.

Für einen Teil der Familien trifft dieses Szenario sicherlich zu, aber eben nur für einen Teil. Nicht wenige erwachsene Kinder sind sich darüber im Klaren, dass mit ihrer Rückkehr auch Pflichten und Hilfeleistungen verbunden sind, und unterstützen ihre Eltern in vielerlei Hinsicht tatkräftig. Sie erledigen größere Einkäufe, übernehmen Reparaturen im Haus, kümmern sich um elektronische Geräte, versorgen die Haustiere, wenn die Eltern in Urlaub sind. In Familien mit alleinlebenden Müttern wird die

Hausarbeit gerechter aufgeteilt, ähnlich wie in einer Wohngemeinschaft. Einige Eltern sehen im Zusammenleben die Chance, im Kontakt mit ihren Kindern zu bleiben und etwas für sie zu tun. Ob es für das endgültige Erwachsenwerden der großen Kinder förderlich ist, wenn sie wieder zu Mutter und Vater ziehen, sei dahingestellt. Es gibt Situationen, da bietet sich das Zusammenleben einfach an, aus welchem Grund auch immer, oder ist schlicht und einfach ein Gebot der Menschlichkeit.

Was kann man tun, damit sich der Alltag nicht für beide Seiten zum Dauerstress auswächst? Damit es gar nicht erst zu ernsthaften Misshelligkeiten kommt, kann man einige Punkte frühzeitig betrachten.

Ermitteln Sie die Stressfaktoren

In Familie zu leben ist anstrengend bis hin zum Stress. Doch was macht den Familienstress eigentlich aus? Ist es die mangelnde Zeit, die man für sich hat? Ist es die Unordnung im Bad, die nassen Handtücher auf dem Boden, die Seife in der Badewanne? Ist es die Tatsache, dass wieder kein Brot eingekauft ist? Dass niemand ans Telefon geht, wenn es klingelt? Jeder von uns hat seine ganz persönlichen Stressfaktoren. Versuchen Sie, eine Woche lang die Situationen auf einem Block zu notieren, die Sie persönlich als besonders anstrengend und stressig empfinden. Sie werden klarer erkennen, was Sie persönlich ärgert und was Ihnen besonders am Herzen liegt.

Geben Sie Ansprüche an Perfektion auf

Ein Paar oder eine Einzelperson entwickelt nach der Familienphase eine neue Ordnung. Das Bedürfnis nach einem geregelten Tagesablauf, nach einer aufgeräumten Küche, nach einem überschaubaren Wochenende ist umso größer, je chaotischer das Leben mit Kindern war. Wird die Familie durch den Nestrückkehrer wieder größer, lässt sich diese Perfektion wahrscheinlich nicht halten. Das ist kaum zu vermeiden, denn jede zusätzliche Person bringt nicht nur sich selbst mit, sondern einen ganze Palette von Habseligkeiten, Kontakten, Aktivitäten. Die brauchen Platz und machen sich bemerkbar. Am besten freundet man sich gleich damit an, dass vorübergehend wieder mehr Durcheinander in die Wohnung einziehen wird, und versucht, auch mal fünf gerade sein zu lassen.

Lassen Sie sich helfen

Mütter sind immer in Versuchung, etwas »mal eben« selbst zu machen, weil es Zeit und vor allem Energie kostet, andere zur Mitarbeit anzuhalten. Das hat eine gewisse Berechtigung, wenn die 3-Jährige pünktlich in den Kindergarten muss und Mama ihr noch schnell die Schnürsenkel bindet. Erwachsene Kinder sind in der Lage, selbst ihre Schnürsenkel zu binden, und können noch viel mehr. Schultern Sie nicht freiwillig Aufgaben, die Sie delegieren könnten. Lassen Sie sich helfen, bei der Hausarbeit, beim Fensterputzen, Aufräumen, Einkaufen, Kochen, und zwar regelmäßig. Erwachsene Mitbewohner in einer Wohngemeinschaft müssen sich auch an einen Putzplan halten und nach dem Kochen die Töpfe schrubben. Warten Sie nicht, bis Sie mit den Nerven am Ende sind. Machen Sie die Hilfe im Haushalt zu einem Bestandteil des »Wohnkontrakts«, möglichst noch vor dem ersten Krach.

Sagen Sie, was Sie erwarten

Überlegen Sie, was Sie von Ihren Nestrückkehrern erwarten. Wenn erwachsene Kinder wieder mit im Haushalt leben, wollen Sie wahrscheinlich davon auch etwas haben. Sie wünschen sich vertraute Gespräche, vielleicht ein geruhsames spätes Frühstück am Sonntag. Sie wollen nicht als Vermieter behandelt werden, sondern als Familienmitglied. Eine Beziehung wird einseitig, wenn die einen nur geben und die anderen nehmen. Wenn Sie mit dem Wiedereinzug die Hoffnung auf mehr Nähe verbinden, teilen Sie dies mit. Man kann den jungen Erwachsenen zumuten, dass sie sich ab und zu für die Eltern Zeit nehmen, auch wenn sie ihr eigenes Leben viel spannender finden.

Pflegen Sie Freundschaften und Kontakte

Gehen Sie weiter Ihren Interessen nach und bleiben Sie Ihren Freunden treu. Es mag sehr schön sein, das erwachsene Kind wieder im Haus zu haben und viel Zeit mit ihm zu verbringen, aber es wird auch wieder ausziehen und dann brauchen Sie Ihr Netzwerk wieder. Machen Sie nicht den Fehler, ihr ganzes Leben auf den Nestrückkehrer abzustimmen. Halten Sie die Balance, die Sie sich erarbeitet haben. Wer Anrufe wochenlang nicht beantwortet und auf Einladungen nur Absagen erteilt, bei dem bleibt irgendwann das Telefon stumm. Die sozialen Spielregeln sind durch die Rückkehr eines erwachsenen Kindes nicht außer Kraft gesetzt.

Gewähren und nehmen Sie Freiräume

Geben Sie sich gegenseitig Freiraum. Entwerfen Sie einen Rahmen für das Zusammenleben, der ihnen zusagt, und versuchen Sie nicht, das Netz enger zu knüpfen als nötig. Wenn Sie sich auf gemeinsame Essenszeiten geeinigt haben, genügt es, diese einzuhalten. Sie müssen nicht wissen, was Ihr Sohn vorher oder nachher macht. Wie viel er Ihnen von seinem Privatleben anvertraut, ist seine Sache; umgekehrt müssen Sie ihm nicht erzählen, warum Sie schlecht geschlafen haben. Gegenseitiges Vertrauen kann sich im Zusammensein entwickeln, und je weniger nachgeforscht und gewertet wird, desto freier fühlen sich erwachsene Kinder, etwas von sich zu zeigen.

Gönnen Sie sich Tapetenwechsel

Eltern und Kinder, die zusammenwohnen, müssen nicht um jeden Preis viel Gemeinsames unternehmen. Sie gehören verschiedenen Generationen an, die eine unterschiedliche Lebensweise pflegen. Wie das Wochenende verbracht wird, kann keiner für den anderen bestimmen. Wenn Ihnen die Decke auf dem Kopf fällt und Sie einmal nicht sehen wollen, wie der 30-jährige Sohn am Sonntag um eins aus den Federn kriecht, fahren Sie weg – oder schicken Sie ihn zur Freundin. Eltern und Kinder brauchen ab und zu Erholung voneinander. Das ist kein Zeichen von Disharmonie, sondern eine gute Methode, die Batterien wieder aufzuladen.

Bauen Sie Strukturen auf

Der Familienalltag braucht eine Struktur. Sie kann so fest und so lose sein, wie die Mitglieder es für gut halten, aber ganz ohne Struktur steigt unweigerlich die Unzufriedenheit derjenigen, die in erster Linie für den Haushalt zuständig sind – der Eltern. Es ist für Sie von Vorteil, wenn Sie feste Zeitfenster haben, die Sie verplanen können oder die grundsätzlich belegt sind. Ist es Ihnen ein Anliegen, die Selbstständigkeit Ihrer erwachsenen Kinder zu fördern, überlassen Sie ihnen ab und zu die Planung ganzer Tage oder Wochen, mit allem, was dazugehört, von Einkaufslisten über die KFZ-Inspektion bis zur Garagenentrümpelung. Das heißt nicht, dass Sie ihnen alle Arbeiten aufbürden, es geht um den Überblick und die Umsicht. Sie können erwachsenen Kindern keinen größeren Gefallen tun, als sie befähigen, die komplexen Anforderungen des Alltags allein zu bewältigen.

Wie lange denn noch? Über Geld und Geduld

Was haben wir falsch gemacht? Das fragen sich Eltern, deren Kinder beruflich so gar nicht Fuß fassen wollen oder in ihren Beziehungen immer wieder scheitern. Manchmal hat man das Gefühl, die Persönlichkeit unserer Kinder entwickle sich schubweise, aber nicht ganzheitlich. Einzelne Aspekte sind ausgebildet, andere hinken hinterher. Sandra hat seit Jahren einen festen Freund, fängt aber ein Praktikum nach dem anderen an und kann sich für kein Studienfach entscheiden. Boris ist mit Ende 20 ein begehrter und gut verdienender IT-Manager, hat aber alle drei Monate eine neue Freundin, nimmt keine seiner Affären ernst und hat einen kleinen Sohn, den er nie sieht. Sandra käme ohne die finanzielle Unterstützung ihrer Eltern kaum über die Runden, und Boris verlässt sich darauf, dass er alle Feste, Feiertage und Wochenenden, an denen er nichts Besseres vorhat, zu Hause bei Mama verbringt.

Der private und berufliche Lebensplan unserer Töchter und Söhne folgt selten in allen Einzelheiten unseren Vorstellungen. Daran können wir uns aufreiben und sie auf den »rechten Pfad« zu bringen versuchen oder anerkennen, dass die Suchbewegungen zu ihrem verspäteten Erwachsenwerden gehören. Unsere Erfahrung mag nützlich für sie sein, aber wir können ihnen mehr helfen, wenn wir ihnen erlauben, die Verantwortung für ihr Tun zu übernehmen. Sie dürfen Fehler machen und in die Irre gehen, auch wenn uns das wehtut, denn nur so können sie ein stabiles Selbstbild entwickeln. Dazu gehört, dass wir ihnen missglückte Versuche nicht ewig unter die Nase reiben und sie ermutigen, es wieder und wieder zu probieren. Die Boomerang-Kids bewegen sich in einer Grauzone des Lebens – sie sind bedürftig und wollen liebevoll aufgenommen werden. Sie brauchen Respekt vor ihrer persönlichen Autonomie und viel Ermutigung. Gelegentlich brauchen sie auch einen »Tritt in den Hintern«.

Sie brauchen und brauchen – das klingt für uns als Eltern, als hätten wir Vampire herangezüchtet, die sich bis in alle Ewigkeit von unserer Substanz ernähren. Nein, auch wir brauchen etwas, wenn unsere Kinder zu den Spätentwicklern gehören: Unser Wohlbefinden muss gewährleistet sein; in unserem Zuhause stellen wir die Bedingungen; unsere Rechte und Freiheiten werden geachtet.

Erwachsene Kinder, die mit dem Leben nicht zurechtkommen, geben das ungern zu. Wenn ihnen keine andere Wahl bleibt, als sich ins Elternhaus zu flüchten, sind sie in keiner guten Verfassung. Fast alle stünden lieber auf eigenen Füßen, denn sie fühlen sich schuldig und haben Angst, es überhaupt nicht mehr zu schaffen. So viele Gleichaltrige scheinen wie auf Flügeln durchs Leben zu gleiten, nur sie müssen in ihr Kinderzimmer zurück und die Beine unter den sprichwörtlichen häuslichen Tisch strecken. Das mag zwar bequem sein, gut für das Selbstbewusstsein ist es nicht.

Herr und Frau Becher und ihre Tochter Meike leben seit zwei Monaten wieder zusammen in der elterlichen 4-Zimmer-Wohnung. Nach der Trennung von ihrem Freund war Meike so deprimiert, dass sie sich nicht imstande fühlte, mit dem Baby auf Wohnungssuche zu gehen.

Frau Becher: *Meike hatte einen Partner, mit dem wir von Anfang an unsere Schwierigkeiten hatten. Uns war klar, das geht nicht gut, aber sie war sehr verliebt. Bald ist die Beziehung wirklich in die Brüche gegangen und sie ist mit dem Marvin, der ist acht Monate, zurück zu uns gezogen. Dafür ist Familie da, keine Frage, aber jetzt bleibt alles an mir hängen – Einkaufen, Wäsche machen, Kochen und Putzen. Es gibt ständig Reibereien und die Stimmung ist schlecht. Ich hatte keine große Dankbarkeit erwartet, aber dass sie sich so hängen lässt und mir gar nicht hilft, ärgert mich doch. Ich habe die beiden natürlich lieb und freu mich, dass der Kleine so nahe ist. Trotzdem macht mich das immer kribbeliger.*

Meike Becher: *Ich bin schließlich nicht zu meinem Vergnügen wieder zu euch gezogen. Ihr hattet mir angeboten, dass ich kommen kann, wenn etwas schiefgeht. Es ist mir unangenehm genug, ihr denkt ja sowieso: das haben wir doch gleich gewusst. Es war ganz schlimm für mich, dass ich nicht wusste, wohin, weil ich die Wohnung allein nicht halten konnte. Ich muss erst mal wieder zu mir kommen, dann übernehme ich auch mehr im Haushalt. So kaputt, wie ich mich fühle, könnte ich den ganzen Tag im Bett bleiben. Ich muss mich zum Aufstehen richtig zwingen. Wenn ich den Kleinen nicht hätte ... den versorge ich Tag und Nacht alleine, das solltest du wenigstens anerkennen.*

Frau Becher: *Stimmt, aber das ist ja auch das Mindeste, dass eine Mutter ihr Baby versorgt. Als ich dich hatte, hab ich noch im Büro ausgeholfen und den Haushalt gemacht. Und damals hat die Oma im Haus gewohnt und war schon krank und musste versorgt werden.*

Meike Becher: *Ja, aber du hast den Papa an deiner Seite gehabt, er war für dich da, er ist nicht plötzlich abgehauen. Ich musste von einem Tag auf den anderen sehen, wo ich bleibe. Du weißt genau, dass der Karl mir keinen Unterhalt zahlt, das macht mich unglaublich sauer. Wovon soll ich denn leben, wie soll ich denn hier einen Job finden? Und dass er schon wieder eine Neue hat, ist auch nicht gerade schön für mich. Ich finde, du solltest dir mal Gedanken machen, wie es mir geht, und nicht immer nur von Haushalt und Putzen reden.*

Frau Becher: *Das mache ich ja, es tut mir sehr leid, dass es so gekommen ist. Wir haben doch auch am Anfang viel geredet. Ich verlange auch nicht, dass du alles machst, aber ich genauso wenig. Zwei Personen mehr in der Wohnung ist eine Menge. Das ist mir zu viel, ich bin nicht mehr die Jüngste. Und du bist kein Kind mehr. Du kannst dich nicht auf Dauer verkriechen, hin und wieder musst du auch mal was tun.*

Hört man Meike und ihrer Mutter zu, hat man den Eindruck, dass noch längst nicht alles ausgesprochen wurde, was ihnen auf der Seele liegt. Beide wollen zu einer Verständigung finden, tun sich aber schwer, präzise zu sagen, was sie voneinander erwarten und was ihnen an der Situation missfällt. Die energische Frau Becher mit ihrer langjährigen Erfahrung als Ehefrau, Hausfrau, Mutter, Büroangestellte und pflegende Schwiegertochter erwartet von ihrer Tochter offenbar eine schnelle Bewältigung der Trennung und einen resoluten Blick nach vorne. Dass ihre Tochter wieder zum Kind wird, passt nicht in ihren neuen Lebensabschnitt.

Die Tochter erwartet mehr Verständnis für ihre Situation, mehr Einfühlungsvermögen. In dieser Krise möchte sie wieder das Kind sein dürfen, das sich um Wäsche, Einkäufe und Putzarbeiten keine Gedanken machen muss. Sie will Zeit haben, die seelischen Wunden zu heilen, und sie will das an einem geschützten Ort tun können. Die Rückkehr ins alte Zuhause ist ihr nicht leichtgefallen, sie fühlt sich geschwächt und gedemütigt.

Beide fühlen sich von der Situation überfordert und von dem anderen unter Druck gesetzt. Wichtig wäre herauszufinden, welche konkreten Aspekte des Zusammenlebens für die eine wie die andere problematisch sind. Dazu gibt es eine Hilfestellung, die oft mit Erfolg angewandt wurde, wo unklare Problemstellungen existieren:

Identifizieren Sie das Problem

Die Diagnose des Problems ist der erste Schritt. Worin besteht es genau? Das lässt sich durch aufmerksames Zuhören und urteilsfreies Nachfragen herausfinden. Wer ist der »Eigentümer« des Problems, das heißt für wen ist eine Verhaltensweise problematisch? Es kann derjenige sein, der sich auf eine bestimmte Art verhält, oder derjenige, der das Verhalten beobachtet und sich davon gestört fühlt. Der Eigentümer des Problems hat die Verantwortung, es zu lösen. Es ist nicht sinnvoll, dass ihm andere diese Aufgabe abnehmen.

Sammeln Sie Lösungsmöglichkeiten und überlegen Sie, wie effektiv diese sind

Alle Beteiligten dürfen Vorschläge machen, die zunächst gesammelt werden. Es gibt in dieser Phase keine untauglichen Ideen, erwünscht ist der freie, unzensierte Ideenfluss. In einem nächsten Schritt wird gemeinsam nachgedacht, welche Lösungen welche Konsequenzen nach sich ziehen würden. Ist die Lösung praktikabel? Kann man sie über längere Zeit durchhalten? Gibt es Varianten, die leichter durchführbar sind?

Entscheiden Sie sich möglichst einvernehmlich für eine Lösung

Ziehen Sie die Diskussion nicht über Gebühr in die Länge. Vereinbaren Sie eine Zeitspanne, nach der entschieden werden muss.

Formulieren Sie abschließend noch einmal genau, auf welche Maßnahmen Sie sich geeinigt haben. Nehmen Sie sich Zeit dazu und berücksichtigen Sie Änderungsvorschläge.

Überprüfen Sie nach eine Weile, wie gut die Lösung funktioniert

Nach einer vorher vereinbarten Frist wird in einem Gespräch der beteiligten Parteien geklärt, ob die Lösung den gewünschten Effekt gebracht hat. Es kann passieren, dass sich das Problem doch nicht so lösen lässt, wie man es sich vorgestellt hat, und man noch einmal neu verhandeln muss. Die Erfahrungen mit der alten Lösungsstrategie sind dabei wertvoll, auch wenn sie nicht zum Ziel geführt haben.

Spielen wir diese Strategie mit einem Problem durch, das in der Familie Becher für Ärger sorgte. Frau Becher empfand es als Zumutung, dass sie neben allen anderen Lebensmitteln auch noch die Babynahrung einkaufen musste. Es war für sie ein neuer Gedanken, dass sie die »Eigentümerin« des Problems war. Eigentlich, fand sie, müsste sich ihre Tochter um das Problem kümmern, da sie die Babygläschen nicht einkaufte. Doch solange die Mutter, wenn auch murrend, zum Supermarkt ging, bestand für die Tochter keine Notwendigkeit dazu, und das sah auch Frau Becher ein.

Sie teilte nun ihrer Tochter mit, dass deren Verhalten ein Problem für sie darstellte, und erklärte, ihr Teil der Lösung sei es, beim Großeinkauf keine Babynahrung mehr zu besorgen. Das war zwar nicht die ideale Vorgehensweise – eher autoritär als demokratisch – und Meike war auch zunächst vor den Kopf gestoßen, machte dann aber einen Gegenvorschlag: Sie würde einmal in der Woche der Mutter beim Großeinkauf helfen und dann gleich den Wochenvorrat Babynahrung kaufen. Nach einigem Hin und Her beschloss man, diese Lösung auszuprobieren. Nach ungefähr einem Monat hatte sich herausgestellt, dass weder Mutter noch Tochter mit dem Arrangement zufrieden waren. Die Zeiten, in denen Frau Becher einkaufen gehen wollte, passten Meike nicht in den Kram und die gemeinsamen Fahrten zum Supermarkt führten eher zu noch mehr Verdruss, weil die beiden Frauen sehr unterschiedliche Vorstellungen von gesunder Ernährung hatten. Schließlich wurde eine neue Lösung gesucht und auch gefunden: Meike kümmerte sich von nun an allein um die Ernährung ihres Sohnes, mit allem, was dazugehörte – Einkaufen, Zubereiten, Füttern. Außerdem übernahm sie nach Absprache hin und wieder das Kochen und konnte so ihre Vorliebe für Vollwertküche mit einbringen.

Ein Thema, das sicher eine Rolle spielte, obwohl es nicht beim Namen genannt wurde, war die finanzielle Situation der Familie Becher. Zwei zusätzliche Personen im Haushalt machen nicht nur mehr Arbeit, sie kosten auch eine Stange Geld. Meike konnte nicht viel beisteuern, solange sie Arbeit suchend gemeldet war, und die KFZ-Werkstatt von Herrn Becher hatte auch schon bessere Zeiten gesehen.

Der Stoßseufzer »Wie lange müssen wir sie denn noch finanzieren« entfährt immer mehr Eltern. Nach verschiedenen soziologischen Studien kristallisierten sich für das Wohnen bei den Eltern zunehmend ökonomische Gründe heraus. Dahinter verbergen sich meist finanzielle Schwierigkeiten insgesamt oder Probleme bei der Wohnungssuche. In Familien der unteren Einkommensgruppen müssen junge Erwachsene zu Hause wohnen bleiben, damit die Eltern die Kosten für ihre Ausbildung aufbringen können. In besser verdienenden Familien dagegen stehen die hohen Ansprüche junger Menschen an Freizeit und Konsum der kostspieligen eigenen Wohnung entgegen, besonders bei jungen Männern zwischen 20 und 30. Eltern gewähren den erwachsenen Kindern im Zusammenleben viele Freiheiten.

Junge Erwachsene sind nach ihrem Auszug generell noch häufig auf die Unterstützung der Eltern angewiesen. Nahezu 50 Prozent der Eltern fördern nach einer Studie[38] die Autonomie ihrer Kinder durch regelmäßige Finanzspritzen oder Sachleistungen. So wird vielleicht noch die Miete übernommen, das Auto finanziert oder wichtige Gebrauchsgegenstände für die neue Wohnung gesponsert. Viele Mütter geben regelmäßig Unterstützung im Haushalt. Wenn es darum geht, dem Nachwuchs auf die Beine zu helfen, sind Eltern in der Regel sofort zur Stelle.

Das ist, so gesehen, auch eine gute Nachricht: Die in den Familien gelebte Solidarität ist weitaus besser als ihr Ruf. Sie hat in den letzten Jahrhunderten weder entscheidend zugenommen noch sich dramatisch verschlechtert. Heute leben die Familien in ihrer großen Mehrheit nicht weit voneinander entfernt, helfen sich materiell und instrumentell und stehen in häufigem Kontakt miteinander. Sie fühlen sich überwiegend eng miteinander verbunden und zu Solidarität verpflichtet – und all dies lebenslang.

Eigentlich heißt der ungeschriebene Generationenvertrag, auf dem weltweit die meisten Gesellschaften basieren und den wir verinnerlicht haben: Die Jungen ernähren die Alten, wenn diese nicht mehr erwerbsfähig sind. Doch in reichen Ländern wie Deutschland wird der Generationenvertrag heute auch umgekehrt erfüllt. Fast jeder dritte Rentner unterstützt seine Kinder – und das in vielen Fällen nicht zu knapp. 17 Milliarden Euro, schätzen Experten, fließen hierzulande jedes Jahr von der älteren an die jüngere Generation. Sei es, weil die Kinder in der Ausbildung stehen, arbeitslos geworden sind, als Alleinerziehende von Sozialhilfe leben oder ihre Gehälter heute nicht mehr ausreichen, um eine eigene Familie zu ernähren.

Wie sehen die Älteren ihre Rolle, wenn sie ihre schon erwachsenen Kinder unterstützen? Welche Erwartungen sind mit den »Finanzspritzen« verbunden? Und was bedeutet der geöffnete Geldbeutel für das Unabhängigkeitsbedürfnis der Jüngeren? Fangen wir mit der letzten Frage an. In Gesprächen mit jungen Erwachsenen, die in einem Alter sind, in dem sie theoretisch ausreichend Geld für ihren Lebensunterhalt verdienen könnten, klingt durch, dass sie nicht glücklich sind, wenn ihnen das nicht gelingt. Die finanzielle Abhängigkeit von den Eltern ist nicht wünschenswert und verursacht gemischte Gefühle – Dankbarkeit, aber auch Druck.

Ich verdiene noch nicht, weil ich gerade erst fertiggeworden bin. Jetzt hat mein Vater mal angefangen zu fragen: Wie lange muss ich dich denn noch finanzieren? aber das verstehe ich auch. Meinen älteren Geschwistern hat er ja auch das Studium bezahlt. Ich liege ihm noch auf der Tasche, und deshalb will ich auch so schnell wie möglich einen Job haben. Dass ich ihn auch mal entlasten kann, nach dem, was er mir da alles ermöglicht hat. Lillie, 27 Jahre, Diplompsychologin, Single

Nach der Schule habe ich immer gearbeitet, aber meine Eltern haben auch immer geholfen, wenn es wirklich nötig war. Für mich ist eigentlich jetzt schlimm, dass ich manchmal fast ange-

wiesen bin auf einen Notgroschen von meinen Eltern, oft schon habe ich Kindergarten oder Stromrechnungen bezahlt von Geld, das mir meine Mutter für mich gegeben hatte.

Anna, 39, Bibliothekarin, verheiratet, zwei Kinder

Ich würde sagen, für mich war es schwieriger als für meine Mutter, denn nach dem Studium fühlt man sich nun wirklich qualifiziert, nach dem Motto »Mir gehört die Welt, jetzt kann ich mein Geld verdienen«. Während des Studiums hatte ich auch BAföG bezogen, so dass ich selber gesagt habe, nee, jetzt muss ich langsam mal auf eigenen Beinen stehen, und meine Mutter hat dann aber immer signalisiert, mach die Praktika, du kriegst das Geld von mir. Von ihrer Seite war das überhaupt kein Problem. Aber ich hatte eher das Problem damit, wieder von jemandem abhängig zu sein. Obwohl ich doch jetzt ein abgeschlossenes Studium in der Tasche hatte. Aber das ließ sich halt nicht ändern, und dann habe ich das Geld auch gerne angenommen. Thomas, Theaterwissenschaftler, 31 Jahre

Für viele Eltern ist die Frage: »Wie lange soll ich meine erwachsenen Kinder finanzieren« sehr eng mit der Frage verbunden: »Wie schaffe ich es, sie auf den richtigen Weg zu bringen?«
Eine lange und kostspielige Ausbildung ist heute keine Garantie mehr für einen raschen Einstieg ins Berufsleben. Ob sich die Investition einmal rentieren wird, steht in den Sternen. Wann ist Schluss mit den Zuschüssen? Nach der ersten Ausbildung, der zweiten, der dritten? Nach dem ersten Praktikum oder gleich nach dem Abitur? Wo die Eltern selbst arbeitslos sind oder mit Schuldentilgung kämpfen, stellt sich diese Frage nicht. Das hat, auch wenn es zynisch klingen mag, den Vorteil, dass die jungen Leute sehr genau überlegen, was sie wollen und wie sie das, was sie wollen, in möglichst kurzer Zeit erreichen. Da, wo die ökonomische Lage mehr Spielräume gibt, ist auch die Gefahr größer, sie exzessiv zu nutzen. Eltern mit mehreren Kindern wollen zudem ihre begrenzten Mittel möglichst gerecht verteilen.

Häufig wird von den Kindern gar nicht die finanzielle Belastung der Eltern als Grund für ein möglichst kurzes Studium angegeben, sondern die Tatsache, dass sich Zielstrebigkeit im Lebenslauf besser ausnimmt. Und viele Eltern legen Wert auf die

Tatsache, dass ihre Kinder bereit waren zu jobben und sich etwas dazuzuverdienen. Sie wollen nicht den Eindruck entstehen lassen, ihre Sprösslinge seien Schmarotzer, die den Eltern ohne schlechtes Gewissen auf der Tasche liegen.

In die Kindererziehung investieren Eltern sehr viel Geld – bis zur finanziellen Selbstständigkeit eines Kindes je nach Ausbildung bis zu 350 000 Euro. Grundsätzlich dauert die Unterhaltspflicht auch nach Erreichen der Mündigkeit an, falls das Kind bis dann noch keine Ausbildung abgeschlossen hat. Allerdings heißt es in dem entsprechenden Gesetzesartikel auch »soweit es ihnen nach den gesamten Umständen zugemutet werden darf«. Es gibt also in diesem Punkt keine fixe Altersgrenze; die Unterstützungspflicht kann auch über das 25. Lebensjahr des Kindes hinaus weiterbestehen. Selbst eine Weiter- oder Zweitausbildung müssen Eltern unter Umständen finanzieren, falls diese die Erstausbildung ergänzt oder vertieft.

Für die gesetzmäßige Zumutbarkeit sind dabei jedoch nicht nur die wirtschaftlichen Verhältnisse der Eltern maßgebend, sondern auch die persönliche Beziehung zwischen ihnen und dem Kind. Falls eine Tochter oder ein Sohn jeglichen Kontakt vermeidet, können sich Eltern auf ein Bundesgerichtsurteil vom März 2003 berufen. Damals wurde entschieden, dass ein Vater nicht verpflichtet ist, seiner mündigen Tochter das Studium zu bezahlen, wenn sie jeglichen Kontakt zu ihm ablehnt. Wir müssen nicht als Dukatenesel dienen, wenn das unsere einzige Funktion sein soll. Laut Gesetz müssen Eltern – soweit sie dazu finanziell selbst in der Lage sind – eine Schul- und Berufsausbildung finanzieren, die den Leistungen, Fähigkeiten und Begabungen des Kindes entspricht und es wirtschaftlich unabhängig macht. Bis zum Abschluss dieser Ausbildung ist das Kind zu keiner zusätzlichen Erwerbstätigkeit verpflichtet. Doch das bedeutet nicht, dass zum Beispiel ein Studium ewig in die Länge gezogen werden kann. Das Kind ist gehalten, seine Ausbildung zielstrebig und ohne vermeidbare Verzögerungen durchzuziehen. Nach dem Abschluss der Ausbildung endet die Unterhaltspflicht der Eltern. Die Kinder müssen nun auf eigenen Beinen stehen.

Unterhaltsbeiträge können nicht eingefordert werden, wenn gleichzeitig die menschliche Seite völlig ignoriert wird. Bevor man sich mit dem Anwalt droht, ist in der Regel schon viel passiert, zu dem beide Seiten beigetragen haben. Der Umgang mit

Geld spiegelt immer auch den Stand einer Beziehung. Familienangehörige sind keine Geschäftspartner, mit denen man auf einer reinen Sachebene verhandelt. Ebenso wenig möchte man ihnen gleich mit juristischen Maßnahmen drohen. Geld in Beziehungen kann als Mittel eingesetzt werden, Liebe oder Sicherheit zu bekommen, aber auch, Macht und Kontrolle auszuüben. Es kann als Ersatz für Zuneigung dienen, als Zeichen für Solidarität, als Besänftigung der eigenen Schuldgefühle.

Es ist schwer, von Eltern und Großeltern zu erfahren, wie viel sie im Lauf der Jahre wirklich locker machen, denn die Oma, die dem Enkel fünf Euro gibt, schreibt sich das natürlich nicht auf, und der Vater, der seiner Tochter beim Wochenendbesuch einen Schein zusteckt, notiert das nicht im Tagesplaner. Man merkt sich allenfalls große Geschenke oder Zuschüsse zu Anschaffungen. Viele der Unterstützungsleistungen sind nicht in Zahlen bezifferbar. Ein Vater streicht für seine Töchter die Wohnung und besorgt dafür die Farbe, eine Mutter fährt dreimal die Woche die Kinder des Sohnes zum Sport in die Nachbarstadt und berechnet kein Benzingeld. Die Liste lässt sich beliebig fortsetzen. Auch das Angebot, dass erwachsene Kinder in Notzeiten auf die elterliche Hilfe rechnen können, ist eine große psychische Entlastung.

Ich habe gesagt, wir wollen euch gerne helfen, wenn ihr einen Ratschlag braucht oder in finanzielle Not kommen solltet und wir in der Lage sind zu helfen, bevor ihr irgendwelche Kredithaie aufsucht, dann kommt bitte zu uns. Das wissen sie und das haben sie bisher nie nötig gehabt.

Mit zunehmendem Alter sind Menschen weniger in der Lage, praktische Hilfe zu leisten, und dieser Rückgang wird oft durch andere Formen der Unterstützung ausgeglichen. Laut Altersbericht der Bundesregierung unterstützen 36,6 Prozent der 55- bis 69-Jährigen und 31 Prozent der 70- bis 85-Jährigen ihre Kinder finanziell. Das sind erstaunlich hohe Zahlen. Ein finanzieller Transfer von ungeheuren Ausmaßen vollzieht sich von der älteren Generation zur jüngeren. Die jungen Erwachsenen von heute leben mit einem sehr stabilen familiären Sicherheitsnetz, das sie auch materiell auffängt. Ob die nächste Generation noch auf so großzügige Hilfe zählen kann, ist mehr als fraglich.

Kapitel 7

Ist die Zukunft denkbar?

Wenn die Eltern aus der Reihe tanzen

Aus Kindersicht sollen Eltern sich möglichst wenig verändern. Überraschungen in Familienbeziehungen lieben Kinder nicht, ganz gleich, ob sie 13 oder 30 sind. Verlässlichkeit und Stabilität sind erwünscht und notwendig. Sie geben Heranwachsenden Sicherheit und jungen Erwachsenen den Rückhalt für eigene Experimente und Abenteuer. Selbst wenn ein konventioneller Lebenslauf als spießig ablehnt wird, soll das Zuhause so bleiben, wie es ist.

Mütter und Väter, so der Wunsch, sollen nicht plötzlich ein neues Leben anfangen. Sie mögen bitte am selben Ort bleiben, idealerweise in dem Haus, in dem die Kinder aufgewachsen sind. Sie sollen zusammenbleiben, wenn sie zusammen sind, oder zufrieden allein leben, oder, falls es einen neuen Partner gibt, mit diesem eine stabile Beziehung unterhalten. Sie sollen für die Enkel da sein, wenn sie gebraucht werden, keine großen Ansprüche an die Zukunft stellen, ohne viel Aufsehen in Würde altern und als liebevolle Unterstützer im Hintergrund verfügbar sein.

Die Realität sieht anders aus.

Immer mehr Paare trennen sich nach langjährigen Ehen. Sie warten, bis ihre Kinder erwachsen sind und das Elternhaus verlassen haben. Manchmal ist dies eine bewusste Entscheidung, damit die Kinder nicht mehr so unmittelbar von dem Umbruch betroffen sind. Nach der Familienphase werden gerade Frauen wieder aktiv, suchen sich neue Berufe oder Freizeitbeschäftigungen, beleben alte Freundschaften, fangen an zu reisen. Sie erwarten von ihren Kindern Verständnis für ihren Freiheitsdrang. Doch wenn die Ehe der Eltern in Gefahr gerät oder sich auflöst, hört das Verständnis vieler Kinder auf, auch wenn sie selbst in einem Alter sind, in dem man die Tücken einer langjährigen Beziehung kennt. Sie nehmen zwar für sich in Anspruch, eine Partnerschaft zu beenden, wenn sie eine Last wird; eine Trennung der Eltern dagegen wird in gewisser Weise als Affront verstanden und löst Erschrecken und Trauer aus. Dass die Eltern auf ihre alten Tage noch einmal alles durcheinanderbringen, finden viele erwachsene Kinder egoistisch und rücksichtslos. In dieser Situation verdrängen sie auch die vielen Auseinandersetzungen oder Schweigeperioden, die der Scheidung vorausgegangen sind. Aus ihrer Sicht besteht kein Grund, einander nach so vielen Jahren allein zu lassen. Um zwei getrennte Elternteile müssen sie sich zudem mehr sorgen als um ein Elternpaar. Werden die beiden ihren Schritt bereuen? Werden sie vereinsamen? Muss man sich dann um sie kümmern und sie trösten? Schaffen sie es überhaupt, allein zu leben?

Junge Erwachsene sind von familiären Brüchen innerlich nicht weniger betroffen als kleine Kinder, auch sie versuchen zu kitten, was nicht mehr zu kitten ist. Viele von ihnen reagieren verletzt und schockiert und können nicht glauben, dass es die Eltern wirklich ernst meinen. Das Elternhaus soll ein sicherer Hafen bleiben; gerät diese Konstante ins Wanken, fühlen sich auch erwachsene Kinder erst einmal, als würde man ihnen den Boden unter den Füßen wegziehen. Kommen dann noch neue Partner dazu, kann das Verhältnis vorübergehend abkühlen.

Aber auch Söhne und Töchter, die sich ehrlich um Verständnis bemühen, wollen das Ereignis in Ruhe verarbeiten können. Christine war Ende 20, als sich ihre Eltern nach über 30 Jahren Ehe trennten. Beide hatten neue Partner, mit denen sie zunächst nicht zusammenwohnten.

Am Anfang wollte ich die neuen Partner nicht kennenlernen, da habe ich nicht viel Wert drauf gelegt. Es war mir auch egal. Dann wurde ich aber immer gefragt, primär von meiner Mutter, von meinem Vater anfangs weniger, mittlerweile auch mehr. Er drängt sich da nicht auf, meiner Mutter ist es wohl sehr wichtig. Da hab ich mich am Anfang sehr bedrängt gefühlt, das fand ich nicht gut. Darüber haben wir aber auch geredet. Ich hab das Gefühl, dass es sehr wichtig ist für sie, was ich von dem Neuen halte, und manchmal kann ich es nicht nachvollziehen. Dass man gemeinsam was unternimmt oder essen geht, das ist schon in Ordnung. Ich mache das auch, ich habe schon mit beiden was unternommen. Aber einmal reicht mir dann auch. Wenn ich nur für eine Woche zu Besuch komme, muss ich nicht die Partner treffen, und dann stresst es mich schon, wenn solche Fragen kommen. Heute hier, morgen da, das reicht. Einmal jeder, okay, aber dann bitte nicht mehr. Ich mag beide, daran liegt es nicht. Aber ich will selber sagen können, wann ich Lust habe, sie zu sehen. Ich denke, man sollte grundsätzlich die Kinder nicht drängen, die Partner kennenzulernen, wenn sie das vielleicht gar nicht möchten. Ich denke, die Kinder werden die Initiative ergreifen, wenn sie sich bereit fühlen, und sagen, ich möchte mal mit.

Noch eindeutiger ist der Wunsch, von Vater oder Mutter nicht als Vertraute vereinnahmt zu werden, wenn die Eltern sich trennen.

Es ist gut, offen über die Sache zu reden. Das finde ich wichtig. Wobei man da auch aufpassen muss, dass man nicht die Dinge diskutiert, die nur die Eltern betreffen. Die sollte man beiseitelassen, weil ich glaube, die Kinder können die Probleme der Eltern ja nicht lösen. Sie beschäftigen sich dann nur mit den Problemen, und ich glaube, das ist falsch.

Die Zahl der späten Scheidungen nimmt rapide zu, besagt die Statistik. Die Gründe sind vielschichtig. Nach Ansicht von Martin Textor, wissenschaftlicher Mitarbeiter vom Münchner Staatsinstitut für Frühpädagogik, ist die geringere Scheidungsrate der Vergangenheit kein Indiz für eine bessere Qualität der Ehen, sondern ein Zeichen dafür, dass Emotionalität und Liebe früher einfach eine geringere Rolle spielten als soziale und wirtschaftliche Absicherung. Für ihn gilt nach wie vor, dass »eine Trennung nach 26 und mehr Jahren als ein großes Trauma erlebt wird, als Verlust an Lebenssinn, da die Partner über lange Jahre viel in ihre Ehe investiert haben«.[39]

Eine mögliche Ehedauer von 40 bis 50 Jahren ist, historisch gesehen, eine recht neue Entwicklung. In einer so langen Zeit kann manches geschehen, in der Persönlichkeitsentwicklung wie in der Partnerschaft. Die Ansprüche an die Qualität der Beziehung sind gestiegen, und wenn sie nicht erfüllt werden, ist die Bereitschaft relativ hoch, auch eine langjährige Ehe aufzulösen. Es ist nicht zu erwarten, dass sich dieser Trend in nächster Zeit abschwächen wird. Man muss davon ausgehen, dass »mit höherer Bildung und ökonomischer Unabhängigkeit, insbesondere der Frauen, in Zukunft verstärkt eine als unbefriedigend erlebte langjährige Ehe tatsächlich auch aufgelöst wird«.[40] Es gibt Prognosen, nach denen der Anteil der Geschiedenen über 60 Jahre deutlich ansteigen wird, bei den Frauen von 4,8 auf 8,6 Prozent im Jahre 2030, bei den Männern von 3,1 auf 13 Prozent.

Eine Scheidung nach einer langen Ehe ist selten eine Kurzschlusshandlung, sie ist oft nur der Schlusspunkt einer jahrelangen schleichenden Entfremdung. Rund zwei Drittel aller Scheidungen werden von den weiblichen Ehepartnern eingereicht. Inken Lind von der Universität Siegen hat das Phänomen ausführlich untersucht[41] und nennt die Altersstruktur der Bevölkerung als eine der Ursachen. »Es gab noch nie so viele Leute um die 50 und 60, die bereits mehr als drei Jahrzehnte verheiratet sind. Menschen, die noch in traditionellen Rollenverteilungen aufgewachsen sind, davon geprägt wurden. Die sich nach langen Jahren Ehe mit veränderten Ansprüchen an Lebensqualität und Lebenserwartung als ihre Eltern konfrontiert sehen«. Immer mehr Frauen entdecken mit den Jahren ihre persönlichen Bedürfnisse. Sollten sich diese nicht in der Ehe verwirklichen lassen, beenden sie diese notfalls. Für faule Kompromisse ist ihnen die verbleibende Lebenszeit zu schade. Scheidungswillige Männer wie Frauen erklären, dass sie viele Jahre lang der Illusion von Gemeinsamkeiten aufgesessen waren, an denen sie selbst mitgestrickt hätten. Irgendwann sei es dann zu spät gewesen, die Unstimmigkeiten zu beseitigen. In über der Hälfte aller Fälle hat es von Anfang an einen Dissens gegeben, den viele so auch gespürt haben. Mit Rücksicht auf Kinder oder die Herkunftsfamilie konnte man sich aber nicht zu einer früheren Trennung durchringen.

Erschwerend kommt hinzu, dass die Erwartungen an Lebensqualität und die damit verbundenen Ansprüche an den Partner immer weiter auseinanderdriften. Frauen nach der Familienphase haben das Bedürfnis, ihrer eigenen Persönlichkeit wieder mehr Raum zu geben und außerhalb der eigenen vier Wände ihre Erfolge zu suchen. Zur selben Zeit haben die Männer den Höhepunkt ihrer beruflichen Entwicklung meist schon erreicht und möchten sich wieder mehr auf die Partnerschaft besinnen, die sie in der Karrierezeit vernachlässigt haben. Für die dritte Lebensphase nach der Kindererziehung gibt es noch keine verlässlichen Modelle. Auf die Frage: »Was kommt jetzt noch?« finden die Ehepartner unterschiedliche Antworten, was zu Frustration und Entfremdung führt.

Gibt es kein Elternpaar mehr, ist Mutter oder Vater allein übrig geblieben, steht eine mögliche neue Liebesbeziehung im Raum – für erwachsene Kinder keine Selbstverständlichkeit. Selbst verwitwete Elternteile, die sich neu verlieben, müssen sich von der jüngeren Generation oft kritische Bemerkungen anhören. »Warum kannst du in deinem Alter denn nicht allein bleiben«, hörte ein 68-Jähriger von seiner Tochter, die sich daran gewöhnt hatte, den Vater für sich und ihre Familie einzuspannen. Durch eine neue Partnerschaft eines oder beider Eltern verändern sich die Generationenbeziehungen. Übernimmt der Partner bestimmte Rollen, die bisher die Kinder ausgefüllt haben, kann das Verhältnis distanzierter werden. Nicht die Tatsache einer neuen Beziehung ist demnach entscheidend, sondern die Art und Weise, wie sie gestaltet wird und welche Bedeutung ihr eingeräumt wird. Erwarten die Eltern einen reibungslosen Übergang, werden sie meist enttäuscht. Wie dieser verwitwete Vater mit zwei erwachsenen Kindern, der nicht begreifen konnte, dass seine Tochter die nette neue Freundin nichts ins Herz schloss.

Meine Kinder haben beide eine eigene Familie. Meine Frau starb bereits vor fast neun Jahren, seither hatte ich zwei Freundinnen. Leider hat es mit ihnen nicht geklappt. Mit meiner jetzigen Freundin bin ich seit etwa zwei Monaten zusammen. Ich bin sehr glücklich mit ihr und kenne bereits ihre gesamte Familie. Sie dagegen kennt nur meinen Sohn, da meine Tochter sich weigert, sie kennenzulernen. Zu Beginn dachte ich noch, es sei nur eine Phase, aber mittlerweile glaube ich nicht mehr daran. Gerade gestern hat sie mir wieder einen Korb verpasst. Ich sagte ihr, dass ich zu ihrem Bruder führe, und sie fragte, ob ich dann auch bei ihr vorbeikäme.

Ich erwiderte, dass ich aber mit meiner Freundin unterwegs sei, und sie meinte, na, dann eben ein anderes Mal. Sie verletzt mich damit sehr, zumal wir ansonsten ein sehr gutes Verhältnis zueinander haben. Sie war es überhaupt erst, die mir half, meine Freundin kennenzulernen.

Ich merke, wie meine Tochter sich von mir abwendet, und das trifft mich sehr. Ich war vor ein paar Tagen noch auf dem Geburtstag des Sohnes meiner Freundin. Mein Enkelkind hat auch bald Geburtstag, aber meine Tochter möchte, dass ich allein komme. Warum? Ich denke mit Grauen an meinen eigenen Ge-

burtstag, an Weihnachten und all das, weil ich befürchte, dass sie sich nicht umstimmen lässt. Kann sie nicht etwas Rücksicht auf mich nehmen?

An diesem Beispiel lässt sich gut die unterschiedliche Sichtweise der Generationen ablesen. Wir Ältere erwarten insgeheim von unseren Kindern, dass sie prinzipiell alles gutheißen, was wir tun, und die Nähe zu uns ungeachtet aller Widrigkeiten suchen und halten. Dass eine Tochter Bedingungen stellt, empfindet ihr Vater, wie im letzten Satz deutlich wird, als rücksichtslos.

Wenn man junge Erwachsene fragt, wie sie die Klage des Witwers einschätzen, hört man eher kritische Töne. Sie identifizieren sich naturgemäß mit der Tochter und erklären sich mit ihrer ablehnenden Haltung solidarisch. Erwachsene Kinder sind der Ansicht, dass sie nicht gegen neue Partner in Konkurrenz geraten sollten. Die Priorität der Eltern muss ihres Erachtens klar sein – im Zweifelsfall immer für das Kind. Das ist eine elementare Aussage, was immer wir davon halten mögen. Sie kann uns helfen, das widerspenstige Verhalten unserer Kinder zu verstehen, und das wiederum ist eine Voraussetzung für jede Annäherung.

Innere Kinder und innere Eltern

Immer mehr Menschen in unserem Land werden immer älter und bleiben auf Grund der medizinischen Fortschritte relativ lange gesund. Das Altersbild des fitten Rentners trifft aber, wenn überhaupt, nur eine Weile zu. Irgendwann kommt der Punkt, an dem die Hilfsbedürftigkeit einsetzt, und dann steht die jüngere Generation vor der schwierigen Frage, wie die Phase des hohen Alters, die oft mit Pflege verbunden ist, aussehen soll. Die Renten sinken, in den Medien ist von Altersarmut die Rede. Alte Menschen befürchten, sich immer mehr einschränken zu müssen oder sogar zu verarmen. Statt ihren Kindern und Enkeln etwas zustecken zu können, sind sie auf deren Hilfe angewiesen. Das passt nicht zu ihrem Selbstverständnis als autonome Personen und schafft Unzufriedenheit.

Im Alter tauchen Familienkonflikte wieder auf, die längst überwunden schienen. Wenn die verbleibende Zeit für eine Auseinandersetzung zwischen den Generationen kürzer wird, kommt gelegentlich der Wunsch auf, alte Streitpunkte noch rasch zu klären, bevor es zu spät ist. Enttäuschte Erwartungen von beiden Seiten brechen auf, wenn sich die Machtpositionen verschieben. Beide Generationen müssen noch einmal neu für sich klären, welche Nähe oder Distanz sie brauchen.

Für uns, die Generation der 40- bis 60-Jährigen, die zwischen den eigenen Eltern und eigenen Kindern steht, besteht die Kunst darin, sich nicht zerreiben zu lassen von den Ansprüchen der Jüngeren und Älteren. Man spricht auch von der Sandwichgeneration – ein plastisches Bild für das Eingequetschsein, das manche fühlen. Wo bleibt das Eigene, wenn von oben und unten Druck ausgeübt wird? Die »mittlere Generation«, das ist ein schwammiger Begriff, vom Alter her schwer zu definieren. Wir kennen das Schlagwort der *Midlife-Crisis*, das wir mit Orientierungslosigkeit und Unzufriedenheit assoziieren. Aus diesem Grund ist in letzter Zeit der neutralere Begriff »Scharniergeneration« aufgekommen.

Wir sind heute die Generation dazwischen. Daran lässt sich nichts ändern, das ist der Lauf der Dinge, solange es Menschen gibt. Wir stehen an einem ganz anderen Punkt als unsere Eltern und Kinder. Gleichzeitig entdecken wir, wie sehr wir in vielem unseren Eltern ähneln, und beginnen uns für ihren Lebensweg mehr zu interessieren, weil wir so manches jetzt besser verstehen können. Wir begreifen uns zunehmend als Bindeglied zwischen unseren Vorfahren und den nachfolgende Generationen. Von den einen haben wir vieles übernommen, an die anderen geben wir vieles weiter.

Aber wir sind keineswegs nur ein Kanal, durch den etwas weitergeleitet wird. Wir formen und prägen unser Erbe, wir geben dem, was wir bekommen haben, unsere ureigene Färbung und können uns entscheiden, was wir lieber nicht tradieren wollen. Nicht alle diese Entscheidungen können wir umsetzen, dazu sind wir zu sehr ein Teil des Geflechts, aber wir haben immerhin viel mehr als frühere Generationen die Möglichkeit, aus einem Repertoire von Verhaltensweisen auszuwählen, ohne dass wir dadurch aus der Gesellschaft ausgegrenzt werden.

Unsere Kinder wünschen sich, dass wir einmal souverän mit dem Alter umgehen. Schließlich haben wir Erfahrung damit, älter zu werden, und müssen uns darauf gefasst machen, dass uns das Thema noch eine ganze Weile beschäftigen wird. Aber eine 25-jährige Studentin hört das Wort »Alter« mit anderen Gefühlen als ein

60-jähriger Angestellter. Für die junge Frau ist es noch sehr weit weg – sie denkt vielleicht an ihre Großmutter oder die alten Leute mit den Rollatoren, denen sie auf der Straße begegnet –, während der Mann, der kurz vor der Pensionierung steht, im Geist bereits nachrechnet, wie lange er noch im Beruf bleibt, und grübelt, ob er sich danach alt und nutzlos vorkommen wird.

Mit neuer Dringlichkeit beschäftigt uns die Frage nach der eigenen Identität. Ausschließlich als Eltern wollen wir uns nicht mehr definieren; diese Phase ist vorüber, wenn die Kinder ausziehen und das aktive Erziehen nicht mehr gefordert ist. Kinder unserer alten Eltern bleiben wir natürlich, aber wir haben selbst inzwischen so viel Lebenserfahrung angehäuft, dass wir die Kindrolle schon längst abgelegt haben. Oder nicht?

Wir erleben auch im vorgerückten Alter, wie wir gegenüber den eigenen Eltern wieder zum Kind werden. Auf dem Hinweg zum Sonntagskaffee nimmt man sich vor, diesmal so selbstbewusst aufzutreten, wie man das im Beruf längst erfolgreich praktiziert, und endlich alles unter dem Teppich hervorzukehren, was dort seit Jahren schlummert. Doch dann sind die ersten Worte gewechselt, man sitzt vor seinem Kuchenstück, gibt Belanglosigkeiten von sich und ist plötzlich wieder unsicher und klein und lässt sich fast widerstandslos die Zügel aus der Hand nehmen. Bei einer beiläufigen Bemerkung der Mutter krampft sich der Magen zusammen; ein missbilligender Blick des Vaters schnürt den Hals zu.

Und wieder einmal beschleicht uns das Gefühl, wir seien eigentlich noch nicht wirklich erwachsen. In gewissem Sinn sind wir auch immer noch auf dem Weg ins Erwachsensein, denn vieles von dem, was wir tun, geht auf unsere Erfahrungen aus der eigenen Kindheit zurück. Auch für Erwachsene, die ihr Leben meistern, gibt es immer wieder Momente, in denen sie fühlen wie Kinder – unter Umständen wie sehr kleine, bedürftige Kinder. Was wir dann sagen oder tun, ist uns selbst nicht recht geheuer, weil wir doch eigentlich einen anderen Anspruch an uns haben. Der 48-jährige Reinhard drückt es so aus:

Ich hasse nicht meine Eltern, ich hasse es, wie ich mich selbst verhalte, wenn ich sie besuche. Wie sehr ich auch entschlossen sein mag, nicht in die alten Muster zu verfallen – sobald ich die Wohnung betrete, kann ich mich selbst nicht mehr leiden.

Wenn das Alter unserer Eltern näherrückt und wir stärker mit dem Vergehen der Zeit konfrontiert sind, taucht bei beiden Seiten der Impuls auf, sich einander wieder anzunähern. Die Erkenntnis, dass die Eltern alt geworden sind, kann ganz allmählich ins Bewusstsein treten oder schlagartig bewusst werden, etwa durch einen Sturz, einen Schlaganfall oder den Tod des einen Elternteils. Selbst wenn die Beziehung distanziert ist, müssen wir uns in irgendeiner Form dazu stellen, wie wir den Kontakt mit den alten Eltern gestalten wollen. Mehr Verantwortung? Enger Zusammenrücken? Delegieren der Fürsorge an eine Institution?

Wir müssen uns, auch wenn es uns nicht gefällt, den Eltern neu zuwenden, diesmal aber in einer völlig neuen Rolle: »*Wir* sind auf einmal die Stärkeren, *wir* kennen uns in der modernen Welt besser aus, *wir* übernehmen immer mehr Aufgaben, die die Eltern nicht mehr erledigen können. Mit dieser Rollenumkehr tauchen manche alte Themen und Konflikte aus der Kindheit wieder auf. Haben wir vielleicht Rechnungen offen, die noch nicht beglichen sind?«, schreibt der Gestalttherapeut Victor Chu. »Wir erleben einen inneren Konflikt: Wir sind den Eltern dankbar für alles, was sie für uns getan haben, und haben gleichzeitig theoretisch die Möglichkeit, uns an ihnen für zugefügtes Leid zu rächen. Wir haben, ob wir wollen oder nicht, Macht über sie. Aber wir sind auch machtlos, weil wir uns dem Problem stellen müssen, es gibt keinen Weg daran vorbei.«[42]

Das Verwirrende an dieser Wiederannäherung ist, dass sie sich zwar zwischen Erwachsenen abspielt, die jüngere Generation – also wir – sich aber dennoch unabhängig von Lebensalter als Kinder versteht und fühlt. Es entsteht ein komplexes Gefüge von Erwartungen und Rollen: Unsere Eltern, denen wir als erwachsene Kinder mit eigenen erwachsenen Kindern gegenüberstehen, erwarten von uns in gewisser Weise eine Art von Fürsorglichkeit, die man eher Eltern zuschreiben würde. Sie werden teilweise zum Kind der eigenen Kinder, suchen bei ihnen Geborgenheit und Schutz. Auf der anderen Seite sollen wir als »gute Kinder« für sie da sein und dem entsprechen, was ihrer Ansicht nach Kindespflicht ist. So entstehen Unsicherheiten: Welcher Teil in uns fühlt sich angesprochen? Welche Rolle nehmen wir jeweils ein?

Als Kinder unserer Eltern haben wir auch noch in der Lebensmitte ein großes Bedürfnis nach Anerkennung. Wir wollen ihr

Missfallen nicht erregen und nehmen Rücksicht auf ihre Gefühle. Wenn die alten Verhaltensmuster frustrierend sind, fühlen wir uns kaum in der Lage, sie zu ändern. Das macht den Umgang mit alten Eltern oft so schwer. Wir sind gefangen in dem Versuch, ihre Liebe zu erringen und ihr Missfallen zu vermeiden. Wir strengen uns an, mehr als uns guttut, und haben dennoch das Gefühl, nie zu genügen, uns nie genug zu bemühen. Je besser wir verstehen, was zwischen uns und unseren Eltern abläuft, desto besser können wir aus dem Kreislauf der gegenseitigen Abhängigkeiten aussteigen.

Erwachsene erleben in der Konfrontation mit den alten Eltern und Schwiegereltern noch einmal die Defizite, also die nicht erfüllten Themen und Bereiche ihrer Kindheit und Jugend. In der Kindheit geht es uns dann gut, wenn wir die liebevolle Zuwendung unserer Eltern bekommen. Je besser wir uns selbst versorgen können, desto weniger abhängig sind wir. Stecken wir auch mit 50 oder 60 noch in den alten Mustern fest, werden wir uns wahrscheinlich gegen die »Befehle« der Eltern auflehnen, uns ständig bei anderen über sie beklagen und lautstark erklären, wir hätten keine Lust, uns von ihnen herumkomandieren zu lassen. Es spielt in diesem Fall keine Rolle, ob sie 1000 Kilometer entfernt leben oder unter demselben Dach – nicht einmal, ob sie tot oder lebendig sind. Wenn wir in einen inneren Dialog mit ihnen verstrickt sind, schränkt das unsere Entfaltung und unsere Selbstständigkeit ein. Das »innere Kind« wünscht sich weiterhin das Wohlwollen der Eltern und ihre (innere) positive Anwesenheit.[43] Es ist eine Kombination unserer frühen Kindheitsgefühle und Verhaltensweisen unserer Eltern – und beeinflusst unsere Reaktionen auf Menschen, oft ohne dass wir das merken. Aber es gibt auch einen »inneren Erwachsenen«, durch den wir die innere Distanz gewinnen können, um uns den Bedürfnissen des Kindes und seinen belastenden Erfahrungen liebevoll zuzuwenden.

Auch das Verhalten unserer Eltern wird, so die Theorie, von ihrem »inneren Kind« gesteuert, das heißt, auch in ihnen existieren Befehle, Vorurteile, Verbote und Verhaltensmaßregeln, wie sich das Verhältnis von Kindern und Eltern zu gestalten hat. Fühlten sich unsere Eltern bedroht, wenn wir eigene Gefühle und Planungen erkennen ließen? Haben sie darauf mit Missbilligung oder Trauer reagiert? Dann haben wir vermutlich Strategien entwickelt, wie wir sie glücklich machen konnten, wir haben beschwichtigt, Konflikte vermieden, nachgegeben und uns unseren Teil gedacht. Das Gegenteil wäre eine »emotionale Autonomie«, durch die es möglich ist, den Eltern Grenzen zu setzen und ihnen mit Bestimmtheit zu begegnen.

Zu erkennen, dass auch unsere alten Eltern nicht frei und immer erwachsen handeln, nimmt etwas von dem Unmut, der es uns so schwermacht, unbefangen mit ihnen umzugehen. Die Frage an uns selbst könnte heißen: Warum halte ich mich an diese Regeln und Verbote und warum liegt mir so viel daran, dass meine Kinder sie einhalten? Wird es mir und anderen schaden, sie nicht zu beachten?

Veränderungen sind möglich, aber nicht einfach, denn sie lösen Angst aus. Das kann dazu führen dass alte Eltern noch destruktiver und kränkender reagieren. Das Gute ist, dass wir das, was wir im Umgang mit alten Eltern lernen, sehr gut auf unser Verhältnis zu den eigenen erwachsenen Kindern anwenden können. Das, was wir uns von unseren Eltern wünschen, ist nämlich auch ihr Wunsch an uns. Auch sie wollen sich nicht verstellen müssen. Sie wollen so wahrgenommen und geliebt werden, wie sie sind, nicht als ein Zerrbild ihrer selbst, in dem sie sich nicht wiedererkennen. Und Eltern sind, wie wir wissen, prinzipiell dazu in der Lage, klarzusehen; sie sind mehr als ihr »inneres Kind«, sie können Geborgenheit vermitteln. »Eltern sind nicht ›schlechte‹ Eltern, weil sie ein inneres Kind in sich haben, das die eigenen Kinder in sicherer Nähe wissen will«, schreibt der amerikanische Psychotherapeut Howard M. Halpern.[44] In ihnen existieren widerstrebende Wünsche: Sie wollen, dass ihre Kinder starke, lebenstüchtigen Menschen werden, und sie wollen – was sie kaum zugeben würden –, dass die Kinder schwache, schutzbedürftige Menschen bleiben, die sich nicht von ihnen entfernen. Die Entscheidung, das Heranwachsen und Freiwerden ihrer Kinder zu unterstützen, kann hart sein. Etwas festzuhalten ist ein tiefes, menschliches Bedürfnis.

Dieser innere Zwiespalt äußert sich oft in widersprüchlichen Botschaften, die es den erwachsenen Kindern schwermachen und sie verwirren. Als Beispiele führt Halpern zwei Sätze an:

»Ich möchte, dass du Selbstvertrauen gewinnst. Tu deshalb, was ich sage.«

»Ich möchte, dass du tust, was das Beste für dich ist, ich werde mit der Einsamkeit schon fertig.«

Eine Win-Win-Situation ist nicht möglich, denn entweder bereitet man den Eltern Kummer und ist dadurch bedrückt oder man geht dem Zorn und den Schuldgefühlen aus dem Weg, ist frustriert und der »reife«, erwachsene Teil der Eltern ist enttäuscht. Solche Doppelbotschaften provozieren Schuldgefühle, indem sie sagen: »Werde nicht erwachsen und entfremde dich nicht von mir.«

Eine wichtige Erkenntnis heißt: Erwachsene Kinder können keinen Ersatz leisten für das, was die Eltern nicht bekommen haben, sie sind keine Retter, die das unerfüllte Leben in letzter Sekunde noch zur Erfüllung bringen. Das führt zu Erschöpfung und zur Erosion der eigenen Integrität. Das soll uns jedoch nicht daran hindern, Mitgefühl mit unseren Eltern zu haben, denn verpasste Lebenschancen sind eine schwere Hypothek. Noch schwerer wiegt ihr unbefriedigtes Bedürfnis nach elterlicher Liebe. Auch dafür können wir keinen Ersatz leisten. Wer nach Liebe ausgehungert ist, wird zu erpresserischen Taktiken verführt. Wer hat nicht schon von Märtyrer-Müttern gehört, die ihr Leiden wie ein tragisches Erbe weitergeben und ihre Kinder lebenslang in das Joch zwingen, das ihnen selbst auferlegt wurde? Manchmal ist der Schmerz real, manchmal aber auch eine selbst auferlegte und/oder chronische Methode, die ganz bestimmte Reaktionen hervorrufen soll, und dies gewöhnlich auch tut.

Manipulation durch Schuldgefühle macht wütend. Halpern empfiehlt, den Blick für die Unterschiede zu schärfen. Was steckt hinter rechthaberischem Elternverhalten? Der Schmerz über nicht gelebtes Leben? Oder die »verängstigte, wütende, anspruchsvolle Göre«? Wie würde man mit so einem Kind umgehen? Man würde es nicht bestärken, das wäre für beide Seiten destruktiv und wäre eine Belohnung für seine Manipulationen. Es ist wichtig, sich klarzumachen, dass es nicht ohne Turbulenzen abgehen wird, wenn man sich entschließt, auf Erwartungen nicht einzugehen. Es ist ein Pfad mit Hindernissen. Um sich dafür zu wappnen, können wir unsere eigenen Anteile an der Art unserer Beziehung zu den Eltern überprüfen. Je besser wir über uns selbst Bescheid wissen, desto weniger anfällig sind wir für Zuschreibungen und Deutungen von außen:

- ☐ Warum wohne ich in der Nähe meiner Eltern?
- ☐ Warum wohne ich sehr weit von ihnen entfernt?
- ☐ Habe ich mehr Kontakt, als ich eigentlich will?

□ Was würde ich empfinden, wenn ich weniger Kontakt hätte?
□ Lasse ich sie mehr an meinem Leben teilnehmen, als meiner Meinung nach gut ist?
□ Nehme ich immer noch stark Anteil an ihrem Leben?
□ Spiele ich die Rolle des Eheberaters?
□ Erledige ich Sachen für sie, die sie tun könnten?
□ Habe ich Schritte vermieden, die für mich mehr Unabhängigkeit/Risiken/Entwicklung/Erfolg bedeuten?
□ Könnte ich an Weihnachten, am Geburtstag etc. etwas anderes tun, als zu den Eltern gehen?
□ Brauche ich noch die Billigung von Vater/Mutter/beiden?
□ Beunruhigt es mich, wenn ich etwas tue, das sie nicht gutheißen?
□ Was würde ich ihnen gerne einmal sagen?

Für die verschiedenen Arten, wie man etwas mitteilen kann, führt Halpern das beliebte Thema »Besuchshäufigkeit« an und konstruiert eine Situation, die viele schon einmal erlebt haben: Eine 77-jährige Mutter, die sehr oft zu Besuch bei ihrer Tochter ist und oft auch unangemeldet vor der Tür steht, fragt nach, ob sie am Wochenende wieder kommen kann. Die Tochter hat viel zu tun und will keine so häufigen Besuche. Wie sie ihren Wunsch formulieren wird, hängt davon ab, wer »aus ihr« spricht.

□ Das »fügsame« Kind würde sagen: »Besuch mich jederzeit, wann du Lust hast.« Die Mutter reist an, das Wochenende wird für beide frustrierend.
□ Das »rebellische« Kind würde sagen: »Du bist eine ständige Belastung für mich. Ich will dich nicht mehr sehen.« Die Mutter ist eingeschnappt und zieht sich (unter Umständen in eine Krankheit) zurück, die Tochter hat Schuldgefühle.
□ Das »erwachsene Kind« würde sagen: »Ich freue mich, wenn du ab und zu kommst, aber ich brauche mehr Zeit für mich. Komm doch am Mittwoch, wäre dir das recht?« Ein Dialog kann entstehen, in dem verschiedene Bedürfnisse zur Sprache kommen.

Der Ausbruch aus der alten Rolle macht das Gegenüber perplex und sorgt für Verblüffung. Er eröffnet aber auch Freiräume, und zwar nicht nur für diejenigen, die die Initiative ergreifen, sondern auch für die anderen. Wenn wir uns als Kinder alter Eltern anders verhalten als gewohnt, entsteht für sie die Gelegenheit, sich und uns neu kennenzulernen.

Wir wollen euch nicht zur Last fallen

Wenn unsere Eltern älter werden, beginnt, wie wir gesehen haben, für uns eine sehr interessante und nicht einfache Lebensphase: Dann rücken sie uns plötzlich wieder näher, nachdem wir uns im jungen Erwachsenenalter vielleicht etwas von ihnen entfernt haben, weil die eigenen Lebensaufgaben im Vordergrund standen. Nun kommen wir in familiärer Hinsicht wirklich in die Zwischengeneration.

Die Auseinandersetzung mit unseren Kindern ist ein laufender Prozess mit allen Höhen und Tiefen. Was die Eltern betrifft, stehen unter Umständen konkrete Entscheidungen an. Die bange Frage taucht auf, ob wir Mutter und Vater genug lieben, um ihnen die intensive Zuwendung zu geben, die sie jetzt brauchen oder zumindest erwarten.

Schuldgefühle steigen auf, wenn wir merken, dass wir im Grunde nicht zu mehr Nähe bereit sind. Eine Flut von Fragen stürzt über uns herein. Was erwartet unser Umfeld von uns, was die Gesellschaft? Sind wir Rabenkinder, wenn wir die Eltern in ein Heim geben? Ist jetzt der Zeitpunkt gekommen, die eigenen Bedürfnisse zurückzustellen, wie es die Eltern jahrelang für uns getan haben? Kann die Pflege eines alten Menschen unserem Leben eine neue Dimension geben? Wo ist die Grenze des Zumutbaren – sowohl für die Eltern als auch für uns selbst? Wie lange ist es für die Eltern und auch für uns denkbar, sich in eine solche Abhängigkeit zu begeben? Wir sind gewohnt, frei über unser Leben zu bestimmen – und nun das. Gerade die Generation der heute 50- bis 65-Jährigen versteht sich als Gestalterinnen und Gestalter der Gesellschaft. Sie hat sich eine große Kompetenz in vielerlei Hinsicht erarbeitet und will auch weiterhin ihr Leben selbst in die Hand nehmen und sich nicht von Zwängen bestimmen lassen.

Vor allem Frauen geraten in dieser Lebensphase leicht in ein Dilemma. Es scheint, als könnten sie es niemandem recht machen. Auf der einen Seite die Kinder mit ihrem Bedürfnis nach

Aufmerksamkeit und mütterlicher Unterstützung, auf der anderen Seite die Eltern mit ihrer Bedürftigkeit und ihrer Hoffnung auf Zuwendung. Sie gehören zu einer Generation, die zwischen den eigenen Eltern und eigenen Kindern steht und sich von beiden Seiten bedrängt fühlt

Die innere und oft auch äußere Jugendlichkeit bringt es mit sich, dass Frauen ihre Kräfte überschätzen.

Ich musste viel für meine Schwiegermutter da sein, die mich auch viel gefordert hat.
Sie wurde ab einem bestimmten Zeitpunkt vergesslich, konnte sich nicht mehr selber versorgen, wollte aber in ihrer Wohnung bleiben, und ich hatte nicht das beste Verhältnis zu ihr. Sie war eine sehr resolute Frau, das macht man so und das hätte ich anders gemacht und das ist besser. Immer, wenn sie zu uns ins Haus kam, wurde ich mit Vorwürfen überhäuft, dass ich die Kinder nicht richtig erziehe, nach ihren Maßstäben.
Da war ein gespanntes Verhältnis. Mein Mann war beruflich stark eingebunden, und die Last der Erziehung und alle Probleme, die mit den Kindern zusammenhingen, lasteten sowieso auf meinen Schultern. Gertraud, 70 Jahre

Das Zusammenleben mit anderen Generationen gestaltet sich etwas schwierig, ich stehe mitten drin. Die Kinder wollen raus, und die Schwiegereltern sind enttäuscht, dass sie nicht bleiben. Da muss ich eben immer wieder vermitteln und gucken und tun und machen. Irgendwie reibe ich mich im Moment ein wenig zwischen den Fronten auf. Es hat sich so eingespielt, dass ich für alles zuständig bin. Ich hoffe, dass sich das wieder bessert. Man kann nichts erzwingen, man kann nur hoffen und gute Worte geben. So ist es jetzt geworden. Manchmal bin ich sehr müde. Mila, 45 Jahre

Gabi, heute 50, hat in einem relativ frühen Stadium ihres Lebens schon die doppelte Belastung mit Kindern und pflegebedürftiger Mutter erlebt und ist damit an ihre körperlichen und seelischen Grenzen gekommen. Als ihre Mutter zu ihr und ihrer Familie zog, war sie Ende 30 und hatte drei kleine Kinder. Ihre Geschichte weist viele Elemente auf, die bei der Pflege alter Eltern immer wiederkehren.

Wir haben die Mutter dann endgültig zu uns geholt, weil sie praktisch nur noch hilflos in ihrem Ort herumgelaufen ist, und somit war es für mich klar, dass ich meine Mutter versorge. Das war sehr schwierig, vor allem, weil meine Mutter sehr umtriebig und rastlos war. Sie hat sich nur noch an mich gehängt und ich konnte meiner Hausarbeit und meinen Verpflichtungen nicht mehr nachkommen. Ich wollte meine Mutter gerne mal stundenweise in Pflege geben, aber da war überhaupt nichts zu finden. Es gab keine Einrichtungen, die alte Leute oder Hilfsbedürftige tagsüber oder stundenweise zu sich nehmen. Das ging nicht, man konnte sie nur im Heim anmelden und im Heim lassen oder mal ins Heim bringen, um Urlaub zu machen.

Ich hätte gerne eine Lösung für meine Mutter gehabt, die halb- oder ganztags funktioniert, dass ich nachts wieder meine Mutter hätte versorgen können. Nachts musste ich sie auch versorgen; sie hat nur geschlafen, wenn sie total erschöpft war. Dann setzte sie sich irgendwann hin und schlief ein für ein paar Stunden, zwei, drei, manchmal nur eine oder auch mal vier. Sie war dann wieder topfit und hat durchgemacht, bis sie wieder total erschöpft war.

Dann war ich selbst nicht mehr in der Lage, sie rund um die Uhr zu betreuen. Ich war total am Ende meiner Kräfte. Ich habe dann eine Annonce in unser Ortsblättchen gesetzt, dass ich Leute suche, die mir helfen, meine Mutter zu versorgen. Eine Frau ist dann recht regelmäßig gekommen und hat meine Mutter mitgenommen, zwei bis drei Stunden spazierengehen, und zwei andere Frauen am Ort haben sich auch angeboten.

Irgendwann fing sie an, nur noch Angst zu haben, vor fremden Menschen, vor Lärm von Autos, vor der Straße. Sie wollte auch nicht mehr in den Garten hinaus. Irgendwann blieb sie nur noch im Haus, weil sie die Geräusche von draußen nicht mehr ertragen hat. Acht Jahre lang hat sich dann praktisch unsere ganze Familie um unsere Mutter gekümmert, weil die Krankheit von der Pflege her sehr anspruchsvoll ist. Die Kinder mussten mitmachen und mitziehen, mein Mann auch.

Ich habe sie ein paar Jahre lang gepflegt und bin dann plötzlich wieder schwanger geworden. Die Familienplanung war eigentlich abgeschlossen und es war am Anfang ganz schlimm, dass ich mit einem vierten Kind schwanger war, besonders wegen der Wohnverhältnisse. Wir hatten eine 4-Zimmer-Wohnung, draußen viel Platz, aber eben eine 4-Zimmer-Wohnung. Ein Zimmer war schon von der Mutter belegt, es war schon sehr anstrengend und auch eng für uns alle. Dazu drei Kinder in einem Zimmer. Dann kam das vierte Kind, und weil ich auch so angespannt war, körperlich sehr angestrengt und von den Nerven her auch nicht mehr so fit, war ich wirklich im Zweifel, was ich machen sollte.

Nachdem das vierte Kind auf der Welt und zwei Monate alt war, sind wir mit meiner Mutter umgezogen. Dann hatten wir mehr Platz auch im Haus. Sie hatte eine Etage mit eigener Dusche. Es war umgebaut, dass man mit dem Rollstuhl hineinfahren konnte, und so ist die Pflege erleichtert worden. Die Pflege hat insgesamt acht Jahre gedauert und nach acht Jahren ist meine Mutter dann gestorben.

Zuerst musste ich mich ein paar Wochen erholen, habe einfach nicht viel gemacht und dachte: Wenn ich jetzt wieder viel Zeit habe, dann wird alles gemacht, die Flickwäsche erledigt, alles wieder gerichtet, was so im Argen hing. Dann hab ich erst gemerkt, dass ich überhaupt nichts mehr geschafft bekomme. Ich hatte einen richtigen Durchhänger, aber nicht, weil ich traurig war, sondern weil ich mal alles hängen lassen konnte und keine so starken Pflichten mehr hatte. Ich habe mich einfach nur ein paar Wochen erholt, zu Hause erholt, nur das Wichtigste gemacht. Dann spürte ich, es geht wieder besser.

Das Emotionale habe ich in der Pflege total ausgeblendet, anders hätte ich das auch gar nicht machen können. Nicht nur von Freundinnen, von vielen Seiten kam die Anerkennung, dass ich das geschafft habe.

Ich wollte noch sagen, dass ich meine Mutter ein Jahr, bevor das Pflegegesetz in Kraft getreten ist, bekommen habe, und da habe ich den Unterschied gemerkt. Als das Pflegegesetz in Kraft trat, habe ich Geld bekommen. Das war eine große Hilfe. Ich hatte für andere Dinge wie Wäsche, also ganz normale Haushaltsdinge, keine Zeit mehr. Durch das Pflegegeld war ich dann eben imstande, Leute zu bezahlen, die mir die Mutter stundenweise abgenommen haben. Als es irgendwann noch dramatischer wurde, konnte ich eine Putzfrau bezahlen, die stundenweise zu mir gekommen ist.

Die Kinder, die habe ich zu kurz kommen lassen. Die haben eigentlich die ersten vier Jahre unter der Krankheit gelitten, weil meine Mutter eifersüchtig auf sie war. Sie hat versucht, alle Personen, die von mir etwas wollten, die mit mir etwas bereden wollten oder was auch immer, von mir fernzuhalten. Die Kinder mussten anfangs unter ihr leiden, aber trotzdem haben sie und mein Mann, wenn wir zusammensaßen und beratschlagten, ob wir das weiter so machen, immer gesagt: »Hergeben wollen wir die Oma auf keinen Fall! Wir müssen das eben irgendwie so machen, dass es für alle zu ertragen ist.«[45]

Diese beeindruckende Schilderung zeigt, welchen enormen Einsatz die Pflege eines verwirrten Menschen erfordert und wie die ganze Familie eingebunden und von der Überlastung betroffen ist. Die bisherigen Pflichten aus Haushalt, Kinderbetreuung und Partnerschaft bestehen schließlich weiter und wachsen sich mit der zusätzlichen Arbeit leicht zu einem Dauerstress aus. Die eigenen Gefühle, Sorgen und Ängste haben keinen Platz mehr, sie müssen ausgespart werden, damit das ausgeklügelte System nicht zusammenbricht.

Die Situation ist glücklicherweise durch die aktuelle Diskussion um die Altersstruktur der Gesellschaft und den zu erwartenden »Pflegenotstand« stärker in die öffentliche Diskussion gerückt. Die Pflegekassen bieten Schulungen für Angehörige und ehrenamtliche Pflegepersonen, ambulante Dienste übernehmen auch stundenweise pflegerische Aufgaben und nicht zuletzt haben sich Selbsthilfegruppen für pflegende Angehörige gebildet, die den Austausch mit Leidensgenossen fördern.

Dennoch ist es häufig eine einzelne Person, die den Hauptteil der Last schultert, auch wenn sich andere daran beteiligen. Und diese Person, wie hier Gabi, fühlt sich zudem noch schuldig, weil sie andere Menschen oder Pflichten vernachlässigt. Sind die eigenen Kinder noch klein, wird die Rundumversorgung alter Eltern als ein zusätzliches »Ich muss« erlebt. Es geht nicht mehr darum, was »ich will«, Vorrang haben immer die Bedürfnisse der anderen.

Gabi ist eine der vielen Frauen, die sich um ältere Angehörige kümmern. Von den Angehörigen, die Pflegeleistungen erbringen, sind 70 bis 90 Prozent Frauen: Töchter, Schwiegertöchter, Ehefrauen. Die Mehrzahl der pflegenden Frauen ist zwischen 40 und 75 Jahre alt, verheiratet und versorgt das pflegebedürftige Familienmitglied im eigenen Haushalt. Es mag sein, dass nicht ganz so viele Frauen von dieser Konstellation konkret betroffen sind, wie man eine Zeit lang meinte. Manche Familienforscher interpretieren die Zahlen des 2. Alterssurvey 2002[46] so, dass, je nach Alter, nur 3 bis 8 Prozent der Frauen zwischen 40 bis 54 im engeren Sinn zur Sandwichgeneration angehören, das heißt, sie haben Kinder im Haushalt und betreuen gleichzeitig einen (Schwieger-)Elternteil. Doch für die Betroffenen ist das kein Trost. Sie müssen ihre eigenen Formen der Bewältigung finden. Und es wird immer mehr Menschen geben, die vor der Frage stehen, welche Zukunft sie sich für ihre alten Eltern wünschen – und letztlich auch für sich selbst. Sinkende Kindersterblichkeit, bessere medizinische Versorgung, gesündere Ernährung, veränderte Lebens- und Arbeitsbedingungen haben in der Bundersrepublik dazu beigetragen, dass die Lebenserwartung seit 1870 von 35,6 Jahren (Männer) und 38,5 Jahren (Frauen) auf 72,9 (Männer) und 79,3 (Frauen) angestiegen ist. Die Zahl der Hochbetagten (über 80 Jahre) hat sich in diesem Jahrhundert sogar verzehnfacht. Trotz Pflegeversicherung und professionellen Dienstleistern wird die Familie zu den wichtigsten Ressourcen zählen, wenn es um die emotionale und praktische Betreuung und Pflege alter Menschen geht. Es gibt in Deutschland derzeit circa 3,6 Millionen Menschen, die auf Hilfe angewiesen sind. Das sind circa 4,7 Prozent der Gesamtbevölkerung. 1,5 Millionen davon sind dabei regelmäßig auf fremde Hilfe angewiesen, wovon 1,1 Millionen in privaten Haushalten betreut werden.

Durch die Übernahme der Pflegetätigkeit verringert sich die Möglichkeit, ein eigenständiges Leben zu führen. Die Einschränkungen betreffen Geld, Beruf, Urlaub, Freizeit; Freunde ziehen sich zurück. Am belastendsten erlebten die befragten Frauen die Einschränkungen des eigenen Lebens, die Gebundenheit an das Haus, das Verhalten und den Zustand des Pflegebedürftigen. Die psychische Belastung war für sie schlimmer als die physische. Die Konsequenzen für den Alltag wogen nicht so schwer wie die Einschränkungen der Beziehungen zu Menschen außerhalb der Familie.

Wie ist es möglich, über Jahre hinweg eine so enorme Herausforderung zu bewältigen und nicht unter ihr zusammenzubrechen? Wie Gabi haben die meisten pflegenden Frauen Methoden entwickelt, ihre Situation zu bewältigen. Trotz aller Probleme und Belastungen geben sie ihrem Einsatz eine positive Deutung: Die

Pflege ist ihre persönliche Leistung, sagen sie, sie haben eine schwere Aufgabe gemeistert, für die sie Anerkennung erhalten, wenn auch nicht im adäquaten Maß. Sie haben eine Bürde getragen, unter der andere zusammengebrochen wären, und sich so selbst behauptet. Sie reagieren flexibel, suchen Unterstützung bei Angehörigen, bei privaten und staatlichen Hilfseinrichtungen. Aufbauend ist auch das Gefühl, etwas »richtig« zu machen, sich nicht vor unangenehmen Dingen zu drücken und für die Familie nach beiden Seiten hin, zu Kindern wie Eltern, ein wichtiges Bindeglied zu sein.

Auf dem Hintergrund der eigenen Erfahrungen mit den alten Eltern macht sich die mittlere Generation viele Gedanken, wie sie selbst einmal alt werden will. Wenn unsere Eltern älter werden, kommt es, wie erwähnt, zu einer Rollenumkehr. Eines Tages wird das in Bezug auf uns und unsere Kinder auch auf uns zukommen. Unsere erwachsenen Kinder fühlen sich in der Verantwortung, befürchten, ihr eigenes Leben vernachlässigen zu müssen, haben Angst vor der finanziellen Belastung. Wir wollen möglichst lange unabhängig leben und niemandem zur Last fallen. Ist es trotzdem möglich, gemeinsam rechtzeitig über die Zukunft nachzudenken und Perspektiven zu entwickeln, die beiden Seiten gerecht werden?

Welche Visionen gibt es zum Thema Alter? Wie wollen wir leben, wenn wir uns nicht mehr selbst versorgen können? Wenn in den Gesprächen mit Eltern und ihren erwachsenen Kindern diese Fragen aufkamen, wurden die Augen groß und eine Pause trat ein. Ältere und Jüngere, die eben noch angeregt erzählt hatte, schwiegen betreten. »Ach, eine gute Frage – darüber müsste man mal nachdenken«, so könnte man die Antworten auf einen Nenner bringen. Das Alter als Leerstelle in der Eltern-Kind-Beziehung?

Beide Generationen sind offenbar von dem Bild des rüstigen Rentners und der fidelen Großmutter sehr angetan. Fast durchgängig wird die Fitness der Älteren beschworen. Für die Älteren gehört es zum guten Ton, etwas für ihre körperliche und geistige Beweglichkeit zu tun.

Frage: Was haben Sie vor, wenn sie nicht mehr so aktiv sind?

Frau Zoller *(58): Wir wollen zusehen, fit zu bleiben. Im Moment …*

Herr Zoller *(60): … sind wir im besten Alter und werden immer jünger.*

Frau Zoller*: Wir sind immer fitter geworden in den letzten Jahren.*

Herr Zoller*: Wir genießen das. Und ich finde es auch wichtig, dass man die Kinder nicht zu spät kriegt, denn wir können echt noch was miteinander anfangen. Die Kinder sind schon aus dem Haus und wir genießen das jetzt richtig.*

Auf die Frage »Was passiert, wenn die Eltern älter werden«, antwortete die 43-jährige Karin:

Klar, daran denkt man mal. Schon. Aber es ist gefühlsmäßig noch so weit weg, weil meine Eltern noch so fit sind. Das ist sicher der Grund, warum man sich noch nicht so damit beschäftigt. Ich beschäftige mich immer dann damit, wenn es mal einem von beiden so richtig schlecht geht. Wenn es was Schlimmeres ist, nicht nur Husten, und ich den Eindruck habe – oh, das ist gar nicht gut, da muss sich was ändern. Aber ansonsten – wurde das noch nicht so thematisiert, was jetzt eigentlich wird, wenn. Keine Ahnung. Eigentlich eine spannende Frage.

Aufgrund einer schweren Krankheit seiner Mutter musste sich der 35-jährige Thomas intensiver mit dem Thema beschäftigen, aber auch er hofft, dass das Problem noch nicht so bald akut wird:

Ja, ein großes Fragezeichen. Ich habe mich schon mal erkundigt, wie es denn aussieht, weil sie ja auch Haus und Grundstück haben. Wie es dann aussieht, wenn sie Pflegefall werden. Ob es dann teuer wird. Dass das Haus dabei nicht über den Jordan geht.

Wenn es nicht ganz so schlimm wird, wenn sie gesund bleiben, geht es wohl. Wenn einer krank wird, ist der andere ja auch noch da, und der wird es sicher einigermaßen hinkriegen. Vielleicht mithilfe von denen, die in der Nähe wohnen. So angenehm wie früher auf dem Bauernhof, das sie so mitliefen bis zum Ende, ist es leider nicht mehr.

Den Eltern liegt, das war immer wieder herauszuhören, das Wohl der Kinder mehr am Herzen als das eigene. Gefragt, ob ihr Älterwerden ein Thema in der Familie sei, meinte beispielsweise die 70-jährige Gertraud:

Jein. Wir machen uns beide keine Illusionen. Natürlich, weil unsere Tochter vor Ort ist, haben wir geregelt, was zu regeln ist, mit Vorsorgevollmacht, Betreuungsvollmacht. Alles, was geschehen kann, haben wir schriftlich fixiert, und sie wissen, wo das ist. Wir denken, dass wir so lange in dem Haus wohnen werden, bis wir dann wechseln in betreutes Wohnen oder so. Die Kinder sind berufstätig, müssen *berufstätig sein, wie soll das sonst rentenmäßig gehen. Wir dürfen keine großen Erwartungen haben, und das will ich auch gar nicht. Wenn es möglich ist … aber das geht einfach nicht. Sie müssen sehen, dass sie ihr Leben leben und gesund bleiben und für ihr Alter vorsorgen. Das ist ganz wichtig. Sie werden uns nie im Stich lassen, aber dass wir sagen, sie können uns zu sich nehmen oder uns voll betreuen, das ist nicht.*
Es sei denn, sie haben eine Lösung für sich, wenn einer mal früher gehen sollte, mein Mann oder ich, und einer bleibt im Haus dann noch wohnen, dass eines von den Kindern sagt, ich ziehe jetzt ins Haus und du kannst bei uns wohnen bleiben – weiß ich nicht. Weiß ich nicht.

Erwachsene Kinder denken nicht gerne daran, dass ihre Eltern irgendwann einmal gebrechlich oder gar pflegebedürftig werden könnten. Eltern klammern sich daran, dass es ihnen ja noch gut geht, und wollen ihre heimlichen Hoffnungen nicht offenbaren. Beide Seiten haben Angst, der anderen ehrlich von ihren Befürchtungen zu erzählen. In unserer Gesellschaft existiert eine große Unsicherheit, wie die Generationen sich zueinander verhalten sollen. Die Angst, sich gegenseitig zu nahezutreten und sich zu überfordern, ist sehr verbreitet. So lange wie möglich leben ältere Menschen nicht in den Familien ihrer Kinder. Sie wollen ihnen die zusätzliche Arbeit ersparen und glauben, es sei für die Beziehung zu den Kindern dienlich, wenn sie sich nicht in die Abhängigkeit von ihnen begeben. Die Formel dafür lautet »innere Nähe bei äußerer Distanz«.

Das bringt beide Seiten in ein Dilemma: Wer Mutter oder Vater in einem Pflegeheim unterbringt, wird schief angeschaut, und die Umgebung argwöhnt, mit der Beziehung zu den Eltern sei wohl etwas nicht in Ordnung. Wer Eltern bei sich aufnimmt und pflegt, macht sich verdächtig, überholten Konventionen zu genügen und nicht genug auf seine eigenen psychischen Bedürfnisse zu achten.

Anderswo herrschen teilweise noch sehr klare Vorstellungen davon, welche Pflichten erwachsene Kinder ihren Eltern gegenüber haben. Der algerische Schriftsteller Tahar Ben Jelloun beschreibt das Verhältnis der Kinder zu ihren Eltern als von fast religiöser Achtung geprägt: »Von Seiten der Eltern kann diese Liebe übertrieben und Besitz ergreifend sein. Sie kann einen reizen und ersticken. Doch das ist noch lange kein Grund für einen Mangel an grundlegendem Respekt ... Wer seine Eltern liebt, schiebt sie nicht ab.«[47] Die Vorstellung, dass auch in seinem Land Altersheime entstehen könnten, ist ihm ein Gräuel. So kategorisch wird heute nur noch selten formuliert, aber in den Köpfen vieler erwachsener Kinder klingt dieser letzte Satz nach: »Wer seine Eltern liebt, schiebt sie nicht ab.« Sie wissen wenig darüber, was ihre Eltern wirklich wollen und wie groß deren Enttäuschung wäre.

Die Angst davor, nicht mehr Herr über Körper und Geist zu sein, ist in jeder Kultur groß und führt zu verschiedenen Abwehrmöglichkeiten. Letztlich handelt es sich um die Angst, lächerlich zu werden, ausgegrenzt zu werden und dem Körper nicht mehr trauen zu können. Beide Vorgänge, Trauer und Scham, verstärken die Suche nach Geborgenheit. Beide Gefühle aber kämpfen auch mit dem Willen zur Autonomie. Zu diesen Gefühlen der alten Generation gibt es entsprechende Gefühle der mittleren Generation. Die Auseinandersetzung mit Verfall und Hilflosigkeit rückt nun in greifbare Nähe.

Auch bei den erwachsenen Kindern herrschen ambivalente Gefühle. Die Bereitschaft, Verantwortung für die Eltern zu übernehmen, trifft auf Fluchtimpulse. Fliehen oder standhalten, das ist eine schwere Entscheidung, die so lange wie möglich hinausgeschoben wird. Daneben existiert der verständliche Wunsch, man möge gar nicht in die Verlegenheit kommen, diese Entscheidung treffen zu müssen. Wäre es nicht für alle das Beste, wenn die Eltern so lange wie möglich selbstständig und fit blieben und dann friedlich sterben würden?

In der Schweiz wurde kürzlich eine Studie durchgeführt, für die Senioren ausgewählte Angebote aus den Bereichen Gesundheit und Mobilität auf ihre Tauglichkeit prüfen sollten. Wie sich herausstellte, beurteilten sie diejenigen Produkte und Dienstleistungen am besten, die ihnen die größtmögliche persönliche Autonomie versprachen. Alles, was dazu beitragen kann, Abhängigkeiten zu verhindern, erhielt gute Noten. Auch höhere Kosten wollten die Befragten in Kauf nehmen, wenn damit mehr Eigenverantwortung verbunden war. Dieses Ergebnis bestätigt den Trend unter den zukünftigen Alten: Man will niemandem zur Last fallen, weder der Gesellschaft noch den Angehörigen.

Allerdings hat der Wunsch, sich den eigenen Kindern nicht zuzumuten, auch seine Schattenseiten. Für Ältere, die auf räumliche Nähe verzichten, stellt sich die erhoffte emotionale Nähe nicht automatisch ein. Wer in ein Heim geht, kann nicht unbedingt davon ausgehen, dass seine Kinder sich dann mehr um ihn kümmern oder seinen Verzicht auf häusliche Pflege mit mehr Besuchen honorieren. Die Kinder haben vielleicht Schuldgefühle, dass sie dem Umzug ins Heim zugestimmt haben, und ziehen sich zurück, um nicht immer wieder mit ihrer Entscheidung konfrontiert zu sein.

Die übergroße Rücksichtnahme, mit der viele Eltern ihre erwachsenen Kinder behandeln, ist gut gemeint. Doch in der Kommunikation entsteht eine Art luftleerer Raum, der mit Annahmen, Spekulationen und Zuschreibungen gefüllt wird. Immer wieder hört man Sätze wie: »Meine Mutter würde nie wollen, dass ich sie pflege« oder »Meine Schwiegertochter würde es als Zumutung betrachten, wenn sie sich um mich kümmern müsste«. Das mag in vielen Fällen stimmen, doch wenn nicht darüber gesprochen wird, bleibt es eine Vermutung. Sollte sie nicht zutreffen, ist eine Chance vertan, die Familienbindung zu würdigen. Und das scheint ein elementares Bedürfnis des Menschen zu sein.

Denn es gibt ein menschliches Grundbedürfnis nach Geben und Nehmen, nach einer Art Tausch, das sich auch auf Eltern und Kinder erstreckt. Im Kind entsteht ein Bedürfnis, den Eltern Gutes zu tun, wenn es von ihnen Fürsorge und Liebe erhalten hat. Kann dieses Bedürfnis nicht ausgelebt werden, entsteht ein Defizit. Wer seinen alten Eltern das Angebot macht, sich – in welcher Form auch immer – im Alter um sie zu kümmern, will unter Umständen damit etwas von der Liebe und Fürsorge zurückgeben, die er bekommen hat. Würdigen die Eltern das Bedürfnis der Kinder zu geben, ist das auch eine Anerkennung ihres Selbstwertes als Erwachsene. Wir trauen ihnen zu, dass sie ernst meinen, was sie sagen, und in der Lage sind, das Für und Wider einer Entscheidung abzuwägen. Wir nehmen Hilfe an und erlauben es ihnen, ihre Stärke zu erleben. Menschen müssen und wollen teilen – Gefühle, Erlebnisse, Besitz, Wissen, Traditionen. Teilen heißt auch Anteil nehmen und am Leben der anderen teilhaben. Von Seiten der Älteren, zu denen wir bald gehören, ist es wichtig, diese Zuwendung, diese Teilhabe annehmen zu können.

Das Beste, was wir für uns und unsere erwachsenen Kinder tun können, ist mit ihnen über unsere Vorstellungen für das Alter zu sprechen. Und zwar rechtzeitig, solange wir noch im Vollbesitz unserer geistigen und körperlichen Kräfte sind und materiell auf eigenen Füßen stehen. Unsere Kinder werden nicht die Initiative ergreifen, dazu ist das Thema zu heikel für sie. Sie werden vielleicht sogar abwehren und die Sache vertagen wollen. Darauf sollten wir uns nicht einlassen, sondern freundlich und ohne Hast das Thema zu einem passenden Zeitpunkt wieder anschneiden, denn es ist durchaus in ihrem Sinne, wenn sie wissen, was auf sie zukommt. Wir können Vorschläge machen, Anregungen entgegennehmen und miteinander diskutieren, was für die Zukunft im Vordergrund steht. Welche Kriterien sind für die Wahl der Betreuungsform besonders wichtig? Lege ich mehr Wert auf Sicherheit, brauche ich die Nähe von medizinischen Fachkräften, oder sind mir die Aspekte Selbstbestimmung oder Wohnen in der vertrauten Umgebung wichtiger? Welche Umstände könnten mir das Bleiben in der eigenen Wohnung erleichtern? Wie könnten Angehörige, Nachbarn oder Bekannte Hilfeleistungen übernehmen? Wozu wären sie bereit, und wo sind die Grenzen? Was kann ich jetzt schon tun, um die Weichen richtig zu stellen?

Das sind Fragen, die nicht alle auf einmal beantwortet werden müssen. Alle Beteiligten brauchen Geduld und Ausdauer, und als Eltern brauchen wir darüber hinaus den Mut, auch gegen den Widerstand unserer Kinder und Enkel die Dinge beim Namen zu nennen. Halten wir durch, ist es für alle eine große Erleichterung, wenn für den Fall des Falles Pläne existieren.

Zwischen Älterwerden und Altsein

Meiner Meinung nach sind Kinder und eventuelle Enkelkinder keinerlei Garantie dafür, dass man im Alter nicht einsam ist … Ob mit oder ohne Kinder, man sollte sich auf die Situation im Alter frühzeitig vorbereiten. Freundschaften pflegen, aktiv am Leben teilnehmen und sich auch über ganz andere Lebensformen im Alter Gedanken machen. Niemand sollte die eigenen Kinder als »Alterssicherung gegen Einsamkeit« betrachten. Man hat es selbst in der Hand, sich frühzeitig ein stabiles soziales Umfeld zu schaffen, das einen auch im Alter vor Einsamkeit bewahrt.

Ist das eine zu negative Sicht der Familienbindung im Alter oder ist sie einfach nur realistisch? Alte Eltern erwarten von ihren Kindern Nähe – und zwar mehr als umgekehrt. Haben wir diese Tatsache einmal akzeptiert und empfinden sie nicht als persönliche Beleidigung, können wir das, was wir von ihnen an Zuneigung und Nähe bekommen, viel besser genießen. Keine Frage, Alter ist (auch) eine Kränkung. Wir kämpfen mit zunehmenden Jahren nicht nur mit dem Verlust von körperlicher Attraktivität und Unversehrtheit, auch der Verlust an Einflussmöglichkeiten macht uns zu schaffen. Eine 80-jährige Nachbarin, die sich in ihrer 1-Zimmer-Wohnung allein versorgt, weiß, dass sie nur begrenzte Möglichkeiten hat, die häufigen Treffen, die sie sich von ihren Kindern und Enkeln wünschte, selbst herbeizuführen. Sie ist zwar noch in der Lage, einfach in den Bus zu steigen und einen Überraschungsbesuch zu machen, aber sie weiß auch, dass sie sich damit keinen Gefallen tun würde. »Einmal und nie wieder«, war ihr Fazit, nachdem sie einmal im ungünstigen Moment bei ihrem Sohn vor der Tür stand und nach zwei Stunden und einem genervten »Nächstes Mal rufst du lieber vorher an« wieder im Taxi zum Bahnhof saß. Ihr Kontaktbedürfnis, folgerte sie, ist eindeutig stärker als das ihrer Kinder und deren Familien. Sie ersehnt sich eine Symmetrie, die nicht vorhanden ist und die es in den meisten Eltern-Kind-Beziehungen nicht gibt.

Meine Mutter hatte als Witwe einen großen Bekanntenkreis und mehrere gleichaltrige Freundinnen. Sie unterhielt rege Kontakte im Haus, das Telefonbuch quoll über, an jedem Geburtstag zählte sie bis ins hohe Alter Dutzende von Gratulationsanrufen.

Mit über 80 schloss sie als kontaktfreudiger Mensch neue Bekanntschaften, ging ins Theater und in ihren Literaturkreis und wurde von früheren Berufskolleginnen besucht. Eine junge Frau von der Nachbarschaftshilfe besuchte sie jede Woche zum Kaffeetrinken und Plaudern. Für sie war das alles schön und gut, aber doch eben zweitrangig. Eigentlich wollte sie von ihren Kindern angerufen, besucht und nach ihrem Befinden gefragt werden. Wenn das nicht geschah, war sie gekränkt und fühlte sich vereinsamt. Mit diesen Gefühlen war und ist sie kein Einzelfall. Als Tochter fühlte ich mich bedrängt, obwohl ich andererseits verstand, dass sie sich im Kreis ihrer Familie aufgehoben fühlen wollte. Die aktive mittlere Generation ist naturgemäß mit sich und der Bewältigung ihres komplexen Alltags beschäftigt und hätte gerne, dass die Älteren emotional für sich sorgen. Sie meinen es nicht böse, wenn sie sich nur hin und wieder melden; aus ihrer Sicht tun sie angesichts ihres stressigen Alltags und der Hektik der modernen Zeit, was ihnen möglich ist.

Für uns führt das zu der Frage, ob wir uns mit dieser Aussicht abfinden müssen oder eine Strategie entwickeln können, die uns ein zufriedenes Älterwerden ermöglicht, unabhängig davon, was unsere Kinder für uns tun werden. Das Altersbild in unserer Gesellschaft ist geprägt von Widersprüchen und Paradoxien. Schon die Kategorisierung in junge Alte, mittelalte Alte, alte Alte, Generation plus, Best Agers etc. ist verwirrend. Sicher ist eines: Was in früheren Generationen unter Alter verstanden wurde, setzt heute sehr viel später ein. Die Medien haben diese Erkenntnis aufgegriffen und zeichnen zunehmend ein positives Bild von älteren Menschen. Krankheit, Verfall und körperliche Beschwerden sind kaum noch zu sehen. Man kann diese Entwicklung gutheißen, weil sie negativen Altersstereotypen entgegenwirkt. Andererseits kann der realistische Blick auf die tatsächlichen Einschränkungen verloren gehen, die das höhere Alter mit sich bringt. Beim Älterwerden spürt der Mensch seine abnehmenden Kräfte und entwickelt Bedürfnisse nach Unterstützung. Das ist ein normaler Vorgang, der aber dem heutigen gesellschaftlichen Wunsch, die Alten sollten möglichst bis zuletzt fit und selbstständig bleiben, nicht entspricht. Das zwanghafte Festhalten an einem jugendlichen Erscheinungsbild kostet Energie und hält das Unvermeidliche doch nicht auf. Irgendwann sieht man auch der joggenden Power Lady an, dass sie keine 35 mehr ist, und wer sich mit 70 über die Falten im Gesicht aufregt, hat ein Problem mit der eigenen Lebensgeschichte.

Dass man das Altern aktiv gestalten kann, ist ein relativ neuer Gedanke und hängt mit der zunehmenden Langlebigkeit in den westlichen Gesellschaften zusammen. Wir werden aufgefordert, uns mit dem eigenen Älterwerden zu befassen, und zwar rechtzeitig, bevor es uns kalt erwischt. Seit einigen Jahren boomt auch die Literatur über das Älterwerden. Da geht es um die Kunst des Alterns, die Lust am Älterwerden, um Altern ohne Angst. An wortreichen Anregungen, wie wir leben müssen, damit das Alter seine Schrecken verliert, mangelt es nicht. Die heutigen Alten scheinen sich die Anregungen zu Herzen zu nehmen, denn sie sind so fit wie nie zuvor. Sie sind – gewöhnt ans lebenslange Lernen – bis ins hohe Alter geistig rege und werden in Zukunft als größter Bevölkerungsteil umworbene Konsumenten sein. Sexualität bis ins hohe Alter ist für diese Generation kein Tabu mehr. Ein auf Verzicht ausgerichtetes Altersbild ist heute nicht mehr akzeptabel. Dennoch bleibt die Tatsache, dass 75-Jährige an einer anderen Stufe stehen als 65-Jährige und dass jede Altersstufe mit ihrer Andersartigkeit auf Verständnis hofft. Alter kann nicht nur als »Unruhestand« verstanden werden, der Zwang zur nicht nachlassenden Aktivität, Kreativität, Produktivität und Attraktivität entspricht ab einem gewissen Punkt einfach nicht mehr der Realität.

Wie gehen wir damit um? Wir können uns anstrengen und handeln wie viele, die bestrebt sind, dem Altersbild der Nichtalten soweit wie möglich zu entsprechen. Möglichst zehn Jahre jünger wirken, möglichst nicht mit 65 aufhören zu arbeiten, möglichst nicht auf die Fürsorge Jüngerer angewiesen sein. Oder wir können uns überlegen, was wir ganz persönlich von der nächsten Lebensphase erhoffen, und uns Ziele setzen, bei denen Grenzen und Möglichkeiten in einem guten Gleichgewicht sind. Als Mitglied unserer Familie spüren wir, wie wir Teil eines großen Stromes sind, den es vor uns gab und nach uns geben wird. Gleichzeitig wird uns bewusst, dass jede und jeder von uns als Individuum ein unverwechselbares, einzigartiges Schicksal hat, das sich von dem Schicksal der Eltern und dem der eigenen Kinder unterscheidet. Welches ist in diesem Prozess unserer eigener Platz im Leben?

Ein produktives Nachdenken über das Alter setzt natürlich erst einmal bei den Kompetenzen an, die wir uns erworben haben und voraussichtlich noch eine lange Zeit behalten werden: nichts gegen ein konsequentes körperliches und geistiges Training, wenn es Wohlbefinden und Selbstbewusstsein fördert und den physischen Alterungsprozess mildert. Nichts gegen eine aktive Teilnahme am sozialen Leben, durch die wir uns eingebunden fühlen und der Vereinsamung entgegensteuern. Keine Einwände gegen neue Aufgaben, neue Betätigungsfelder, neue Hobbys. Lust, Lachen, Kreativität, lebenslanges Lernen, Respektlosigkeit – alles Wege zu Lebensfreude und Schwung. Einerseits.

Andererseits gehört zum Prozess des Älterwerdens auch die Annäherung an existenzielle Fragen und die Hoffnung, einen Sinn in der eigenen Existenz zu finden. Beides sollte Raum haben, und wann, wenn nicht in den späteren Jahren? Auch kritische Lebensereignisse begleiten diesen Prozess, nicht alles ist unbegrenzt steuerbar, wie wir im Lauf der Jahre feststellen mussten. Selbst Schicksalsschläge können Kraftfelder werden, wenn wir sie als wichtige Stationen unseres Lebenswegs deuten. Wir sind weiser – auch wenn wir uns selbst nicht dafür halten –, haben einen Erfahrungsschatz angesammelt und sind nicht mehr so leicht zu erschüttern. Äußerlichkeiten sind nicht mehr so wichtig. Wir brauchen nicht mehr so viel Rücksicht auf die Familie zu nehmen, können uns die Zeit freier einteilen. »Zu den Symptomen des Alterns gehört neben der Verlangsamung und dem Rückzug auf gesicherte Gebiete auch ein ökonomisches Verhältnis zur Zeit«, schreibt Silvia Bovenschen. »Ich bemerke das zuweilen an mir selbst: ›Es bleibt nicht mehr so viel Zeit im Leben, als dass man sich für Leute interessieren wollte, die nichts anderes können, als sich irgendwie im Licht der Öffentlichkeit zu halten‹, sage ich trotzig, wenn ich wieder mal nicht weiß, wer jemand ist.«[48]

Wir müssen uns nicht an den Jüngeren orientieren. Vergleiche mit ihnen untergraben nur die Moral, und warum sollten wir uns Menschen zum Vorbild nehmen, die sich in einer völlig anderen Lebensphase befinden? Wir können uns an ihrer Einzigartigkeit freuen und uns auf die eigene besinnen. Denn wir sind immer beides: zum einen bezogen auf die soziale Matrix und von ihr abhängig, als Tochter, als Sohn, als Frau, als Mann, als Mutter, als Vater, zum anderen ein menschliches Wesen, wie es kein zweites gibt, mit Handlungsmöglichkeiten, die nur diesem einen Menschen offenstehen. Bis zum letzten Atemzug. Das ist ein wesentlicher Zusatz, denn mit dem Blick auf die Endlichkeit des Lebens kann eine größere Freiheit verbunden sein. Wir müssen nicht mehr gegen das Unvermeidliche ankämpfen und uns in diesem aussichtslosen Kampf verschleißen. Das bedeutet zugleich, dass wir uns unserer Haltung dem Leben gegenüber bewusst sind und lernen, immer mehr loszulassen, was wir nicht mehr brauchen und was uns nicht guttut.

Für unser Älterwerden brauchen wir also weniger Gesundheitstipps als eine Richtschnur, einen Kurs, der uns näher zu uns selbst führt, auf den eigenen Weg nach innen. Wenn ich ein Lebensziel habe, wenn ich weiß, nach welcher Musik ich tanze, kenne ich das Leitmotiv meines Lebens. Manchmal erschließt es sich, wenn wir ins Träumen geraten und plötzlich sehen, mit welchem Bild von uns selbst wir einmal Abschied nehmen wollen:

Vernünftigerweise sollte ich, wenn ich alt bin, mit meinen beiden Urenkeln in Italien sitzen und mich des Lebens freuen. Unvernünftigerweise möchte ich auf einem Araberhengst an einem menschenleeren Strand in den Sonnenuntergang galoppieren …
Fanny, 61

In meinem Traum sind – außer mir – alle jung geblieben! Ich lebe darin mit meiner Frau in Frankreich am Meer. Die beiden Großpapas spielen am Strand mit meinen Kindern Fußball. Ich sitze auf der Veranda und schaue ihnen aus meinem Schaukelstuhl zu … Frank, 39

Ich träume davon, im Alter schmunzelnd zurückzublicken, endlich mehr zu dürfen, weniger zu müssen, mich am Lächeln von Kindern, von Freunden und am Kachelofen zu wärmen und mich in die Ruhe fallen zu lassen. Mit meiner Frau möchte ich hören, sehen, genießen, verstehen und dabei sein. Ich möchte verschenken, verschwenden, zurückgeben und mich dann irgendwann, aufgeräumt und in Frieden, aus dieser Welt verabschieden, Platz machen, etwas Wärme zurücklassend. Heinz, 53

Epilog

Respekt! oder: Die Chancen einer erwachsenen Beziehung

Als ein Ehepaar, das 50 Jahre verheiratet war, gefragt wurde, was sie denn so lange zusammengehalten habe, antworteten sie »Fürsorge und Achtung – manche nennen es Liebe«. Wir tun uns oft schwer, unseren verwirrenden und verworrenen Gefühlen Namen zu geben. Wie soll man das nennen, was sich in der langen, wechselhaften Beziehung zwischen Eltern und Kindern abspielt? Liebe, sicher – aber reicht das aus, um zu definieren, was uns bindet, fasziniert, manchmal kränkt und schmerzt und nie ganz loslässt?

Fragt man junge Menschen, was sie sich von ihren Eltern wünschen, hört man Worte wie Anerkennung, Achtung, Interesse, Zuwendung. Unsere Kinder wollen »gesehen werden«, sie wollen wahrgenommen werden als Individuum, nicht nur als »der Sohn« oder »die Tochter«, sondern als Mensch mit eigenen, ausgeprägten Gedanken und Gefühlen. Die Eltern, sagen sie, sollen an meinem Leben Anteil nehmen, aber nicht übertrieben klammern, mir etwas zutrauen, aber nicht automatisch annehmen, dass bei mir alles klappt und ich immer alles schaffe.

Und was erleichtert ein gutes Verhältnis? Auch das sind immer wieder dieselben Mosaiksteinchen: offen reden, Geduld haben, zuhören, genau hinschauen, unterstützen, eigene Fehler zugeben, sich entschuldigen können, die andere Meinung akzeptieren, Humor, Vertrauen. Und immer wieder Respekt – denselben Respekt, den Ältere, explizit oder stillschweigend, von ihnen erwarten. »Das würde ich auf jeden Fall anders machen«, sagte eine Mutter, die ich gefragt hatte, wie sie ihre Erziehung im Nachhinein sieht. »Ich würde meine Tochter mehr respektieren und verlangen, dass sie mich respektiert.«

Eltern sind auch nur Menschen. Sie tun, was ihnen möglich ist, geben Fürsorge, Schutz und die materiellen Grundlagen für das

Überleben der Kinder, und sie brauchen Zeit, um sie als von sich getrennte Wesen wahrnehmen zu können. Respekt setzt Arbeit an sich selbst voraus; Selbstachtung und Achtung vor anderen sind in einem dynamischen Prozess miteinander verknüpft. Wer sich auf ihn einlässt, wird feststellen, dass sich der Respekt von ganz alleine einstellt. Man muss nicht weise und vollkommen sein, um respektiert zu werden: Auch ein Mensch, der zu seinen Schwächen steht, wird geachtet – vielleicht gerade er mehr als derjenige, der sich eine unangreifbare Fassade zulegt.

Eltern erwachsener Kinder sind nicht mehr überlebensgroß. Sie stehen auf Augenhöhe mit ihren Kindern, und wer sein Leben lang ein Gefälle erwartet, bei dem er die höhere Position und seine Kinder die niedrigere einnimmt, wird in der heutigen Zeit keinen leichten Stand haben. »Respekt« ist fast schon ein Codewort geworden. Songtexte fordern ihn, T-Shirts propagieren ihn. Von Aretha Franklin bis Pink drücken Musiker das aus, was heute junge Leute immer mehr für sich einfordern: Sie wollen respektiert werden, so wie sie bereit sind, Respekt zu erweisen. Allerdings nicht jedem Beliebigen, nur weil er älter und erfahrener ist. Nicht den »Respektspersonen«, vor denen ihre Eltern noch knicksen und dienern mussten. Vorbei die Zeiten, in denen eine Klasse aufsprang, wenn die Lehrerin das Klassenzimmer betrat. Niemand lüftet mehr den Hut, wenn er auf der Straße einem Vorgesetzten begegnet. Die Enkel der 68er müssen sich nicht mehr so vehement mit ihren Eltern als Autoritäten auseinandersetzen und können den Begriff Respekt wieder neu definieren – als Wertschätzung und Anerkennung. Der Gesichtspunkt, wer nach gesellschaftlichen Maßstäben höher oder tiefer steht, sollte dabei keine Rolle spielen, ebenso wenig letztlich das biologische Alter – auch wenn dieser Punkt in den Traditionen anderer Kulturen anders gesehen wird.

Erwachsene Kinder haben ein sehr gutes Gespür dafür, ob sie als gleichwertig betrachtet werden, und verhalten sich entsprechend, sind zugänglich oder widerspenstig. Wenn sie noch nicht über die Erfahrungen verfügen, die ihre Eltern im Lauf des Lebens angesammelt haben, wollen sie deshalb noch lange nicht als unfertige Erwachsene eingestuft werden, die sich erst noch bewähren müssen, bevor sie als vollwertig anerkannt werden. Mitunter ist es für Eltern geradezu eine Offenbarung, ihre Kinder im Gespräch mit anderen zu erleben. Mit einem Mal sehen sie eine souveräne Person mit dezidierten Ansichten, die sich auszudrücken und zu präsentieren weiß. Eine Tochter, die vor einem voll besetzten Saal einen Vortrag hält, kann man beim besten Willen nicht mehr als »unsere Kleine« betrachten. Andere scheinen sie ernst zu nehmen – das gibt zu denken. Ihre Meinung ist offensichtlich von Interesse, sie hat etwas zu sagen, man setzt sich mit ihr auseinander. Der Respekt, den fremde Menschen ihr entgegenbringen, macht sie zu einem Gegenüber auf Augenhöhe.

Respekt, hörte ich einmal in einer Radiosendung – und dieser Satz hat sich mir eingeprägt – ist ein Modell, wie andere mit unserem Lebensentwurf und wie wir mit den Lebensentwürfen anderer umgehen könnten. Das bedeutet nicht unbedingt, dass wir uns auf gemeinsame Werte einigen, sondern dass wir eine Haltung finden, auch mit ganz anderen Wertvorstellungen zurechzukommen und sie nicht nur zähneknirschend zu tolerieren. Die grundsätzliche Art von Respekt, die hier gemeint ist, hat mit Leistung nicht mehr viel zu tun. Sie ist an keine Bedingungen geknüpft und nicht mit Gehorsam verbunden. Dieses Verständnis des Begriffs ist alt, man könnte auch Achtung vor dem Leben dazu sagen. Menschlichkeit, Würde, Toleranz, das sind die Bestandteile einer Haltung, die den anderen ganz einfach als Mitmenschen sieht, der sich allein durch sein Dasein das Recht erworben hat, mit Rücksicht und Achtung behandelt zu werden.

Eine Voraussetzung dafür ist Achtsamkeit – sich selbst und dem anderen gegenüber. Mehr Zeit, sich und die Welt um sich herum wahrzunehmen und zu erkennen, was sie wirklich braucht. Nicht von sich auf andere zu schließen, sondern die Einzigartigkeit jedes Lebewesens wahrnehmen. Das ist nicht leicht und kostet vor allem viel mehr Zeit, als wir glauben aufbringen zu können, zum Beispiel Zeit für Gespräche, die nicht nach einer halben Stunde mit einem gehetzten Blick auf die Uhr enden. Die Zeit, nachzuhören, nachzufragen, Interesse zu entwickeln – echtes Interesse, denn geheucheltes funktioniert nicht. Wir sind alle mit genügend Sensibilität ausgestattet, um den Unterschied zu spüren. Aus der Art, wie man miteinander redet oder schweigt, wie man Themen anspricht oder vermeidet, formt sich eine Beziehung. Worte sind nicht alles, aber sie können dazu dienen, sich anderen zu zeigen und Verständnis füreinander zu wecken: »Man kann nie erwarten, dass ein anderer Mensch ablesen kann, was du denkst und fühlst und möchtest«, resümiert eine Mutter von vier erwachsenen Kindern. »Und deswegen finde ich, ist es unheimlich wichtig, mit ihnen zu reden und ihnen zu sagen: Okay, ihr seid und bleibt immer meine Kinder, und was ich gemacht habe, das habe ich freiwillig gemacht und das habe ich gerne gemacht. Aber das ist eine Phase und die ist abgeschlossen. Ihr seid jetzt erwachsen und ich wünsche mir, dass wir wie Erwachsene miteinander umgehen können.«

Als jung gebliebene Eltern erwachsener Kinder fühlen wir uns den jungen Erwachsenen nahe und teilen noch viele Lebensbereiche mit ihnen. Das ist ein großer Vorteil, denn so finden wir leichter eine Sprache, in der wir uns mit ihnen verständigen können. Verglichen mit früheren Generationen, ist das Alter zwischen etwa 40 und 65 Jahren in der heutigen Zeit eine ausgesprochen reiche und dynamische Zeit. Das bedeutet nun nicht, dass nur Positives geschieht, aber wir haben mit der Zeit Strategien entwickelt, mit den unvermeidlichen Wechselfällen des Lebens umzugehen. Wir haben uns recht gut kennengelernt, mit unseren Schwächen und Stärken, Grenzen und Potenzialen. Wir wissen, dass Pläne sich nicht immer verwirklichen lassen, und können, wie wir unter anderem durch unser Familienmanagement gelernt haben, hervorragend improvisieren. Wir haben erfahren, dass wir nicht allein sind mit unseren Schwierigkeiten und Fragen, und haben, auch durch unsere Kinder, Menschen gefunden, auf deren Freundschaft wir bauen können. Wir haben vieles ausprobiert und wieder verworfen, immer wieder neu angefangen. Wir wissen, dass wir selbst unser Leben aktiv gestalten können und nicht wehrlos äußeren Einflüssen ausgesetzt sind. Wir haben uns Hilfe geholt, wenn es gar nicht mehr weiterging. Und nicht zuletzt haben wir Kinder großgezogen. Auch das ging nicht ohne Enttäuschungen ab, aber sie sind erwachsen geworden und ein lebendes Zeugnis dafür, dass wir gelernt haben, Verantwortung zu übernehmen. Ohne unsere Leistung zu idealisieren – es war zu keiner Zeit leicht, Kinder zu erziehen – dürfen wir uns ab und zu anerkennend auf die Schulter klopfen. Wir sind weder unmündige Kinder noch unfähige Eltern. Wir sind Menschen mit einer guten Portion Selbsterkenntnis, und das ist die Grundlage für die Selbstachtung, die uns befähigt, die Menschen zu respektieren, die uns Mutter oder Vater nennen.

Anmerkungen

1 Christiane Collange, Ich bin doch kein Kind mehr – Was erwachsene Kinder sich nicht zu sagen trauen – was Eltern nicht hören wollen. Düsseldorf/Wien/New York 1991.

2 Mark Twain zugeschrieben. Aus: Old Times on the Mississippi, Atlantic Montly 1874

3 Martin Reichert, zitiert in Otto Langels, Bloß nicht festlegen. Wenn Erwachsene nicht erwachsen werden. SWR2 Leben – MS der Sendung vom 25.09.2008

4 »Innige Eltern-Beziehung hält bis ins Erwachsenenalter«, Pressemitteilung des Informationsdienst Wissenschaft, Jena, 21.08.2001

5 Shelley Bovey, Und plötzlich sind sie flügge. Wie es Müttern geht, wenn die Kinder das Haus verlassen. Freiburg 2000, S. 59

6 Laurie Ashner/Mitch Meyerson, Wenn Eltern zu sehr lieben, Reinbek 1993, S. 364

7 Shelley Bovey, a. a.O, S. 122

8 Christiane Papastefanou, Auszug aus dem Elternhaus. Aufbruch und Ablösung im Erleben von Eltern und Kindern, München 1997

9 Khalil Gibran, »Von den Kindern«, in: Der Prophet, Illustrationen Michele Ferri, Zürich/Düsseldorf 1998, S. 32

10 Thea Bauriedl, Leben in Beziehungen, Freiburg 1996

11 Helga Gürtler, Wenn die Kinder aus dem Haus gehen: Über das Verhältnis zu erwachsenen Kindern und Schwiegerkindern, in: Das Familienhandbuch des Staatsinstituts für Frühpädagogik (IFP)

12 Rosemarie Nave-Herz, Familie heute. Wandel der Familienstrukturen und Folgen für die Erziehung, Darmstadt 2007

13 Stephanie Coontz, In schlechten wie in guten Tagen: Die Ehe – eine Liebesgeschichte, Berlin 2006

14 Jan Friedmann/Merlind Theile, »Beide bringen Geld rein«, Interview für SPIEGEL SPECIAL 4, 2007

15 Eberhard Falcke, Sippenbilder. Die Familie in der neuen deutschsprachigen Literatur. MS der Sendung vom 19. Dezember 2006, SWR 2

16 Michaela Schier, und Karin Jurczyk, Familie als alltägliche Herstellungsleistung« in Zeiten der Entgrenzung, in: Aus Politik und Zeitgeschehen 34, 2007

17 Mark Szydlik, Eine Beziehung – lebenslang. Freie Universität Berlin, FU:N 7/96

18 Caroline Eliacheff/Natalie Heinrich, Mütter und Töchter. Ein Dreiecksverhältnis, Düsseldorf 2004

19 Verena Kast, Neid und Eifersucht, München 1998

20 Sue Hubbell, Ein Jahr in den Ozark Mountains, München 2007

21 Marlene Stein-Hilbers et al, Gewalt gegen lesbische Frauen: Studie über Gewalt- und Diskriminierungserfahrungen. Hrsg. vom Ministerium für Frauen, Jugend, Familie und Gesundheit des Landes Nordrhein-Westfalen, Düsseldorf 1999, S. 180

22 Ulrike Hänsch, Individuelle Freiheiten – heterosexuelle Normen: In Lebensgeschichten lesbischer Frauen, Wiesbaden 2003

23 Teilweise entnommen aus: Maximilian Geißler und Andrea Przyklenk, Wenn Kinder homosexuell sind, in: Das Online-Familienhandbuch des Staatsinstituts für Frühpädagogik (IFP)

24 Gertrud Ennulat, Enkelkinder fordern uns heraus. Wie die Beziehungen zwischen Kindern, Enkeln und Großeltern gelingen können. Stuttgart 2004

25 Peter Schwob, Großeltern und ihre Enkelkinder. Zur Familiendynamik der Generationsbeziehung, Heidelberg 1988

26 Lothar Krappmann. Brauchen junge Menschen alte Menschen? In: Lothar Krappmann/Annette Lepenies (Hrsg.), Alt und Jung: Spannung und Solidarität zwischen den Generationen (S. 185–206). Frankfurt am Main 1997
27 Ingrid Herlyn, et al, Großmutterschaft im weiblichen Lebenszusammenhang. Eine Untersuchung zu familialen Generationsbeziehungen aus der Perspektive von Großmüttern. Pfaffenweiler 1998
28 Alt, C., Blanke, K. und Joos, M. Wege aus der Betreuungskrise. In: C. Alt (Hrsg.) Kinderleben – Aufwachsen zwischen Familie, Freunden und Institutionen, Band 2 (123–156). Wiesbaden 2005
29 Conny Neumann, Mama, Kurt und ich, in: SPIEGEL SPECIAL »Sehnsucht nach Familie«, 4/2007
30 Harold Brodkey, Reflections. »Families«, The New Yorker, 23. November 1987, S. 119
31 Sieglinde Geisel, Nach der Wohngemeinschaft: Eine neue Unübersichtlichkeit des Familienlebens? NZZ, 10. Juli 2004
32 Der 7. Familienbericht: Familie zwischen Flexibilität und Verlässlichkeit. Perspektiven für eine lebenslaufbezogene Familienpolitik. Berlin 2006, S. 137
33 Andreas Lange/Wolfgang Lauterbach (Hrsg.): Kinder in Familie und Gesellschaft zu Beginn des 21sten Jahrhunderts, Stuttgart 2000
34 Broschüre des Verbandes alleinerziehender Mütter und Väter Landesverband NRW e.V., darin: Dusolt, Hans, Oma und Opa können helfen. Was Großeltern bei Trennung und Scheidung tun können, Weinheim und Basel 2004
35 Jutta Orth/Dörte Fuchs, Umzug in ein neues Leben, München 2003
36 Hans Goldbrunner, Die Beziehungen zwischen den Generationen im Spannungsfeld von Unternehmen und Familie, Dokumentation einer internationalen Tagung im Christian-Jensen-Kolleg in Breklum, Juni 2006, S. 35
37 Nina Poelchau, Nach Hause kannst du immer kommen, in: Chrismon, August 2008
38 Vaskovics, L.A., Buba, H.P., Eggen, B. und Junge, M. Forschungsbericht zum Projekt »Familienabhängigkeit junger Erwachsener und ihre Folgen«. Universität Bamberg 1990
39 Martin R. Textor, Scheidungszyklus und Scheidungsberatung. Ein Handbuch, Göttingen 1991
40 Insa Fooken, Scheidung nach langjähriger Ehe im mittleren und höheren Erwachsenenalter, Stuttgart 1997, S. 44
41 Inken Lind, Späte Scheidung – eine bindungstheoretische Analyse. Münster 2001
42 Victor Chu, Jongleure in der Lebensmitte: von der Kunst, Kinder, Eltern und eigene Bedürfnisse unter einen Hut zu bringen. München 1999
43 Die Arbeit mit dem »inneren Kind« funktioniert nach dem Prinzip der beabsichtigten, bewussten, therapeutischen Ich-Spaltung zwischen dem beobachtenden, reflektierenden inneren Erwachsenen und dem erlebenden inneren Kind. Die Absicht dieser Ansätze ist es, seelische Wunden aus der Vergangenheit und Gegenwart zu heilen, falsche oder dysfunktionale Glaubensmuster und Lebensmuster zu erkennen, Probleme selbstverantwortlich zu lösen sowie einen liebevollen Umgang mit sich selbst und anderen zu bewirken.
44 Howard Halpern, Abschied von den Eltern. Eine Anleitung für Erwachsene, die Beziehung zu den Eltern zu normalisieren. Salzhausen 2006
45 »Erzähl mir deine Lebensgeschichte«. Biographien von Frauen aus dem ländlichen Raum. Hg. Katholische Landfrauenbewegung, Freiburg 2004, S. 138 ff.
46 2. Alterssurvey 2002, erstellt vom Deutschen Zentrum für Altersfragen (DZA) im Auftrag des Bundesministerium für Familie, Senioren, Frauen und Jugend
47 Tahar Ben Jelloun, Yenna – Meine Mutter, mein Kind. Berlin 2007
48 Silvia Bovenschen, Älter werden, Frankfurt am Main 2006

Literatur

Adams, Jane, »Ich bin immer noch deine Mutter«. Wenn Kinder erwachsen werden. München 1996

Bauriedl, Thea, Leben in Beziehungen. Von der Notwendigkeit, Grenzen zu finden. Freiburg 1996

Beal, Erward E., und Hochman, Gloria, Wenn Scheidungskinder erwachsen sind, Psychische Spätfolgen der Trennung. Frankfurt am Main 1992

Ben Jelloun, Tahar, Yenna – Meine Mutter, mein Kind. Berlin 2007

Bovenschen, Silvia, Älter werden. Frankfurt am Main 2006

Bovey, Shelley, Und plötzlich sind sie flügge. Wie es Müttern geht, wenn die Kinder das Haus verlassen. Freiburg 2000

Braun, Walter, Verlängerte Jugend. Junge Leute werden heute frühestens mit 35 erwachsen, in: Psychologie Heute, Januar 2002

Brodkey, Harold, Reflections. »Families«, The New Yorker, 23. November 1987

Buhl, Heike, und Reis, O. Eltern-Kind-Beziehung im Erwachsenenalter, Workshop angenommen für die 16. Tagung der Fachgruppe Entwicklungspsychologie der Deutschen Gesellschaft für Psychologie, Mainz, 7.9.–10.9.2003.

Alt, Christian (Hrsg.), Kinderleben – Aufwachsen zwischen Familie, Freunden und Institutionen, Band 2 (123–156). Wiesbaden 2005

Chu, Victor, Jongleure in der Lebensmitte: von der Kunst, Kinder, Eltern und eigene Bedürfnisse unter einen Hut zu bringen. München 1999

Collange, Christiane, Ich bin doch kein Kind mehr. Was erwachsene Kinder sich nicht zu sagen trauen – was Eltern nicht hören wollen. Düsseldorf/Wien/New York 1991

Dobrick, Barbara, Immer Probleme mit den Eltern: erwachsene Kinder zwischen Anpassung und Rebellion. Stuttgart 1991

Dusolt, Hans, Oma und Opa können helfen. Was Großeltern bei Trennung und Scheidung tun können, Weinheim und Basel 2004

Eliacheff, Caroline, und Heinrich, Natalie, Mütter und Töchter. Ein Dreiecksverhältnis, Düsseldorf 2004

Ennulat, Gertrud, Enkelkinder fordern uns heraus. Wie die Beziehungen zwischen Kindern, Eltern und Großeltern gelingen können. Stuttgart 2004

»Erzähl mir deine Lebensgeschichte«. Biographien von Frauen aus dem ländlichen Raum. Hrsg. Katholische Landfrauenbewegung, Freiburg 2004

Falcke, Eberhard, Sippenbilder. Die Familie in der neuen deutschsprachigen Literatur. SWR2, Manuskript der Sendung vom 19.12.2006

Filliozat, Isabelle: Elternliebe, Elternhass. Das lebenslange Drama zwischen Eltern und Kindern. München 2004

Fooken, Insa, Scheidung nach langjähriger Ehe im mittleren und höheren Erwachsenenalter, Stuttgart 1997

Geisel, Sieglinde, Nach der Wohngemeinschaft: Eine neue Unübersichtlichkeit des Familienlebens? NZZ, 10. Juli 2004

Goldbrunner, Hans, Die Beziehungen zwischen den Generationen im Spannungsfeld von Unternehmen und Familie. BAG Bundestagung Breklum, Juni 2006

Gürtler, Helga, Kinder lieben Großeltern, München 2008

Gürtler, Helga, Wenn die Kinder aus dem Haus gehen: Über das Verhältnis zu erwachsenen Kindern und Schwiegerkindern, in: Das Familienhandbuch des Staatsinstituts für Frühpädagogik (IFP)

Halpern, Howard M., Abschied von den Eltern. Eine Anleitung für Erwachsene, die Beziehung zu den Eltern zu normalisieren. Salzhausen 1978

Hänsch, Ulrike, Individuelle Freiheiten – heterosexuelle Normen: In Lebensgeschichten lesbischer Frauen, Wiesbaden 2003

Herlyn, Ingrid et al, Großmutterschaft im weiblichen Lebenszusammenhang. Eine Untersuchung zu familialen Generationsbeziehungen aus der Perspektive von Großmüttern. Pfaffenweiler 1998
Hubbell, Sue, Ein Jahr in den Ozark Mountains, München 2007
Jaeggi, Eva, Liebe, böse Schwiegermutter, Düsseldorf 2006
Käsler-Heide, Helga, Wenn die Eltern älter werden. Ein Ratgeber für erwachsene Kinder, Weinheim 2005
Knörrich, P. J., Dem Alter souverän begegnen. Ein Ratgeber für Söhne, Töchter, Enkel und Senioren, München 2005
Krappmann, Lothar, und Lepenies, Annette (Hrsg.), Alt und Jung: Spannung und Solidarität zwischen den Generationen. Frankfurt am Main 1997
Künzel-Schön, Marianne, Wenn Eltern älter werden, Frankfurt am Main 1984
Lange, Andreas, und Lauterbach, Wolfgang (Hrsg.): Kinder in Familie und Gesellschaft zu Beginn des 21sten Jahrhunderts, Stuttgart 2000
Langels, Otto, Bloß nicht festlegen. Wenn Erwachsene nicht erwachsen werden. SWR2 Leben – MS der Sendung vom 25.09.2008
Meyerson, Mitch, und Ashner, Laurie, Wenn Eltern zu sehr lieben. Reinbek 1993
Ley, Katharina, Versöhnung mit den Eltern. Wege zur inneren Freiheit, München 2005
Lind, Inken, Späte Scheidung – eine bindungstheoretische Analyse. Münster 2001
Nave-Herz, Rosemarie, Familie heute. Wandel der Familienstrukturen und Folgen für die Erziehung: Wandel der Familienstrukturen und ihre Folgen für die Erziehung, Darmstadt 2007
Nuber, Ursula, Das neue Generationenproblem: Wir werden zu den Eltern unserer Eltern, in: Psychologie Heute12/1998
Orth, Jutta, und Fuchs, Dörte, Umzug in ein neues Leben. Wohnalternativen für die zweite Lebenshälfte. München 2003
Ott, Ursula, und Pape, Matthias, New Family. Elternreiche Kinder, nicht kinderreiche Eltern sind die Zukunft, Weinheim 2002
Papastefanou, Christiane, und Buhl, Heike, Familien mit Kindern im frühen Erwachsenenalter. In M. Hofer, E. Wild & P. Noack (Hrsg.), Lehrbuch Familienbeziehungen. Eltern und Kinder in der Entwicklung, S. 265–289. Göttingen 2002
Papastefanou, Christiane, Auszug aus dem Elternhaus. Aufbruch und Ablösung im Erleben von Eltern und Kindern. Weinheim 1997
Poelchau, Nina, Nach Hause kannst du immer kommen, in: Chrismon, August 2008
Reichert, Martin, Wenn ich mal groß bin. Das Lebensabschnittsbuch für die Generation Umhängetasche. Frankfurt am Main 2008
Reischeis, Andrea, Und plötzlich hab' ich Kinder: Probleme und Konfliktlösungen in Stieffamilien, Düsseldorf 1987
Sack, Adriano, Elternabend. Über unsere schwer erziehbaren Mütter und Väter. München 2004
Schier, Michaela, und Jurczyk, Karin, »Familie als alltägliche Herstellungsleistung« in Zeiten der Entgrenzung, in: Aus Politik und Zeitgeschehen 34, 2007
Schwob, Peter, Großeltern und ihre Enkelkinder. Zur Familiendynamik der Generationsbeziehung, Heidelberg 1988
Sennet, Richard, Respekt im Zeitalter der Ungleichheit. Berlin 2002
SPIEGEL SPECIAL, Sehnsucht nach Familie, 4/2007
Stein-Hilbers, Marlene et al, Gewalt gegen lesbische Frauen: Studie über Gewalt- und Diskriminierungserfahrungen. Hrsg. vom Ministerium für Frauen, Jugend, Familie und Gesundheit des Landes Nordrhein-Westfalen, Düsseldorf 1999
Szydlik, Marc, Lebenslange Solidarität? Generationenbeziehungen zwischen erwachsenen Kindern und Eltern, Opladen 2000
Szydlik, Mark, Eine Beziehung – lebenslang. Freie Universität Berlin, FU:N 7/96
Tannen, Deborah, Ich mein's doch nur gut. Wie Menschen in Familien aneinander vorbeireden. München 2001

Textor, Martin R., Scheidungszyklus und Scheidungsberatung. Ein Handbuch, Göttingen 1991
Vaskovics, L. A., Buba, H. P., Eggen, B. und Junge, M. Forschungsbericht zum Projekt »Familienabhängigkeit junger Erwachsener und ihre Folgen«. Universität Bamberg 1990
Wallerstein, Judith et al, Scheidungsfolgen – Die Kinder tragen die Last, Eine Langzeitstudie über 25 Jahre, Weinheim 2002
Wardetzki, Bärbel, Ohrfeigen für die Seele: Wie wir mit Kränkungen und Zurückweisungen besser umgehen können. München 2000.
Wieck, Wilfried, Meine Tochter und ich. Ein Vater will erwachsen werden. Frankfurt am Main1996